徐步朝 著

我国高校
科技创新团队协同增效机理与路径研究

Research on the Mechanism and Approach of Synergy of Sci-tech Innovation Teams in Colleges

经济管理出版社
ECONOMY & MANAGEMENT PUBLISHING HOUSE

图书在版编目（CIP）数据

我国高校科技创新团队协同增效机理与路径研究/徐步朝著. —北京：经济管理出版社，2015.12
ISBN 978-7-5096-4046-3

Ⅰ. ①我… Ⅱ. ①徐… Ⅲ. ①高等学校—科研管理—研究—中国 Ⅳ. ①G644

中国版本图书馆 CIP 数据核字（2015）第 268095 号

组稿编辑：丁慧敏
责任编辑：张　艳　丁慧敏
责任印制：司东翔
责任校对：赵天宇

出版发行：经济管理出版社
（北京市海淀区北蜂窝 8 号中雅大厦 A 座 11 层　100038）
网　址：www. E-mp. com. cn
电　话：（010）51915602
印　刷：北京九州迅驰传媒文化有限公司
经　销：新华书店
开　本：710mm×1000mm/16
印　张：14.75
字　数：248 千字
版　次：2015 年 12 月第 1 版　　2015 年 12 月第 1 次印刷
书　号：ISBN 978-7-5096-4046-3
定　价：48.00 元

凡购本社图书，如有印装错误，由本社读者服务部负责调换。
联系地址：北京阜外月坛北小街 2 号
电话：（010）68022974　　邮编：100836

前 言

在大学科、多领域和交叉学科相互融合的信息时代背景下，各高校纷纷从提高知识创新效率入手，不断调整和改变自己的定位、功能和历史使命，在课题组的基础上组建了各具特色的科技创新团队，旨在提高科技研发的层次、质量和水平，充分发挥自身“大兵团”作战的优势，实现协作完成大项目和在重点领域有实质性突破的愿望。团队成员间亲密协作，最大限度地发挥个体潜能；个体间合作的共生效应是团队组建的出发点和落脚点，揭示个体间协作增效的规律是贯穿高校科技创新团队组建、运行全过程中一直关注的焦点。

尽管距 2004 年教育部组建高校科技创新团队已有很长一段时间，高校人力资源管理的理念、手段和方法也处在不断更新和完善之中，但从高校现有管理体制和实际运行情况看，对团队管理的“指挥棒”（也就是投资回报率）仍未改变；刚性绩效量化考核（主要是经费、项目、著作、论文、专利等方面）还在继续；团队战略愿景、柔性绩效及团队成长力某种程度上还停留在宣传层面。重个体、短周期的效能考核方式，致使科技人员忙于应付名目繁多的考核指标和基本任务的完成，导致科技创新人才幸福指数降低、工作压力增大、职业倦怠思想不断产生，彼此间坦诚性交流日益减少等不良现象，直接影响着高校科技创新团队的竞争力和创新型人才培养的质量，与全面提高高等教育质量要求还有一定的差距。

基于高校科技创新团队协同的现实背景，本书着力解决以下问题：

（1）在当前时代背景下，高校科技创新团队效能考核、团队氛围营造应给团队成员树立什么样的协同和业绩导向，即团队协同和效能的内涵及其测度维度是什么？

（2）在当前绩效考核重个体、轻群体，成员间信息交流不畅，知识共享程度有限的实况之下，如何从团队的战略愿景出发，再次调动科技创新人才知识激撞、耦合的主动性和积极性，进而实现“刚性绩效”与“柔性绩效”的协同？也就是影响高校科技人才协同创新的因素有哪些?

(3) 高校科技创新团队协同与团队效能间的关系如何? 它们之间有着怎样的运行和作用机理?

(4) 在高校科技创新团队协同增效系统中，各种协同影响因素的作用路径、程度如何度量，团队效能如何进行科学量化?

基于以上问题，本书主要从组织内部层面来探讨高校科技创新团队协同增效的机理与路径，旨在探讨高校科技创新团队协同与效能之间的关系及其作用机理，以期为高校创设一种有利于引领和启迪科技创新人才不断进取、合作创新，有利于激发成员间互通有无、激智创新并最终实现超越自我机制服务。

为此，本书首先深入探究了高校科技创新团队协同和效能两个变量的内涵。综合运用理论和实证相结合的方法，并通过探索性和验证性因子分析。在萃取团队协同四个因子、效能三个因子的基础上，利用结构方程检验各自因子模型并进行拟合比较，最终确定高校科技创新团队协同由“成员对团队目标认同度、成员间信息沟通、成员相互协作承诺和成员间的交互行为”构成，效能由“业绩效能、自我功效感和行为结果”构成。

其次，本书提出并验证了高校科技创新团队协同与团队效能的关系假设。对获取的763份有效样本数据进一步研究表明，除成员间相互协作承诺对自我功效感、自我功效感对业绩效能存在负向（不明显）影响外，团队协同、效能内部及相互间均存在正向关系的影响。研究还发现，性别、年龄等人口统计变量对高校科技创新团队协同及团队效能两个变量的影响存在差异。

再次，建立了团队协同与团队效能转换系统，进一步揭示高校科技创新团队协同增效机理，并构建了协同和效能定量测度模型，最终得出了六个研究结论。在上述研究的基础上，经概率分析方法模拟，建立了协同、效能各维度数理模型，进一步量化了团队协同对团队效能的作用机理。

最后，进一步开展案例研究。结合前面的理论研究，将国内某高校五个创新团队2008~2012年的相关数据代入以上模型进行验证，发现该校科技创新团队还存在协同水平、机制等问题需要解决，并提出了具体的效能提升建议和措施，以期促进团队持续发展。

徐步朝

2015年7月

目　录

第1章 绪 论

1.1 问题的提出及研究意义

1.1.1 问题的提出

科技创新是经济增长和企业财富增加的关键，是一个国家、地区和组织获得竞争优势的主要源泉，经济学家一直致力于人才、科技创新对经济贡献的研究。亚当·斯密（1776）在《国富论》中论证了有创造力的个人和专门的研发在推进技术变化和经济增长方面会起到重要作用。大卫·李嘉图、马尔萨斯等分析了人口增长使得收益递减的规律。熊彼特在《经济发展理论》中提到创新是经济发展的核心并通过英雄式努力是可以实现的。索洛在《经济增长理论贡献》中通过对美国 1909~1949 年的劳动投入累计总产出变化数据的研究得出 80%是技术创新起的作用。

高校（特别是研究型高校）在知识经济时代日益成为探究学问、生产知识、推动技术进步和社会发展的“工厂”，其在创新国家体系建设中的地位决定了其办学水平的高低。实践表明，高校已日益成为科技创新的主力军，各国在经济发展过程中日益重视高等教育的发展。历史同时证明，一个国家的科技创新水平不仅与高校数量有关，更与科技创新团队效能有着紧密联系，高校抱团协作研究日益受到广泛关注和重视。

高校科技创新团队作为一种新兴的特殊组织形式，其工作的独特性和成员差异性决定了效能产出的过程、方式和结果不同，是一个复杂的有机系统，它包括团队发展规划及其成员选聘、团队运作、团队产出管理等模块。各系统紧密相连，组成了一个有机整体，其中绩效（特别是创新成果）在团队管理中居于核心地位，在高校发展过程中起着重要作用。安德烈·A. 德瓦尔通过对世界知名企业的研究得出保持竞争优势的关键在于改进绩效管理程序和克服障碍，由此可见绩效管理在组织管理中的重要地位。随着社会和人类的进步，人的需求也在发生改变，组织为了实现可持续发展，追求刚性绩效日益向柔性效能转变。

效能管理是对组织绩效产出、员工心理满意度、持续协作能力和团队生命力的管理，其关注的是效能提高水平，而效能的提高又与员工才智发挥紧密联系在一起；同时，也将效能提升到员工心理满足和自觉协同层面。德鲁克的目标管理思想表明，团队目标和任务应该是团队成员个体的总和，并且产生了合作溢出效应。因此，团队成员协作度和心理默会度是团队效能管理的关键。

员工效能的考核绝不仅限于其工作产出，Nadler, Hackman & Lawer（1979）、Cohen & Bailey（1997）、Hackman（1987）、Sundstorm（1990）、Guzzo（1996）、Erich & Kennech（1990）、Sundstorm & Mclntyre（1994）、Campion（1993、1996）等提出团队效能可从生产结果、成员满意感、继续合作的能力、团队重要性、团队环境和合作过程等方面进行考核。

赵枫（2007）从生态系统的角度提出了团队效能的考核体系及其模型，杨明海（2010）则认为项目团队成熟度是决定团队效能的关键。王晓荣（2012）通过对江浙沪高校科技创新团队绩效评价管理机制的分析，从建立项目评价机制、专门管理机制、评价激励机制等方面进行了研究。越来越多学者将团队效能研究的侧重点细化到团队成员特征上，刘万达（2013）研究得出员工战略视线对团队绩效有显著的正向影响，员工行动视线、员工目标视线在团队绩效的影响过程中起到中介作用。徐国芳等（2013）则得出团队成员个人属性的差异性对任务相关特征、协作相关特征和团队绩效具有显著影响，而任务相关特征与协作相关特征对团队绩效同样具有显著的相关性。顾健健（2013）认为创业团队成员间的信任与团队绩效之间存在显著正相关，团队的规模对团队成员间的信任与团队绩效起调节作用。丁文涵（2013）则得出信息异质性对团队绩效产生正面影响，而社会属性异质性和价值观异质性对团队绩效产生负面影响。赵蕾（2013）认为职能角色匹配和团队角色匹配均对任务绩效有正向影响，而职能角色匹配的影响作用更大。

团队效能概念的提出，对管理实践有着重要意义，更重要的是可以更好地研究员工内在合作力及其意愿对团队效能提升的机理。自教育部首次提出创新团队项目建设以来，高校科技创新团队数量从2004年的59个发展到2013年底的781个[①]，其数量已经达到一定的规模。统计显示，我国自设立科学技术奖到2009年底，高校共获得国家自然科学奖489项，占授奖总数的52.3%[②]。2013年二等奖36项，占总数的66.7%，清华大学吴良镛院士和中国科学院高能物理研究所的谢家麟院士为2011年度国家最高奖获得者；2009年高校获国家技术发明奖1191项，占授奖总数的37.0%，2013年为69.1%；2009年高校获国家科技进步奖3044项，占授奖总数的30.9%，2013年为69.3%。在2009年度国家科学技术奖授奖项目中，全国高等学校获得国家自然科学奖二等奖16项，占授奖总数的57.1%。在国家技术发明奖通用项目中，国内高校获得31项，占授奖总数的79.5%；在国家科学技术进步奖通用项目中，国内高校获得151项，占授奖总数的68.0%。其中，高校为第一完成单位的有94项，占授奖总数的42.3%。[③] 而在2013年度，自然科学奖、技术发明奖和科技进步奖的比例则分别为69.1%、69.3%和35.8%，2013年三大奖项占总数的比例为68.7%。[④]

回顾我国高校科技创新团队建设的发展历程，各高校都对组建的科技创新团队给予了较高的期望，争取项目的任务自然也落在他们的肩上，再加上我国高校“岗位津贴制度”的侧重点是以教师个人业绩为主的考核体系，使得高校对团队考核的侧重点也放在成员个体的考核上。就高校现状看，大多数高校程度不等地存在着教师之间学术沟通协作偏少、工作压力加大、满意度不高等经实证调查的不良现象，这些现象已经影响了高校科技创新质量的提高，如何处理个体公平、实现个体和组织的统一亟待理论开拓。

综上所述，在当前社会背景下，无论是从国家对高校科技创新的责任来说，还是从高校内部人力资源开发与管理来说，如何调动高校科技创新团队成员研究积极性，构建有利于科研效能提高的协同机制，使员工个体潜能在相互协作碰撞中产生更多的实际工作效能，是一个亟须加以理论研究的课题，也是高校在人力资源管理中的动力和目标，基于此，本书提出如下问题：

---

① http：//www.dost.moe.edu.cn.

② http：//www.edu.cn.

③ http：//scitech.people.com.cn/GB/10845145.html.

④ http：//www.moe.edu.cn/publicfiles/business/htmlfiles/moe/s5744/201202/131028.html.

（1）在普遍追求上档次、上层次，提高办学知名度的今天，高校的科技创新团队效能管理要给教师树立何种效能导向？即高校科技创新团队效能的内涵是什么？正如张志生（2011）讨论团队建设时指出，需要明确的效能导向，才能建立具体的效能评价体系和提高的具体途径。如何准确、有效地对高校科技创新贡献进行定位，将其核心追求融入效能管理体系中具有极为重要的现实意义，也就是要结合当前实情和高校发展战略对高校科技创新团队效能结构重构问题进行研究。团队效能结构及其指标体系不仅体现了高校新的历史使命，也是高校功能发挥的焦点，决定着高校对科技创新团队效能系统结构的形态、运作模式及其导向功能，因而对高校科技创新团队的效能研究首当其冲就是要对效能内涵进行科学界定，准确把握其维度，对高校科技创新团队效能的发展方向进行准确把脉。一直以来，高校对科技创新团队效能理论一般多偏重刚性绩效及其可衡量、易评价等技术层面，而将其深层次内涵却未摆上重要地位。从实际运行情况看，没有明晰的、战略导向的效能观，也就难以确保创新团队效能质的提高。也就是说，科学地界定高校科技创新团队效能内涵是促进高校效能落实和持续跨越式（跳跃式）发展的保证，也是高校高层次人才培养和锻炼及提升必须回答的首要问题。具有普遍性的效能内涵探索，不仅是社会现实发展的需要，其研究本身也为知识型团队效能管理研究拓宽了视野和研究领域。

（2）在当前社会节奏普遍加快，教师各方面压力普遍增大的情况下，如何从深层次（即内心深处）调动教师协作动力，激发工作热情，减少工作倦怠，即深入研究高校教师协作研发的动力源，其内涵是什么？冰山理论认为人们视野中的1/8是员工资质、知识、行为和技能，而看不到的7/8则是由职业意识、职业道德和职业态度三方面形成的基石。对于高层次人才管理，不能简单地从表面进行管人、控人，更深层次的是服务于人，助其实现更高层次的需求，满足其成长和自我价值实现的需要。因此，是否有利于帮助团队成员相互协作产生质量更高、数量更多的科研创新成果是衡量高校科技创新团队一切工作的尺度。从以上分析和现实情况可知，绝大多数高校对科技创新团队考核更多地强调“结果”、“效率”，管理手段和方式也比较单一，在很大程度上忽略了对成员“需求”的关注；再加上团队成员个个“身怀绝技”，都持有自己独到的世界观和人生观，对这种差异性需要进行个性化管理，使不同的个体达到相互容纳、取长补短的状态。要探求高校科技创新团队协作的动力因素，创新团队必须坚持“以人为本”的理念，从战略、长远的角度考虑，创造有利于团队成员充分释放潜能、相互充分碰撞，产生知识融合最大溢出并从内心主动、自发协作的局面。

(3) 个体之间从内心深处主动相互协作与组织效能的关系一直是组织行为与人力资源管理研究的热点和长期关注的问题。高校科技创新团队成员间心理协作契约与团队效能之间存在着何种关系及其影响程度如何？两者之间的作用机理如何？本书将对高校科技创新团队协作与团队效能之间的关系进行定性和定量研究，试图发现其作用机理和一般发展规律，对指导高校科技创新团队管理实践，提高国家、地方及高校对团队管理政策的科学性、针对性和有效性有可靠的实践指导价值。

(4) 本书将探究高校科技创新团队协作效能的机制，对能否运用数理和系统动力学的有关原理对高校科技创新团队的协作效能进行量化和形象表征进行探索。若在对团队协作因素遴选及其对效能影响的基础上，构建出高校科技创新团队动态协作增效机理模型，必将使得研究内容更深一步。

1.1.2 研究意义

Deutsch (1949) 指出，人们在组织中意识到共同目标的存在并在此指引下合作共事，相互尊重、共享信息和资源，交流意见、取长补短并将他人的进步看成是对自己的促进。刘惠琴 (2007)、周霏 (2009) 也认为高校科研团队建设的主要目标就是要通过制定共同目标增强研究人员之间的合作，从而发挥团队整体优势，提高团队效能。本书以“我国高校科技创新团队协同增效机理与路径研究”为题，旨在探索高校科技创新团队成员协作与团队效能之间的关系及其作用机理，最终为高校科技创新团队构建有效的管理机制服务。由于个体绩效因组织环境、类型、时代等不同而不同，因而要深入研究高校科技创新团队效能持续提升机制，需要结合高校自身特点及其所处的时代、地区和国际背景，得出明晰的效能内涵和结构。特别是随着我国高等教育的快速发展，创新型国家建设步伐的加快，高校科技创新团队的效能内涵也应及时进行拓展。如何从心理层面真正提高团队成员协作水平是构建团队效能提高机制必须回答的一个重要的、现实的理论问题。当前，国内高校的管理模式和策略大多是从西方直接引进，是否符合我国的文化土壤，还需要进行系统梳理和深入研究，特别是作为一种在高校特定组织中存在的特殊群体——科技创新团队，相关的管理手段及其协作的心理动因都需要进行实证研究和完善重构。

就效能管理本身而言，其最基本的价值就是要促进个体与团队业绩协同提升；同时，使团队成员的投入产出比大幅度降低，也就是说，高校科技创新团队效能管理的目的就是要创立一种有利于引领成员追求卓越，有利于激发创新热情和相互协作，最终实现群体协作效应大于个体和自我超越的机制。从现有文献来看，大多数研究集中在对效能内容、模型及其影响因素方面，并且以理论研究为多（如在内容上多从任务完成情况、成员满意度、成员行为、团队持续发展情况等方面加以研究，模型也都基于“输入—过程—输出”模型），然而从我国高校科技创新团队效能评价实践来看，其在评价内容、手段、方式、指导思想等方面存在着明显的缺憾；从另一个层面也说明了对国外研究成果的消化、吸收和应用还存在较大的空间。要实现国外先进研究成果更好地落地，需要理论和实践工作者结合各自学校的实情，求实创新，形成能真正指导团队实践管理的理论体系。从知识创新的团队自身来看，其管理不单单是一个技术性、艺术性的问题，更是一个复杂的系统工程，它既涉及环境、复杂人等柔性问题，又包含了许多社会和机制方面的问题。因此，与时俱进，构建基于以人为本理论的科技人员个性发展机制、心理协作机制，促进团队成员不断超越自我，提高需求层次，最终实现个人与团队协同进步的探索是一项艰巨而有意义的工作，高校科技创新团队效能管理问题的研究也是创新时代对管理者、研究者提出的新挑战。

本书通过问卷调查并运用 SPSS、AMOS 等统计分析软件对高校科技创新团队效能及其协作内涵进行研究，运用结构方程等方法并基于心理契约来实证分析团队协同与效能之间的作用机理与影响路径，结合分析结果构建协同效能模型和科技创新团队协同效能方程。具体来说，本书对构建高校科技创新团队、掌握其运作规律及团队维护与发展有一定的理论创新和实践指导意义。

理论意义表现在以下几个方面：

（1）本书运用扎根理论对影响高校科技创新团队效能、协同因子进行了提取，并明晰了团队协同对效能的影响机理，为研究团队效能提供了一种新的视角，研究结果为社会认知理论提供了团队层次创新的实证支持，即团队成员协作意愿在有利于创新思维的发挥和集体创新行为之间处于中介地位。

（2）从数量上对团队效能进行动态控制。研究过程中结合了力学原理分析协同与效能的关系，提出了团队协同效能方程；同时，还利用数值方法构建了效能各维度动态测度模型，不仅深化了团队效能的研究，也为团队效能控制、预警和诊断提供了一种新的方法和思路。

实践指导意义表现在以下两方面：

（1）高校科技创新团队效能内涵的界定及其结构确定是研究团队效能的基础性工作。在当前形势下，要提高团队效能首先要有明确的团队效能导向，也就是要明确教师在团队中做什么、如何做。效能内涵的含混晦涩会出现个体理解的偏差，因此，如何从单一任务绩效向全方位的效能转变是研究高校科技创新团队急需解决的问题，刚性的任务绩效管理不足已日益显露，用综合行为与过程标准进行考核成为趋势，而对创新团队效能内涵的鉴定正是落实这一发展趋势的具体表现。本书将通过对高校科技创新团队效能量表的开发及其内涵的文献梳理，结合管理实践中对人性观、团队文化等的反思，探讨建立高校科技创新团队的效能结构模型，为我国高校科技创新团队效能考核提供了一个新的框架，从而为政府有关部门和高校制定科学合理的团队效能政策和评价制度提供参考。

（2）高校科技创新团队协同因素甄选及其结构确定是本书的另一贡献。就目前高校效能管理而言，不仅要考虑科技创新团队与国家和学校发展战略、内外部环境的有机结合，更重要的是考虑如何最大限度地发挥教师积极性和集体研究的优势，使研究共生的产出最大化。当然这些目标的实现需要国家政策的支持，最终还是要靠教师之间的相互协作、共同创新，否则，团队也仅仅是一群教师的简单拼凑。尽管各高校组建了数量较多、层次不等的科技创新团队，但其协作效能并非尽如人意，要改变这种局面，提高工作动力和协作水平，提升团队效能，必须进行团队重塑，从新的视角入手，从真正调动教师积极性的心理入手，认真梳理有关影响因素，明晰团队协同结构，结合实证找到合适的管理手段。从个体和团队层面，特别是从组织层面的视角来寻求提高协同水平的因素，必将具有可操作性，也会促进“效能”与“满意度”的共同提高。

1.2 相关研究文献综述

本书的主要任务就是寻求高校科技创新团队协同与效能之间的作用机理，围绕此问题，本节将对有关文献的研究成果进行全面概括梳理，以发现可供借鉴、继承和启迪的重要信息，主要涉及团队、协同、效能和团队协同增效研究等。

1.2.1 团队研究综述

1.2.1.1 团队内涵研究

团队研究最早起源于军队，当时含义为“一起拉”，16 世纪演变为“一起行动的一群人”。国外专家、学者从不同角度对其内涵进行了研究，认为团队是由一些技能互补、责任共担，为了统一目标和标准而奉献的少数人组成的正式群体（Robbins，1996；Peter F. Drucker，2000），包含人数不多，一般为 4~20 人（Lawrence Holpp，1999），知识技能互补、目的有意义、目标具体、工作方法明确、意识相互负责五个基本要素。作为子系统，团队内外部保持紧密联系（Lumsden，1993；K. P. De Meuse，1990），成员认可自己归属于该团队，外部人员也视其为该团队一员（Alderfer，1977；Hackma，1987）；成员在工作中保持着相互负责的关系（Katzenbach & Smith，1993；Don Hellriegel 等，2000），彼此间互相影响、互相依存，机动性完成共同目标（Salas，1992）。团队也是一个小团体，透过权力与专业的、人际间的及管理上的技巧形成决策以执行各项计划和工作，其结果由成员共同承担（Hank，1996），共同为团队目标积极奉献是核心，把共同目标影射为具体的工作要求、具体目标与整体目标有机联系是团队的基本特征。管理过程分为程序层次、结构层次、行为层次和社会层次四个层次（H. 威廉斯，1996）。

用篇名中用“团队”对 CNKI（中国期刊网数据库）核心期刊的全部文献进行检索。从图 1.1 中可以看出：①2000 年以前文献很少。1993~1999 年共发表论文 35 篇（1992 年前为 0 篇），此时，团队的概念刚引进我国，相关问题尚未引起学者们的注意；②高速增长阶段（2000~2004 年），2004 年的文献量是 2001 年的 3.8 倍；③研究的热潮为 2007~2013 年，篇数分别为 282 篇、338 篇、413 篇、498 篇、489 篇、524 篇和 406 篇。剔除一稿多投，截至 2013 年 12 月底，与团队有关的核心期刊论文文献共 3800 篇。

截至 2013 年 12 月底，从 CNKI 中国优秀博硕士学位论文全文数据库中检索到含有“团队”记录的学术论文 867 篇（其中博士论文 140 篇，硕士论文 727 篇）。2001 年前没有检索到有关团队的博硕士论文，2011 年共有 5 篇（其中 4 篇

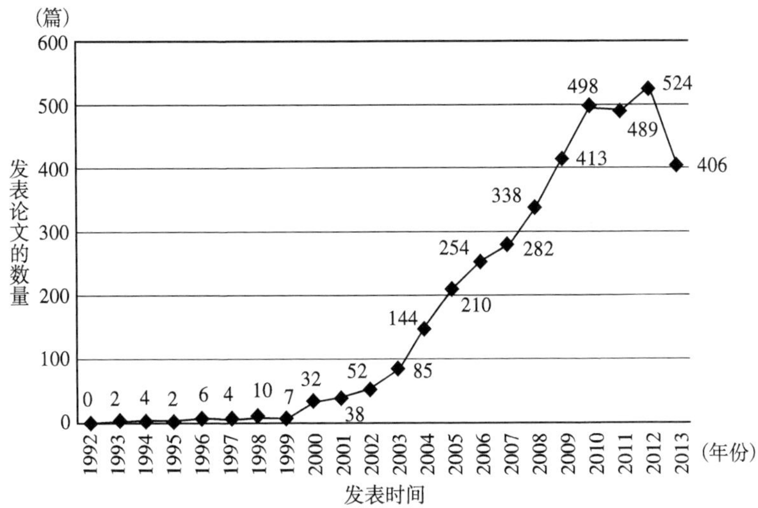

图 1.1　近 20 年来发表有关团队核心期刊论文数量

是有关企业中的团队组建、激励与绩效研究，1 篇是有关乡镇领导班子团队建设与团队效能研究）。此后五年共有 125 篇，2006 年发展到 221 篇，历年来发表的数量图（见图 1.2）。截至 2013 年 12 月底，与高校团队相关的研究共有 123 篇（其中教学团队 16 篇，科研团队 65 篇，其他 42 篇），主要集中在浙江大学、哈尔滨工程大学、天津大学、复旦大学、西安交通大学、华中科技大学、大连理工大学、苏州大学；聚焦企业团队方面的研究论文有 60 篇（其中 9 篇是有关企业

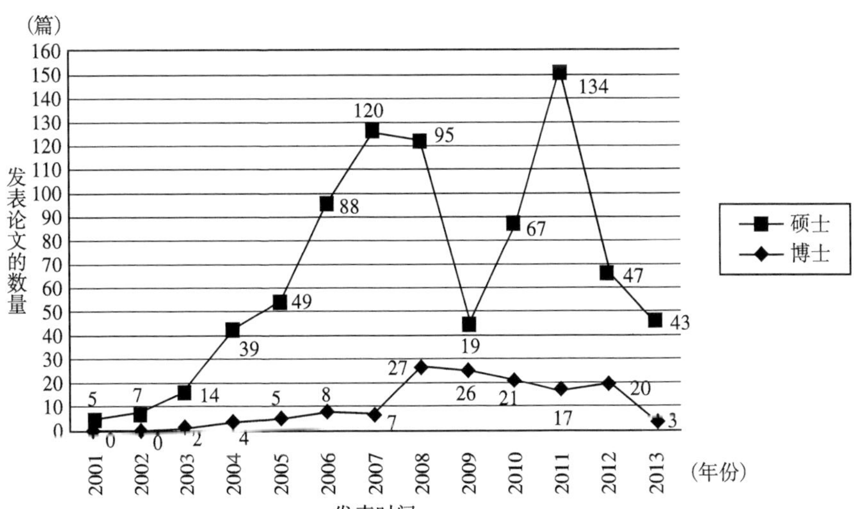

图 1.2　历年来发表有关团队的博硕士论文数量

高管团队的研究，2 篇为虚拟团队的研究，研发团队 13 篇，软件开发团队 1 篇，其他 35 篇)，研究内容主要集中在绩效管理与评估方面，有 13 篇研究团队精神，有 17 篇研究团队效能，且多从影响团队效能的因素方面进行研究，从题目上看尚无专门研究有关高校团队效能机理的文献。从图 1.2 中可以看出 2006~2008 年、2011 年为研究的"热潮期"，且有连年持续增长的趋势。

有关会议论文和报纸文章中关于团队研究可以从历年数据及趋势图进行观察(见图 1.3、图 1.4)。从会议论文和报纸文章来看主要集中在团队精神、团队建设、团队领导和团队行为研究，主要是研究如何加强团队建设。

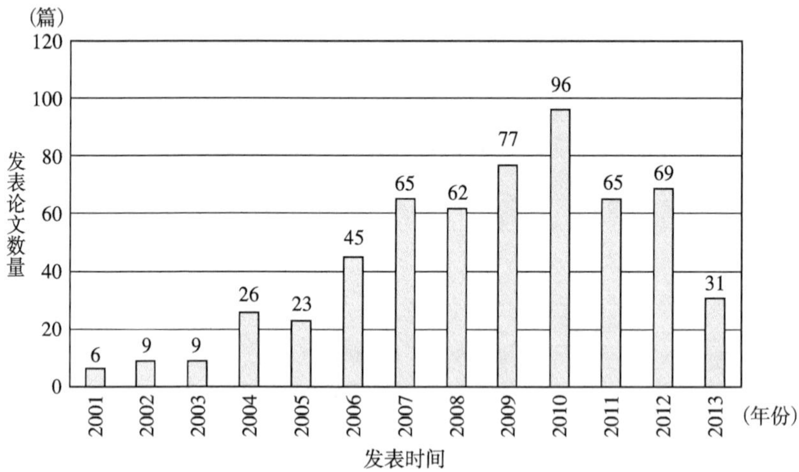

图 1.3　历年来发表有关团队的会议论文数量

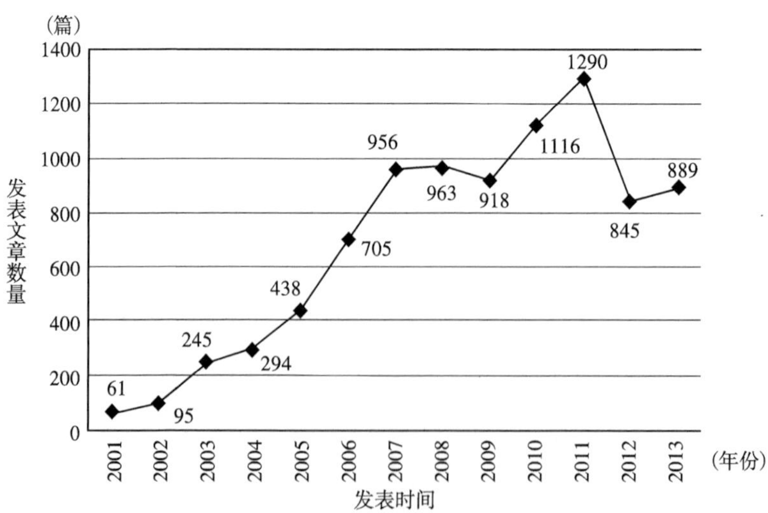

图 1.4　历年来发表有关团队的报纸文章数量

综合有关优秀学位论文的文献来看：国内学者主要使用定性理论分析的方法对自己的观点和经验进行总结，通过实证、统计和定量模型分析的研究极为稀少，且多为IT类团队的相关研究。仅有9篇关于高校创新团队的研究，研究方向也多集中在团队的成长性、绩效、团队建设等方面，团队演化过程只有1篇，表明这一领域的研究尚属起步阶段。自2006年以来的研究热潮也主要集中在企业中的工作团队及虚拟团队，研究内容以团队建设、运作与管理为主，团队协作增效研究寥寥无几。在著作类文献中，刘惠琴（2007）系统分析了高校学科团队创新绩效的影响因素，从团队层面构建并验证了其绩效评估模型，提出了建设高绩效学科团队的策略。曾卫明（2010）系统地研究了高校科技创新团队的协作演化过程和协同力的评价，认为高校科技创新团队作为一种自组织，其演化过程符合耗散结构理论的运行规律，构建了四个成长周期，并对其协同力进行了评价。张茂林、董泽芳（2011）以武汉大学科学评价中心的数据作为样本，研究得出高校科技创新团队的数量与科技创新能力分值之间存在高度的正相关关系。王晓蓬（2012）则通过对江浙沪三地高校科技创新团队绩效评价管理研究得出，它们呈现出“综合式”、“项目式”、“人事式”、“量化式”的管理特征。

国内学者对团队内涵的研究大体与国外相似，遵循“百花齐放，百家争鸣”的原则提出各自的观点：认为团队是指因企业的某项关联工作而使不同个体联合起来，形成在行为上彼此交互影响，在心理上意识到其他成员存在并有彼此相互归属感和工作精神的集体（芮明杰，1997；陈忠卫，2013），他们认同共同目标且为完成共同任务而一道工作，讲究相互间异质且互补（方文东，2002；陈春花，2002；朱火弟，2013；吴杨，2012；Katzenback & Smith，1993）、高效工作、高凝聚力（严志庆等，2000）和较强的奉献精神（徐绍莉、田静，2005），群体中的成员是具有多种技能的“多面手”，并享有高度的自主权和决策柔性（何燕珍，2001；贺志荣，2010），还具有资源共享、个体差异性互补、人际关系良好、共同的价值观和行为规范，有较强的归属感，能进行有效的授权等基本特征（曾月征、方勤敏，2009）。

关于团队的特征，不同学者进行了不同的研究，认为团队人数不宜过多、技能互补、目标共同（曹蔚玮、张诠，2003），在互动过程中，每个人都负责扮演特殊的角色或发挥特殊的功能（Swezey & Salas，1992），相互依存且对组织特定结果负责（Sundstorm、Kennech & Futrell，1990）。概括起来，主要在四个方面与群体存在区别：①组织特征方面，群体以信息共享为特点，团队则以集体绩效为特征；②作用方面，群体是中性的，而团队则是积极的；③承担责任方面，群体强调责任个体化，而团队既强调个体，也强调集体（肖余春，2006）；④技能方面，群体的技能具有随机性或差异性，而团队技能则是互补型（Marcus，1998）。

综上可知，团队定义主要涉及团队输入（主要表现为团队成员的异质性、互补性）、成员相互协作过程和团队行为结果三个方面，具体来说，团队由少数几名技能（技术、人际和概念技能）互补，对共同的绩效目标做出承诺，在共同的社会契约和心理契约默会下，维护好彼此的承诺和信任，彼此负责，从而更好地发挥个体力量，实现群体协作大于个体的简单之和。也就是说，团队虽是一个群体，但更是一种具有实质性关联、相互间更加紧密协作且高度融合的特殊组织。

1.2.1.2 团队异质性研究

从团队的内涵可以看出，团队是由不同知识、技能、专业、工作经验、个性等的人才组成的正式群体，这里强调的是成员间的差异性。从人力资本理论角度来讲，团队大多数情况下都要优于个人的关键原因主要在于人力资本的因素，而这些因素往往体现在成员的特质变量上。不同的学者从不同视角对团队成员特质变量进行了研究，具体如表 1.1 所示。

表 1.1 团队成员异质性维度划分

学　者	维度划分
Finkelstein（1990）、Jackson（1991）、Alvarez（1993）	划分为显于外的人口统计因素的异质性（包括年龄、性别、种族、教育水平、任期等）和隐于内的个人特性异质性（包括认知、经验和价值观等）
Pelled（1996）、Jackson（1995）	划分为工作属性相关的异质性（包括年龄、种族、性别、工作年限、专业背景和教育程度等）和任务相关的异质性（工作所需知识、技能、人口统计变量）
Jehn（1999）、石磊（2008）	划分为社会属性异质性、信息异质性和价值观异质性
Maznevski（1984）	划分为相关角色的异质性（包括职业、组织中的职务、专业知识与业务技能等）和在组织中固有特性的异质性（包括年龄、性别、价值观、信息处理方式、人格特性等）
Milliken & Martins（1996）、Ely（2001）	划分为易观察异质性（主要是一般人口统计变量）和不易观察的异质性（包括技术能力、组织工龄、人格和价值观等）

资料来源：笔者收集整理而得。

从表 1.1 可以看出，团队成员的异质性可以从多个维度进行划分，并且角度也有差异，但主要还是基于 McGrath（1964）提出的“输入—过程—输出”的系统框架结构。由于学者研究的视角和观点不同，一直存在两种相对立的观点：第一种观点认为团队的异质性有利于团队效能的提高。认为团队成员由于在知识、技能、专业背景等特质因素存在差异，会促使更多新颖观点的产生，从而提高团队的有效性（Milliken & Martins，1996），团队异质性使决策有效性和创造新颖性（Jackson，May & Whitney，1995）、成员教育背景（Simons & Pelled，1999）、信息异质性（Jehn & Thatcher，1997）与团队效能呈显著的正相关；另一种观点认为团队成员的异质性会给团队带来更多的冲突和消极的情感体验，产生明显的负影响。由于知识、技能、经验、个性的差异导致对目标和任务理解的不同意见的增加，冲突的升级（Jehn，Thatcher & Chadwick，1997），进而降低团队内部的协调速度和效率（Williams & O'Reilly，1998）。还有些学者研究提出团队成员的异质性导致团队身份认同感降低，阻碍了团队的沟通与协作，进而降低组织公民行为。总之，团队成员异质性至今没有一个完全一致的结论，因而更多学者认为这是一把“双刃剑”，异质性对团队的影响关键在于如何引导，使它向着建设性冲突发展，而避免其破坏性冲突的危害。

综上所述，从不同的角度研究团队成员的异质性会得出不同的研究结果，学者们一直致力于研究团队成员的异质性与团队效能的作用机制问题。本书主要还是基于不同特质的团队成员如何通过某种协同机理来实现提高效能的目的。

1.2.1.3 团队运行过程研究

（1）团队互动研究。团队互动起源于 K. 勒温于 1939 年提出的“团体动力学”一词，意指任何时间内发生在团体里，包括被觉察到的及未被觉察的一些现象。团队在组织中通常是促进个体或组织效率和效益的关键环节。其含义指的是团队成员在情感上相互寄托与交流、彼此依赖并通过语言转化为行动的过程，团队成员的行为受环境和工作的约束，承担团队分配的任务（Marks 等，2001），可分为建设性的、被动的与攻击性的（Cooke 等，1994）三种类型，是“输入”与“输出”的中间环节，与团队有效性有直接的相关关系。在外部支持条件力度足够大时，内部互动对于提高团队绩效的作用就更为明显（Ancona，1990），McGrath（1964）提出“输入—过程—输出”（IPO）模型一直是研究团队有效性的基础，有效性模型中团队的互动过程一直是处于中心地位（Buzaglo & Wheelan，1999），团队成员相互间及与外部之间互动，如沟通和冲突等，（Cohen

& Bailey，1997），在相互依赖的协作中做出连续和有效的行为，从而达到团队目标，实现团队和成员个体的期望（Weingart，1997）。

关于影响团队互动过程的关键因素，不同学者提出了不同观点：Gladstein（1984）研究得出包括社会情感和任务行为两个维度；Salas 等（1992）认为包括协调、沟通和成员合作三个维度；Brannick & Roach 等（1998）认为可从接受建议、提出建议、协调、合作和团队精神五个维度进行测量；Forsyth（1983）则认为包含互动、结构、大小、目标、凝聚力和随时间而变等特质。群体成员相互间同时或次序的行为（言语的和动作的）（McGrath & Altermatt，2001）可以预测团队的效能（Hackman & Morris，1975），因团队作为复杂系统，受各种相互作用以及非线性的多重因素动态影响，从静态的时间点来理解互动过程，很有可能存在偏差（Ilgen，Hollenbeck，Johnson & Jundt，2005），所以必须作为一个整体进行研究（Arrow 等，2004）。在此过程中，测量的方法主要有主观和客观的直接测量（Weingart，1997；Wageman，Hackman & Lehman，2005），运用比较普遍的方法是行为观察法，即群体互动过程观察分析法；也有采用调查或行为观察来记录变化过程（Bales，1950；Marks，Mathieu & Zccaro，2001），也可采用日记方法研究群体成员在群体过程发展中的变化（Williams & Alliger，1994）。

（2）团队目标认同度与团队氛围。团队相互协作的增值效应在很大程度上取决于可靠的团队聚合力，尽管组织措施为形成这种聚合力提供了制度化保证，但要形成一支特别有战斗力的队伍，还需要正确的团队目标、鼓舞人心的战略愿景和良好的团队氛围。团队发展目标是消除团队有效运作的障碍，并在团队内部发展出管理团队过程和有效解决未来问题的能力（Beer，1976），为所有成员指明了航向。对于未来要达成的理想状态，还需要一个包含核心经营理念、未来发展前景（未来 10~30 年）（Collins & Porras，1994）、价值观、使命和目标（Wener，Hartley & Brown，1994）、文化（规范和共享经验）、人（利己元素和从组织中获得的利益）和产品或服务（顾客购买产品的理由和更高的需求）（Latham，1995）等组织氛围支持系统来保障。其中，前景、价值观、使命和目标（Senge，1990）在内的战略愿景能够激励和鼓舞人员，激发其积极性，而且能够改善其对组织的承诺（Tichy & Devanna，1986），成为组织成员的指引（Chance，1989），需要定期检查，因为它会影响组织的运作和决策（Mallace，Engd & Mooney，1997）。托尔曼（1926）提出团队氛围影响着个人积极性和才智的发挥，在某些特定组织中，是组织、员工以及环境相互影响而形成的具有高感知度的组织属性（Kurt Lewin，1936；Cam Pell，1970），反映了个人在所处环境中的心理（Scott & Bruce，1994）和组织内部成员对于组织各项条件与标准的共同感知（Rentsch，1990），是个体与组织情景交互作用过程中的产物，是组织运行过程中的特有属性（Kozowski & Farr，1998），包括个人认知和分享感知（Anderson & West，1994），可测并双向影响内部成员（Tagi）及其行为与动机（Litwein & Stringer，1968），反映了组织生活的特征和态度（West，1990）。团队氛围是组织内部成员交流的环境，虽然是无形的，但是在组织内部具有较高的认可度和感知度，影响着团队成员的工作态度与行为（Black & Mouton，1964；Likert，1967）。因此，它既是组织发展的根源、团队凝聚力和组织文化形成的基础，又是组织变革的重要因素（Mc Gregor & Litwin，1968）和内部成员在共同工作及协作过程中形成的对团队中任务、沟通和人际关系的感知集合，代表了团队与组织最为明显的特征（Jones，1979），具有特殊性、稳定性和差异性（Barlett，1965；Schneider，1975），是团队成员对团队整体客观认知的集合（Pritchard & Kara，1973）和内部成员对团队内环境、运作等因素的共同反映（Sneijher，1983）。也有学者（徐芳，2003；武欣，2010）认为团队氛围是团队的目标、团队结构、团队运作过程等具体情境所形成的一种总体感知和心理体验；同时也是一种精神格调，它反映的是团队中推崇的行为方式和传统习惯，应包括成就感、归属感和敬业度三个方面（曾圣钧，2010）。

（3）团队成员相互心理安全。团队要成为真正的团体，必须紧紧依靠内部成员间的相互耦合，关键是看成员在结合后的需求满足程度。心理契约、冲突与安全是确保耦合的一种内部机制与动力源，它决定了员工的态度和行为意愿。Argyris（1960）最早将心理契约引入管理领域时就期望将个人奉献与组织期望间达成一种配合（Schein，1980），认为员工与组织在心理契约内容上认知的差距越大，则员工的满意度就越低（Porter，1974）。在雇佣关系的分析框架内，狭义的心理契约就是个体对自己与其他个体或组织间相互期许的信念（Rousseau，1993）。古典管理学派认为心理契约是雇佣双方对他们之间的关系以及彼此所提供价值的主观理解（Hetriot & Pemberton，1995）。Herriot（1997）从员工与组织两方的双边关系，Levinson（1962）从双方的相互期望，Rousseau（1993）从员工一方的单边关系，Denise（2000）从彼此责任的信念系统各自进行了深入研究。社会的发展使工作关系已不是传统的员工提供忠诚、顺从和信用来换取工作保障、晋升发展、培训机会及组织的支持。契约越来越向雇员接受长时间的工作、更多的责任、更广泛的技能、更大的压力、更模糊的角色要求，组织向员工提供高额报酬、绩效奖励或者提供更高职位方面的转变（Millward & Brewerton，1990）。

因团队成员对于团队内部认知差异、目标不兼容和愿望不调和的感知（Jehn & Mannix，2001；Boulding，1963），使得他们在耦合过程中必然存在着不同程度的冲突（包括自我冲突、人际冲突、团队间冲突和组织冲突等），其原始特征为其中一方感到另一方试图损害或正在损害自身的利益（Thomas，1976），出现了两方被至少一种形式的敌对心理关系或敌对互动所联结的现象（Cosier & Rose，1977；Wall & Nolan，1986）。Pondy（1967）、Fink（1968）等学者认为此过程包括前因、情感状态、认知状态以及结果四种因素。

Guetzkow & Gyr（1954）进一步深入研究得出，团队冲突结构上已由认为团队冲突只是会降低团队绩效和团队满意度因素的单一维度发展到以实质性冲突（发生原因是成员对于如何达到团队目标有不同意见所引起，团队冲突在受到其他人批评与评估之后即结束）和情感性冲突（发生原因则是个人为了私人目的，想要获得个人优势或是地位所引起，冲突会因为个人需求被满足或是受到其他人的敌意与攻击后而结束）为主要的两个维度。实践证明，建设性冲突有助于团队目标的实现和和谐劳动关系环境的建立（Edgar Schein & Warren Bennis，1965），其主要目的是让员工有心理方面的安全，包含自我安全与他人心理安全，（Tynan，2005），使成员感到可以展现且自由发挥自我而不需要担忧会对自我形象、地位或事业产生负面的影响（William A. Kahn，1990），可以帮助员工克服防御感或“学习焦虑感”（Schein，1985）；同时，它还是一种团队成员所共享的、感到人际安全的信念（Edmondson，1999）。当然，心理安全还代表了一种驱使团队成员行为和沟通的状态（Marks，Zaccaro & Mathieu，2001），也就是通过反复沟通最终影响组织成员的态度和行为（Ilgen，Hollenbeek，Johnson & Jundt，2005），增强他们对组织任务和他人的承诺（Beal，Cohen，Burke & McLendon，2003）。Mu & Guyawali（2000）通过对美国管理教育项目中拥有不同专业学生的团队进行实证研究后发现，团队心理安全能使团队成员在不担心被拒绝或尴尬的情境下表达其独有的观点。

（4）团队知识转移。知识转移不仅是团队知识管理的重要内容，更是增加知识存量，充分实现团队目标的基础。美国学者 Amrit Tiwana（2000）认为知识是生产并嵌入组织日常运行中的一个动态混合体（由结构化的信息、价值观、经验和直觉组成）。知识相互转移必须有一个思维自由、学术开放的团队环境，其成员才可能实现相互间的知识交汇融合，尽情释放自己的潜力，从而实现相互协同效果最大化。团队有选择地获取来自外部多个供给主体的知识流，通过整理和归纳，供团队所有成员共享和借鉴，当然成员也会将自己所拥有的知识、信息、经验和技能供团队吸收，通过外部显性与内部隐性知识的转化来实现知识创新。彼得·豪维特将知识看成是一种能力（含个人或组织，且包含在商品中的能力），Tommas H. Davenport & Prusak（1999）也认为知识是一种流动性质的综合体，并且是由价值观念、结构性经验、语境信息、专家见解和直觉共同组成的非固定组合，它们在不同市场主体间的转移与扩散从而实现知识的集成、整合与创新，进而构成了具有价值增值功能的知识链。

知识只有通过扩散、转移才能实现增值，也就是将“私人知识”通过扩散，从而转化为“社会共享知识”，才能为别人所借鉴并通过自己的社会实践释放其内含的巨大力量。Gilivow & Teagarden（1988）认为此过程包括文件的传播、文件转化为产品的技术传播、制造设备、硬件的转移。由于知识具有隐匿性（Kogut & Zander，1996；Santoro & Bierly，2006）、关系强度（Hansen，1999）、可传授性、复杂性、系统性等特性，决定了知识扩散具有激励性、教育性、复杂性（主体多元性、多层次性、知识本身的复杂性、复杂的系统环境和非线性的系统）等特点，对知识扩散效果有重要影响（Alavi & Leidner，2001），其扩散难度与知识嵌入性成正相关（Cummings & Teng，2003），转移效果受知识接受方的智力和情感智商因素影响（Duanmu & Fai，2007），知识越相容，扩散越容易（Reagans & Mcevily，2003）。扩散过程中必然涉及知识的转移，其原因是组织能在技术的国际转移中积累大量跨国界的应用知识，从而缩小地区间的技术差距（Teece，1977），是知识传达+知识吸收（Davenport & Prusak，1998）的共同结果，是知识传授者与知识接受者之间沟通的过程圈。一方面，知识传授者愿意并且有能力通过讲述、著作等方式将自身知识外部化；另一方面，知识接受者也愿意并且有能力通过倾听、阅读等方式将接受的知识内部化（Hendriks，1999），从而实现组织知识的传递和分享（Yeung，Ulrich，Nason & Vonglinow，1999）。

团队成员需通过各种工具与程序来进行知识分享（Dixon，2000），是成员之间在一种交易关系中知识的传送（Makino & Delios，1996；Bresman；Birkinshaw & Nobel，1999），是一个动态博弈的过程，也是团队持续学习过程的一部分，只有知识同化为组织知识时，知识转移才算发生（Gilbert & Cordey-Hayes，1996）。在此过程中，任务的相似性（E. D. Darr，2000）、社会网络的特点（B. McEvily，1999）、知识源、接受者、情境和知识本身的特性（G. Szulanski，2000）、网络组织结构（Reagans，2000）、组织内知识源的能力、信任度和交流程度（K. D. Joshi，2007）、接受者吸收能力（D. Minbaeva，2006）和战略意图（B. L. Simonin，2004）等都影响着知识转移的效果。

综上所述，团队互动过程涉及的方面既包括对团队目标和价值观的认同、团队的氛围、团队成员在团队中的心理安全和相互承诺、团队知识转移与扩散等。学者们经研究认为这些对团队的效能会产生直接的影响，但对于团队成员间如何协同研究还处于萌芽状态，这也正是本书要探索的问题。

1.2.1.4 团队产出研究

团队经过“输入”和“过程”两个环节后产生的结果（绩效或效能）是检验团队有效性的重要指标。绩效由多维建构，测量的因素不同，其结果也会不同（Bates & Holton，1995）。学者分别从结果、行为和能力三方面提出了各自的观点：

第一，“绩效是结果”，是对在特定时间内，由特定的工作职能或活动所创造的产出的记录（Bernardin，1985）。该观点在组织所下达目标非常清晰的情况下是最为有效的，但很多工作成果很难直接量化，结果指标不好确定，而且结果可能受系统因素影响（Campbell，1990）。

第二，“绩效是行为”，是一套与组织、团队或个体所工作的单位的目标相关的行为（Murply，1990）。

第三，“绩效是能力”，是个体的潜在特点（Spencer，1993），可以通过评估团队完成某项目功过所具备的知识和能力来测量团队绩效。

Hackman（1990）认为团队绩效是指团队成员为达到集体目标而共同努力的过程及成果，包括生产力、决策、服务的质量等，它可以用其输出的产品或服务加以衡量（Cohen & Bailey，1997）。Devine & Philips 用达到的目标和任务完成程度来界定团队绩效，Song 等（1997）则认为团队绩效包括团队的目标达成率、决策时效性、产品品质三个方面。团队绩效在逻辑上可分为两个部分：短期绩效

(团队达成成本、工期和技术产出目标的能力）和长期绩效（团队内部成长和成熟的程度）（Donald，1998）。目前最为流行的观点是 Nadler（1990）、Guzzo & Shea（1992）提出的三个维度的观点：一是团队对组织既定目标的达成情况（数量、质量、速度、顾客满意度等）；二是团队成员的满意度；三是团队成员继续协作的能力。然而，被学界广泛接受的还是 Borman & Motowidlo（1993）提出的绩效二维模型，即认为绩效包括任务绩效和周边绩效，其中任务绩效用完成预定目标情况来表示，是工作的基本组成和核心部分；周边绩效是指一种心理和社会关系的人际和意志行为。

1.2.2 协同研究综述

协作是多个人或不同单元互相配合完成任务，是组织内部交互以及相互关系的过程，不仅包括组织内部行为、互动，更为深层次的是相互间的情感，这些交互行为将直接影响组织的效能。越来越多的学者和高层管理人员把目光聚焦于组织不同成员间的和谐劳动、精诚合作，也就是如何发挥集体智慧，实现部分之和大于整体的效应，其核心就是如何最大限度地实现成员间的协同。团队目标与战略愿景和价值观的认同、成员间信息共享的心理防御、相互间协作承诺以及生产过程中的交互行为、相互合作的机制保障以及如何评价等都属于组织协作的研究范畴。

1.2.2.1 协同内涵研究

管理学的主要任务就是将不同的资源有机整合在一起，发挥各自和整体的功效，从而更好地实现组织的目标。国内外学者从不同的角度对此进行了深入研究。

企业管理方面的观点认为，协同就是企业通过识别自身能力与机遇的匹配关系来成功地拓展事业。Adam Smith 在《国富论》（1776）中提出分工协作的思想，Karl Marx 也曾强调分工与协作使分散部分整合成一个整体。H. Igor Ansoff（1965）在《公司战略》中较早地确立了协同的经济学含义，阐述了企业取得有形与无形收益的潜在机会与企业能力间的紧密关系。日本管理学家伊丹广之在其基础上又提出隐性资源是协同的主要源泉。从企业管理过程来讲，协同作为核心职能一直为企业管理所重视。Henri Fail 在《一般管理与工业管理》（1916）中提出了协调是管理的六种职能之一，且作为一种平衡机制维持组织正常运行。Mary Park Follett 通过研究认为协调是管理的核心，并在企业管理中得到广泛应用，如流水线生产、供应链管理、战略联盟、虚拟企业等。系统管理方面的观点则认为系统中存在着许多有序和无序开放的子系统，这些系统受到少量序参量的支配，强调系统内部的关联以及系统发生变化时要素间的相互配合与耦合。Chester Barnard 从社会学的角度研究，将企业看成是一个协作的系统，并提出正式组织的协作系统应包含协作的意愿、目标和沟通三个基本要素。古利克（L. Gulick）认为企业系统内部各部门协调更有助于目标的实现。潘开灵等（2006）按历史研究逻辑将协同观分为协作—协调—协同三个阶段。

随着信息技术的发展，从 IT 研究的角度来看，将一群分散的计算机借助于网络技术支持来协调与协作完成一项任务，实现跨时空的无障碍交流，从而节省人们的时间和精力，提高群体的工作质量和效率（Jonathan Grudin，1994；James D. Palmer，1994）。

1.2.2.2 协同机制研究

科学管理问世后，企业生产力和工人生产积极性均得到了极大提高。工人间的协同与分工机理成为众多管理学者研究的焦点，究其原因是其产生了“1+1>2”的效应，也就是我们平常所说的相互促进和共生效应。但协同并非在任何条件下都能产生正效能，因此学者们又致力于研究发生协同效应的机制，如潘开灵、白列湖、郑刚（2006），张浩（2008），吴扬（2012）在提出管理协同含义的基础上，应用协同学、混沌理论和 Logistic 方法构建了协同机制应用模型，并将其分为沟通、竞争、合作、整合与协同模块，旨在提高组织绩效水平。赵昌平等（2004）、张萍（2007）、李承彦（2007）、何小松（2009）、沈小平（2011）讨论了战略联盟和供应链协同的内在机理，讨论了联盟伙伴决策者对联盟战略选择的偏好问题，结合供应链理论的有关知识，用数理模型试图构建近似搜索算法的供应链协调计划解，并对其中的一些影响因素进行了讨论。李连友（2005）、王淑（2010）则是对医疗、金融协同系统的关键序参量进行了研究和界定。王谦等（2003）、陈志军（2011）、康忠诚（2012）从并购企业双方、内部战略管理协同与资源协同两个不同的角度对并购能否建立协同机制进行了分析，为企业成功实施并购战略以及社会管理提供了参考依据；黄席樾等（2002）、胡秀建等（2012）从系统角度提出了一种在人与机器之间建立以 Agent 为中间体的人机协同机制，从而实现网络集群负载均衡，实现柔性化信息交互接口，发挥新协同机制下人机间各自作用的变化。

1.2.2.3 协同优化管理研究

协同管理是在可持续发展的期望目标指引下，运用协同学原理对复合系统进行有效管理，以实现系统协调并产生协同效应。傅烨等（2002）、郭志伟（2010）对供应链中的“牛鞭效应”进行了分析，得出买卖双方委托—代理关系；刘永胜、马卫东、柳建、马士华（2004）利用博弈论建立了数学模型并分析了供应商与制造商协同合作的博弈过程和相互均衡。于春杰、李忱等（2007）揭示了供应链剩余是供应系统中的序变量，分析其与系统内部专业化、信息化和知识管理等因素的相互作用及对系统演进的影响。彭娟、王溪若（2008）从战略、策略和技术三个层面对供应链管理协同的内因进行分析；顾兢晶（2007），陆杉、黄福华等（2010），陆克斌、储节旺（2011）分析了知识供应链管理过程中知识转移、技术合作、人才交流、知识产权转让等知识流动方式和评价模型及相互间的共享机制；孙筱（2010）还对信息共享的供应链协同管理中企业间信任机制进行了研究；张定芳、姚浩（2009）运用价值网和平衡计分卡等工具对供应链绩效评价进行了研究。

美国斯坦福大学 Kroo 教授（1994）将一种多学科优化方法应用到机械系统设计中，并把它命名为协同优化（Collaborative Optimization，CO）。这种方法将问题分为系统层和学科层，把学科间的耦合变量作为一种适应系统层的期望，学科层通过优化不断逼近此期望，系统层为了使目标函数达到极值从而不断调整期望值。国内许多学者也对此进行了深入研究，主要分为应用和理论研究两方面：白小涛、李为吉（2006）将协同优化用在交通运输上，实现了四辊轧机机座参数结构优化。陈建鑫（2008）针对客运专线车站作业计划特点，基于分层求解思想的蚁群算法，以提高列车运行波动适应能力为目标，提出一种车站作业二次优化的局部搜索算法。文孟飞、彭军等（2012）用协同控制方法，通过优化目标函数进行凸分析，有效降低了交通网络中车辆平均等待时间。杨希祥、张为华（2011）基于改进的协同优化方法对固体运载火箭多学科进行了优化设计。

还有学者对协同优化的方法本身进行了研究，刘克龙、姚卫星（2007）提出用低自由度协同优化方法解决协同优化方法计算量过大的问题；陈亚洲（2007）将粒子群优化算法引入协同优化方法，提出了一种基于改进的优化协同方法（PSO-CO）。张磊、邱志平（2010）引入了非概率可靠性指标，提出了一种新的基于协同优化方法的非概率可靠性多学科优化方法，提高了遗传算法的收敛速度，降低了计算量。杨希祥、杨慧欢（2011）则采用支持向量回归机构造系统约束条件的近似模型，引入粒子群算法求解系统和学科优化问题。李海燕、马明旭（2011）基于非支配排序遗传算法的鲁棒协同优化求解方法。王星浩、马纪明等（2012）则将现有的可行性分析与协同优化相结合，提出一种基于混合可行性分析的协同优化方法。

1.2.2.4 协同测评研究

关于团队协同的测评，研究人员尝试用不同的方法进行测度，以期求出相对精确的解。巩艳芬、王艳秋、李丽萍（2014）从项目团队的思维协同、知识运用能力、管理能力、人际关系处理能力、应变能力、创新能力等方面构建了协同力运行机制模型，并运用层次分析法对各要素协同力进行综合评价。张少杰、吴兰贞、石宝明（2013）则从文化、组织结构、人力资源和管理平台四个方面建立了企业协同知识管理能力评价指标体系，并运用模糊综合评判法对其进行了评价。陆萍等（2010）从市场能力、科技创新能力和团队管理能力三个方面构建了 10 个二级指标和 26 个三级指标，运用模糊综合评价方法结合实例，对创新团队协同进行了实际分析与评价。谢心灵（2010）用截集的方法来求解模糊 DEA 模型，并以 20 个知识型团队为例对其协同的知识工作效率进行了评价。许学国（2010）从个人、团队和组织学习三个层面建立了协同性评价指标体系，并构建了系统各要素的结构分析矩阵和协同性定量测度模型。王济干等（2012）从科技创新团队内部运作能力和外部资源利用能力构建了突变——灰色关联测度模型，从而能更好地判断团队发展的势头（见表 1.2）。

表 1.2 团队协同测评模型

模型类型	构建人（时间）	主要指标体系内容	评价方法
项目团队协同力模型	王艳秋、苗建军（2007）	思维、知识运用、管理、人际关系、应变、创新	逻辑分析
批判矩阵模型	石宝明（2009）	企业文化、组织结构、人力资源、管理平台	综合模糊评价
协同力考核模型	陆萍（2010）	市场能力、科技创新能力、团队管理能力	层次分析法、模糊综合评价
知识团队效率评价模型	谢心灵（2010）	人、财、时间、固定资产、协同力、任务达成、团队成员个人满意度、团队存活力	模糊的 DEA 法
组织协同测度模型	许学国（2010）	个人学习、团队学习、组织学习、组织间学习	矩阵分析、系统分析
团队协同增效测度模型	王济干等（2012）	内部运作能力、外部资源利用能力	突变、灰色预测

综上所述，对协同研究的范畴较宽，从内涵、机制和管理优化到具体评估都有零零星星的研究，但主要还是从工业层面，且多集中于人与机器、人与系统、人与工具的研究，对于人与人之间系统的协同研究不多见，这也正是本书要开展的探索。

1.2.3 效能研究综述

管理大师彼得·德鲁克在《有效的主管》中简明扼要地指出：效率是“正确地做事”，其结果是让我们更快地朝目标迈进，强调的是战术和成本；而效能则是“做正确的事”，其结果是确保我们的工作是在坚实地朝着自己的目标迈进，强调的是战略和成果。管理强调的侧重要视组织所处的管理阶段以及管理对象的意识而定，国内外学者从不同的视角对效能的内涵、测度进行了深入研究。

1.2.3.1 效能内涵研究

效能本是物理学研究的范畴，是物体物理运动能量释放和做功效果的一种体现和评价，后被应用到许多学科。由于研究的取向不同，对于效能的定义也众说纷纭。《现代汉语词典》的解释是：事物所蕴藏的有利的作用[①]。社会系统学派创始人巴纳德认为效能关系组织目标的达成，是系统的取向。学者张润书认为效能是组织达成目标的程度，也就是资源通过投入后所产生的结果，并认为凡是完全达成目标的，就是有效能。本书认为效能是一个组织或系统运行时，通过成员的全力投入，充分发挥组织的各项功能，使其产出达到预期目标的能力，不同的效能水平代表着不同的目标实现程度。

（1）国内外学者对效能内涵研究。国外通常用 Effectiveness 来表示效能，也有人将之译为效率，也就是指投入与产出的比值，并在不同团队间进行比较。不同的研究目的有不同的阐释，并且有自己的衡量标准。有人认为团队效能是指一种生存、适应、维持和发展的能力，它伴随着团队的整个生命周期。Robhins (1994) 通过研究得出以团队形式进行集群工作，绩效会明显高于个体之和。

关于团队效能，有两个说法，狭义层面指团队绩效（Team Performance），广义层面则指团队产出（Team Outcomes）或指效能产出（Effectiveness Outcomes）。国外学者根据其定义，从不同的维度对效能的内涵进行了研究：McGrath（1964）

① 中国社会科学院语言研究所词典编辑室.现代汉语词典［M］. 北京：商务印书馆，2006.

指出团队产出是团队成员认为团队有价值活动的结果，包括了团队绩效和成员情感反应两大方面，这种划分得到了较多学者的认可。也有学者提出了不同的研究结论，Eric & Kennech（1990）从团队绩效可接受性和可行性得出了不同的研究结论，用内外部人员对团队产品、信息和服务的认可程度和内部成员的自我满意感及对团队战略性愿景的认同来衡量。在此基础上，对团队效能的研究内容进行了延展，Nadler，Hackman & Lawer（1979）与 Gladstein（1984）从生产结果或团队绩效、成员满意度和团队生命力或继续合作的能力进行衡量。Cohen & Bailey（1997）也从三个方面进行了研究，只是将团队绩效进行了扩充，把效率、市场反应、客户满意和创新一同纳入。Hackman（1987）、Sundstrom 等（1990）、Guzzo（1996）将团队效能直指预定目标实现程度，并从团队产出（与前面团队绩效相同）、团队成员的自我感知（结果）和团队能力（承诺、内聚力等）。后来还有学者对此进行了更为全面详细的划分，从更多方面进行研究。Sundstrom & Mclntyre（1994）又提出团队效能包括绩效、成员满意度、团队学习和外人满意度四个维度。Campion（1993、1996）则从团队设计和运行两个大方面，用五个维度（即工作设计、依赖性、团队构成、环境和团队运行过程）、19 个团队特征来表征团队成员和管理者的效能，并从资源获得的生产率、成员满意度及管理者的满意度三个方面进行评价。对团队效能的测量主要通过系统资源方法（从对团队能力支持的所有因素）、内部过程法（交互过程）和目标法（目标实现程度）来进行测量。

综合而言，国外当前对团队效能的研究多基于 Eric & Kennech（1990）的定义，从生态和系统内外各要素紧密协同的一个动态过程进行研究，认为团队的效能由团队内外部绩效及组织绩效共同构成。

我国学者对团队效能的研究相对较晚，多是对国外团队效能概念的扩充和延伸。浙江大学的王重鸣、李凯（2011）在国内率先进行了研究，认为团队效能标准是动态发展的，与团队建设、组织变革相互影响、相互促进。戚振江和王端旭（2003、2012）从三个方面（业绩、员工态度、行为结果）对团队效能进行界定，认为与团队情境相关的多方面结果均应作为团队效能。

当前国内外学者对效能的研究还主要集中于绩效方面，对于团队成员的认知与自我感受以及通过集体协作后，个体间的协调性、互信和耦合度等研究较少。当前的大学科、多领域研究的趋势，需要研究后者。基于此，本书通过文献、专家咨询、小组讨论和实地走访，认为应从三个维度来分析效能的内涵，即团队的产出结果（也就是任务目标完成度与符合度）、自我功效感（也就是团队成员对加入团队后，在外力帮助下，自己完成任务能力的自我判断与感知）和行为（主要蕴藏在科技创新团队内部效能产出的交互行为过程中）。

（2）组织效能研究。组织效能（Organizational Effectiveness）是一个多维复杂、动态的概念，学者多从组织目标的角度用描述性的构意进行表述，尚未形成一个统一的说法。国外学者多从三个角度进行研究：

第一，效能实现方式。Peter F. Drucker（1954）认为效能是指组织选择合适的目标并努力使其实现的能力，包括目标适当且可行。Vekatraman & Ramannu-jam 从企业的角度，把效能看成是绩效的一种水平（包括财务绩效、商业绩效和组织效能，其中组织效能主要以产品质量和社会责任相关等）。Amitai Etziozi（1984）认为组织效能是组织实现其目标的程度。A. M. Parhizgari & G. Rnoald Giblet 通过对商业和行政公共部门的效能对比，认为两者效能均在领导日常交谈中表现出来。

第二，效能表现内容。Snately E. Seashoer（1965）指出组织效能是评价和衡量一个组织经营成果的好坏，是一个目标体系。Saalnad Knight 则将组织效能看作是组织总绩效之和。Dnaeil Rdeniosn 把组织效能看成是组织在各方面的优异表现（包括组织经营业绩和个体表现）。

第三，发展的角度。Goodman（1986）提出团队效能是指一种团队生存、适应、维持和发展的能力。Gladstein（1984）则认为团队效能是由硬成绩和团队成员及管理者共同满意度组成，而 Hackman（1987）则认为团队效能其实就是一种实现目标的预定结果，在多大程度上满足成果接受者或评价者的要求，同时是否满足团队成员继续合作创新的心理预期。

我国学者主要从动态、静态及两者结合三个层面进行了深入研究，认为组织效能是一种能力或一种度量。孙仲武（2003）认为组织效能是指一个组织表现出来的效率与能力，是评价一个组织发展与潜力的指标之一。王重鸣（2006）也认为组织效能是组织本身拥有的功效和能力。李成彦（2009）认为组织在达成目标过程中的表现及解决问题的能力；而杨青隆（2005）则认为组织效能是组织在一定时间内，运用有限资源与适当的方法、步骤，有效达成组织目标的程度。张芳（2006）从三个方面（组织总体表现、既定目标和社会一般期望）来评价组织目标的实现程度。冯明（1998）等则把组织效能看成是组织静态的绩效。中国台湾地区学者吴璧如（1990）、林海清（2002）结合以上观点，从静态与动态、心态与生态来阐述组织效能的含义，认为组织达成其预定目标的程度是静态的效能，而组织获取有价值资源以满足其需求的能力则是动态的效能；从组织心态观点而言，组织效能是组织满足其成员需求的程度（主要以成员满意度来衡量）；就组织生态观点而言，则是组织适应环境的能力。

从国内外学者的研究来看，更多的学者倾向于从环境适应的角度展开对团队效能的研究，并将它看成是一个动态的共生成长过程。本书倾向于 Hackman 的观点，认为团队效能由业绩效能、自我功效感和行为结果三部分构成，并将工作满意度、团队活力和发展潜力等态度指标内容分散在三部分中。

1.2.3.2　效能测度研究

为了更准确地反映组织效能的实际状况，学者和管理者们从管理的要素输入、管理过程和最终产出情况进行了研究，并辅以各种方法。从已有文献来看，大多数研究均基于经典的 IPO 模型来探讨其影响因素，只是对变量及命名仍存在一定的分歧。

（1）管理过程效能测度研究。在输入方面，分为个体和组织两个层次：个体层次主要是性别、学历、职称、年龄、工作经验等人口统计学相关变量。随着研究的进一步深入，更多学者开始从个体的人格差异（Barrick & Mount，1991）出发，认为它是人们在信息接收、加工处理及做出行为反应的倾向性，沈国祥（2008）、陈旭（2007）、周志成（2005）、孟晓莺（2007）、孟太生（2008）、蔡晓春（2001）从团队领导行为与风格对团队效能的影响进行了研究；肖余春（2004）、肖久灵（2006）、胡峰（2006）、柏林（2009）等从团队成员特征、团队结构和社会资本等角度进行了实证研究，还有学者（李海云，2005）对人格与组织效能关系做了理论和实证研究，发现个体人格可以预测其行为，而且会在团队互动过程中充分暴露并对组织效能有较显著的影响。长期以来，学者（Neuman，Wanger & Christiansen，1999）一直尝试输入团队组合来更好地影响团队过程和产出，但只是证明了团队组合与团队效能有关系，其机理仍在探索中。

团队过程是成员间、成员与环境间的互动（Hackman，1987），从而影响着团队效能的最终结果，其影响变量尚未有统一的说法。不少学者从某一方面进行了研究，如 Barrick 等（1998）从凝聚力角度来考虑；王海霞（2008）、王小丽

(2009)、文映春（2009）、郭胜忠（2009）、宋高升（2008）、郑雁（2007）等学者从团队互动过程的角度对团队效能的影响进行了理论研究。Jewell & Retz（1981）认为成员互动过程包括沟通、决策、影响力、竞争与合作，而 Schwarz（1994）提出除了沟通、决策外，还包括问题解决、冲突管理、界限功能管理等过程，Morgan，Woodard，Glickman，Blaiwes & Salas（1986）研究得出除了沟通、协作外，还包括处理问题及采纳、团队精神、适应等影响因素。环境支持是高校科技创新团队效能产生的重要的物质基础，白新文（2011），周志成、朱月龙（2005），丁岳枫、谢小云、王重鸣（2004），肖余春（2004），吴志明、武欣（2005）等从文化、薪酬、培训、组织公民行为等组织因素进行了研究。Cannon & Edmondson 从团队成员对于失败的共享信息角度进行了研究。Cohen & Bailey（1997）从任务设计、结构变化、团队报酬、公平与公正等角度进行了诠释。

德国心理学家勒温（K. Lewin）认为团队动力是内在力量和外在环境因素共同作用的结果，并从心理学的角度提出了群体动力学。内在力量（包含群体目标与愿景、群体结构与规范、群体凝聚力、群体氛围、群体有效沟通、群体人际关系、群体领导行为等因素）起决定作用，外在因素起辅助作用。在此基础上，许多学者从团队特质（包括领导、成员的个性、团队规模）、团队内部管理（人际关系、沟通、冲突、领导方式）以及组织支持（制度、激励）等方面进行了研究，对团队的心理契约、任务设计、团队构成与领导的行为等因素研究特别活跃。

结合高校科技创新团队的特点，笔者认为团队管理过程包括团队投入（成员特征与态度相关的价值观、自我成就驱动和授权情况），团队内部互动（沟通、冲突、信任协调、“搭便车”）以及团队环境支持（任务支持、考核制度、组织结构、公平公正）。但由于各自的研究角度不同，研究结果难以取得统一的认识，还没有形成一个有说服力的结论，各层次关系的划分还有待进一步挖掘和研究。

(2) 效能测度模型与方法研究。为揭示团队价值的创造过程，许多学者用一定的模型来分析团队绩效的概念和特征。认为团队互动过程对团队效能产出具有重要影响且成为效能模型构建的核心要件，主要包括团队成员个体和整体特质、具体任务特征、组织系统相关因素、环境资源相关因素及互动过程，笔者整理得出具有代表性的五种类型模型（见表 1.3）。

表 1.3　效能理论模型

类　别	学　者	理论贡献
描述性模型	Mc Grath（1964）	提出“输入—过程—产出”的系统化理论架构，并对输入变量进行了研究，探讨这些变量对团队交互过程及产出的关系
	Nieva 等（1978）	指出了组织对团队所形成的外在限制；个体工作表现对团队整体效能会产生影响
	Jewell & Reitz（1981）	列举了可以影响团队效能的变量中的诸多因素
	Eliis & Fisher（1994）	提出循环模型，认为输入、过程及产出三个因素交替循环、相互影响，团队会因为环境的不断改变而做出适度调适
规范性模型	Hackman（1983）	强调了组织内部系统因素和环境因素的重要性； 列出了影响团队效能的重要因素，且开始实际探讨如何构建这些因素，以提高团队的绩效； 从顾客、团队成员和整个团队三方面来衡量团队的成败
实证性模型	Gladstein（1984）， 王济干（2012）	进行了实证分析； 证明了团队互动过程会影响团队运作结果，且任务的性质与需求的确扮演着影响团队效能的中介角色； 构建了团队效能研究的实证型模型
启发式模型	Gist，Locke & Taylor（1987）	列举了可能影响团队绩效的多种因素； 进一步强调了团队任务的特质在团队互动过程与绩效间扮演着中介变量的角色
	Salas 等（1992）	研究得出互动过程对团队效能影响较大，沟通与协作是主要影响因素，在此过程中，个人、任务和团队特质相互间彼此影响，共同作用于互动过程； 强调团队培训过程对团队效能提高以及组织系统和环境因素的重要性
其他模型	Morgan 等（1986）	从团队发展的观点来探讨团队在其发展的不同阶段中所需完成的阶段性任务
	Schwarz（1994）	发展出了一个强调团队促进过程的模型
	Tesluk & Mathien（1999）	得出团队互动过程与管理行为及策略、成员间的凝聚力、工作满意度及留在团队中的愿意有正相关关系
	Stewart & Barrick（2000）	将团队互动分为社会和任务历程； 社会情感行为在于建立和调节团队的生活（对团队效能影响显著），而任务行为在于确保团队工作的完成
	Ilgen & Hollenbeck（2005）	提出 IMOI 模型用“M”（Mediator）代替“P”（Process）来反映更为广泛的对输出变量有重要的解释力的变更；同时加入了反馈环节

黄玉清（2006）、张卫枚（2007）、赵枫（2007）、何铨（2009）等从生态系统、有效性角度对团队效能模型进行了构建。

目前，国内外学者对组织效能测量普遍采用的只是量表，主要有两种量表：第一种是效能态度指数量表。在 Mott（1972）社会系统功能标准量表基础上设计出来的一套量表，包括五个重要指标：产品的质与量、效率、适应力和弹性。Miskel等（1982）对此量表进行了修订，主要用于学校研究，称为组织效能感受问卷。第二种是价值途径下的组织效能量表。此问卷是Robert Quinn（1988）根据竞争价值框架编制的组织效能量表，其主要内容包括理性目标、内部过程、人际关系与开放系统四个部分，每个部分有产量与工作完成、组织方向与目标清晰度、稳定控制、正式文件与信息管理、组织认同与士气、参与开放、适应革新、外界支持成长八个维度，每个维度有两个题目，总计16个题目。樊传浩（2012）通过实证并进行验证性因子分析，得出包括业绩效能、团队功效感和行为结果三个维度共20个题目。

从现有文献来看，效能评估多用于军事装备系统，社会科学领域效能评估还是主要集中在绩效评估，主要方法如表1.4所示。

表1.4 团队效能评估方法

类 型	主要内容	应用范畴
逻辑模型（Logic Model）	通过对事件背景分析，借助逻辑思维对事件IPO等要件间关系进行分析，找出投入产出内在联系	主要用于项目策划、风险评估与监控
标杆管理（Benchmarking）	先决定组织内功能领域绩效衡量标准，然后寻求在这些特定领域内表现卓然有效的其他组织之间绩效差距，并通过分析转换其运作流程来改善绩效，缩小差距	营销管理、库存管理、成本管理、质量管理、人力资源管理、新产品开发、公共领域等
绩效棱柱模型（Performance Prism，PP）	用棱柱的五个方面（利益相关者的满意、贡献、组织战略、业务流程和组织能力）代表组织业绩	—
平衡计分卡（Balance Scorecard）	将组织战略目标与业绩驱动因素相结合，动态实施组织战略的管理系统，主要有财务、学习与成长、内部流程和顾客四个维度	企业、政府、非营利部门和公共部门
CAF通用模型（Common Assessment Framework）	建立了9个标准，共包括28个次级标准构成的指标体系，通过领导驱动、战略与规划、各种合作伙伴关系、资源和过程管理等来实施组织绩效的最佳结果	海关、税收和财政、经济和农业卫生、社会服务、教育和研究、地方行政部门、运输等部门
关键绩效指标法（Key Performance Indicators，KPI）	通过对组织内某一流程的IPO的关键参数进行设置、取样、计算、分析、衡量流程绩效的一种目标或量化管理指标	建筑业、公共部门等
3E/4E方法	经济性、效率性、效果性和公平性	主要应用于政府和非营利部门

1.2.3.3 效能研究述评

综观以上研究发现：

（1）效能的内涵和外延极其丰富，需要加以全面的理解和运用。多年来，人们对组织结果的考核多用“绩效”来进行刚性衡量，产生好的经营结果的同时，也带来了诸如各自为政、“搭便车”等行为及不和谐的分歧。从效能内涵的拓展网络可以发现，绩效（组织的硬效能）与组织期望呈现着强烈的因应特征，多偏重结果，这也是效能作为企业研究的出发点和落脚点。无论结果的绩效还是关注行为的效能，都是基于组织对员工的期望，特别是学者和企业实证研究得出的生产绩效、任务绩效和周边绩效的观点进一步显示了成员个体与团队的协同发展。因此，对员工个人效能问题的研究要放在团队战略愿景和目标前提下进行深入研究。不同的文化背景和社会、经济不同时期发展的需求对于效能目标也有不同的回答，这也间接回答了效能内涵的政治性和时代性以及其结构的复杂性；同时也说明了效能内涵及其结构的界定要认真考虑文化、组织发展阶段等具体情况。就高校科技创新团队效能的内涵而言，文献主要在三种绩效结构模型方面对研究高校科技创新团队效能结构具有较好的借鉴意义。由于各种观点考察的对象和背景存在着差异和一定的不足，需要在研究中加以规避，择其长而学之。如第一类型的研究主要源于西方学者的观点，其研究植根于西方的文化情境和企业实际，研究的根基还是经济人的观点和组织行为学的框架。该研究最大的特点就是将员工的行为作为研究的重点，以员工在工作中的表现及其工作结果作为最大的考核和衡量指标，蕴含了一种假设，即规范的管理就意味着好的效能，这一假设显然存在偏颇。即使后面提出了成员满意度和持续合作能力，仍然没有跳出生产绩效的圈圈。尽管后来学者对其进行了完善，但没有结果性指标是难以维持组织的生存和发展的。第二类型的研究将效能满意度从组织内扩大到组织外，抓住了高校效能的本质要求，基本上符合高校的做法。但在此理论的指导下，人为地割裂了效能的短期和长期的关系，搞长期研究与开发的人与短期写文章的人之间相互不理解，实际上，从科技研究来看，这两种人都需要，而双方在目标上都是一致的。另外，从系统的观点看，每种类型的研究存在结构狭隘或分类不够科学等瑕疵，需要我们加以认真的分析和研究。

（2）影响效能的因素是多方位的，需要用系统的思想来考察和研究高校科技创新团队的协同因素。从已有文献看，影响效能的因素不仅包括个体自身，还包括团队、学校和社会环境。从高校科技创新的主体来看，他们不仅具有人的自然属性和社会属性，更重要的是他们的需求是更高层次、更高战略，这是我们研究高校科技创新团队这一特殊组织的根本前提。组织行为学的研究结果证明了人的心理及其与周围环境的关系影响着生产力，强调研究了人际环境对人的行为和生产结果的作用，这也是费德勒在权变理论中的观点。勒温在其群体动力学研究中也通过 B=f（P，E）提出个体行为活动与环境的关系。研究高校科技创新团队协同力因素不仅要关注个体因素，更重要的是要关注团队外的因素（如国家政策和学校规定）；不仅要看团队的显性效能，更要关注其隐性效能。

（3）从现有文献来看，专门针对高校科技创新团队协同效能问题的研究基本上还处于起步阶段。由于科技创新团队的起步较晚，作为一种新兴组织，对其的研究还多从某一个或几个因素进行，难免会出现片面现象。需要我们从系统的角度进行全面的研究。对于“冰山”之上的研究颇多，而对“冰山”之下的部分以及上下有机联系的研究还较少。在高等教育战略目标的层面和当前我国经济快速发展及社会转型的背景下，我国高校科技创新团队的效能与教师间的协同究竟存在何种有机联系和机理，亟须运用系统的思维、辩证的方法和管理的技术手段加以研究和诠释。

1.3 本书内容与创新点

1.3.1 本书内容

本书先结合我国高校所处的时代背景，以其创新团队成员间相互协作为实证研究对象，采取访谈、问卷调查等方式，运用探索性因子和验证性因子分析归纳出高校科技创新团队效能内涵，重构效能结构模型，遴选了团队协同的因素，并运用结构方程模型探讨了基于心理契约的创新团队成员间的协同与团队效能之间的影响路径与内在作用机理；之后，基于战略牵引及系统动力原理，构建了高校科技创新团队协同与效能关系的数理系统模型并进行了深入分析，利用该模型对 D 高校进行了协同效能系统诊断，从人力资源管理的角度提出了相关对策。主要内容包括五大部分，其基本框架如图 1.5 所示。

第一部分为基础研究。主要对高校科技创新团队的协同效能机理问题进行概述。包括第 1 章、第 2 章。第 1 章为绪论，主要介绍选题的背景和研究意义，对高校科技创新团队效能的内涵与影响因素、效能提升的协同进行了文献综述，寻找本书可借鉴和启示的研究结论，提出基本的研究框架、研究方法及创新之处。第 2 章是本书的理论依据和起点，主要是对本书所涉及的概念（高校科技创新团队、协同、效能和团队协同增效）进行了界定，对社会认知理论、知识溢出理论和系统理论进行了回顾，为第 4 章的理论假设做了较好的铺垫。

第二部分为研究变量测度量表的开发与结构确定，主要是第 3 章。在文献梳理分析和专家论证的基础上，设计了高校科技创新团队效能和团队协同问卷并展开调研，运用因子分析和 SPSS 软件等方法构建了新时期高校科技创新团队效能量表和协同量表，并在实证研究的基础上，结合探索性因子分析和验证性因子分析明晰了高校科技创新团队效能和团队协同的内涵结构并开发了各自的维度模型。

第三部分为高校科技创新团队协同增效的作用路径研究，主要是第 4 章。从时间点的角度出发，运用了结构方程原理验证了高校科技创新团队协同作用团队效能的作用路径，构建了协同增效路径关系模型；并分析比较了不同人口统计变量对两个研究变量存在的差异性影响。

第四部分为高校科技创新团队协同增效机理研究。包括第 5 章、第 6 章，首先以“战略—协同—效能持续提升”为逻辑发展框架构建了高校科技创新团队协同效能系统促进和转化模型，在第 4 章的基础上，考虑到高校科技创新团队持续发展的需要，从动态的角度用概率分析的方法建立了数理测度方程，确立了团队协同在科技创新团队效能管理系统中的重要地位；接着进一步运用该模型对 D 高校五个创新团队协同增效系统进行了验证和诊断，提出了协同增效的改进策略。

第五部分为研究结论与展望。主要是第 7 章，总结全书研究结论，结合实际得出具体启示，以进一步概括本书的研究理论成果和实际应用价值；同时，还对本书的约束条件和局限性进行了分析和思考，提出了今后有待进一步深入研究与展望。

1.3.2 本书研究创新点

本书研究创新点主要有以下三方面：

(1) 设计开发了高校科技创新团队协同和团队效能量表，并构建了高校科技创新团队协同和团队效能测度维度指标体系。在对已有文献梳理、分析和专家认证的基础上，初步制定了高校科技创新团队效能影响因素和协同调查问卷，并基于研究的考虑，主要是以研究型高校科技创新团队为调查对象，进而运用SPSS19.0和AMOS18.0统计分析软件对调研数据进行了探索性因子分析和验证性因子分析，开发了包含17个测量指标的高校科技创新团队协同量表和20个测量指标的高校科技创新团队效能测度量表。结合量表的开发，构建了包含业绩效能、自我功效感和行为结果等维度的高校科技创新团队效能结构指标体系以及包括成员对团队目标认同度、成员间信息沟通、成员相互协作承诺和成员间的交互行为等维度的协同结构指标体系。

(2) 深入研究了高校科技创新团队协同与团队效能的作用关系，构建了高校科技创新团队协同与团队效能作用关系模型，并对变量的影响效应进行了分析。根据研究和调查结果的整理，运用结构方程（SEM）研究了团队协同对效能的影响路径，验证了高校科技创新团队协同因子对团队效能因子的相关影响作用。

(3) 揭示了高校科技创新团队协同增效机理，构建了协同和效能定量测度模型，并得出了六个结论。从定性和定量两个角度对高校科技创新团队的协同和团队效能机理进行了深入分析，并构建了相应的测度模型。以D大学五个科技创新团队的协同增效情况进行了实证分析，提出了效能提升的建议和对策。

1.4 本书研究方法与技术路线

本书基于前人研究成果的基础，综合运用了管理学、心理学、系统科学、复杂性科学等学科的理论与方法，采用定性与定量、规范与实证分析相结合的方法来研究高校科技创新团队效能的内涵及其提升的协同机制，并探讨了协同与效能之间的作用机理。

1.4.1 本书研究方法

本书主要研究高校科技创新团队效能与成员协同以及两者间的关系，采用了文献研究及延伸阅读、专家访谈与论证、问卷调查、探索性和验证性因子分析等研究方法。

（1）文献研究。文献主要来源于河海大学、东华理工大学图书馆的图书文献资料和相关数据库系统、会议文献以及相关搜索引擎搜索到的资料和访谈、实地调查研究得到的第一手资料。对与本书研究密切相关的议题、理论进行了跟踪和阅读，归纳总结了本书研究国内外相关的研究范畴、研究方法、已有的研究成果和目前的最新进展情况，为本书研究的开展和进一步深入奠定了良好的基础。

（2）实证研究。是本书开展研究的实践土壤，也是研究进一步旁根深入的生命力所在。本书研究的基本路线是在文献梳理和理论分析的基础上，提出了研究的模型和基本假设，然后通过实证研究的方法进行可行性检验，具体操作过程如下：

1）大规模访谈和开放式问卷调查。大规模访谈和开放式问卷调查是本书前期进行量表设计时的主要工作，在部分重点高校科技创新团队成员和负责人以及高校主管部门有关人员之间展开。进行访谈和开放式问卷调查前先拟好访谈提纲和设计好开放式问卷，并按照一定的程序有计划地进行。访谈针对所有的变量，开放式问卷主要针对高校科技创新团队成员间的相互协同及其对团队效能影响因素和存在的障碍等方面进行测量。

2）问卷调查。问卷调查是本书获取数据的主要途径，包括调查问卷的设计、预测试与改进、再测试与进一步完善、正式调查过程与调查数据的筛选、分析与统计五个步骤。对相关变量测量量表进行了精心设计，自变量为高校科技创新团队成员间的协同和因变量（团队效能）等，对这些变量的测量，本书均采用了李克特的七段式量表。量表设计遵循两个基本原则：一是向有关专家和研究对象以及高校科技创新团队管理部门的领导和学校决策制定者的深度访谈和开放式问卷调查，制订量表的测量题目；二是根据专家、有关决策者的访谈情况和国内外有关经典的量表，根据研究的对象和我国高校所处的实际环境、文化特点，对相关题目进行了必要的修正。

3）数据筛选、分析与处理。在大规模访谈的基础上，使用了 SPSS19.0 和 Lisre18.8 软件对收集到的数据进行了分析，主要采用了方差分析、因素分析、结构检验等方法。探索性因子主要采用主成分分析法，按照特征值大于 1 的原则抽取，从累积解释方差变异量和测量项目对其所属因子的载荷量方面判断测量效果和因子组成，并运用验证性因子对高校科技创新团队成员间的协同和效能进行相互检验，以确保假设模型测量数据的准确性，提高研究结论的可靠性。

（3）系统研究。系统论认为世上万事万物都是由若干个相互联系、相互作用的元素构成，属性相同的元素又构成了若干个小系统，通过系统间的关系研究来简化问题的复杂性。高校科技创新团队主体是教师，其产出直接影响到团队的发展，也受到其个体、团队、学校和国家等系统的影响；同时，团队成员工作对象的特殊性使其产生过程也存在复杂性，只有运用系统的方法对高校科技创新团队效能提升系统进行研究，才能发现团队效能及其成员间协同的相互作用机理，从而为构建高校科技创新团队效能提升系统提供科学依据。

1.4.2 技术路线

本书按照“文献阅读与梳理—问题界定及命题提出—量表设计—研究假设—实证分析—形成结论—提出建议”的基本研究思路，对相关议题进行了逐一研究。开展研究的前提是对相关文献的阅读与梳理，结合自身实践和实地考察，从而形成了理论框架与实证研究两个主要板块。沿着研究目标和要解决问题的途径，对国内外现有文献和研究成果进行了全面检索、查阅，再进行总结、归纳和提炼，进而构建出本书的研究构架、研究技术路线、假设和模型，为全面开展调研指引了方向，奠定了基础。具体来说主要有：首先通过对研究背景和意义的分析，提出了问题，并通过文献进一步确立研究开展的必要性。其次围绕研究目标，对涉及的有关术语内涵、理论基础和研究变量进行了研究，开发了高校科技创新团队协同和团队效能测度量表，并结合量表对其维度模型进行了构建。然后运用结构方程模型探讨了高校科技创新团队效能和协同间的相互作用路径并进行作用效应分析。最后在此研究基础上，运用概率分析知识对高校科技创新团队的协同作用团队效能机理进行了进一步研究，构建了高校科技创新团队协同和团队效能测度模型，运用此结果对D高校的五个科技创新团队协同增效系统进行了诊断，提出了效能提升改进的策略和建议（见图1.5）。

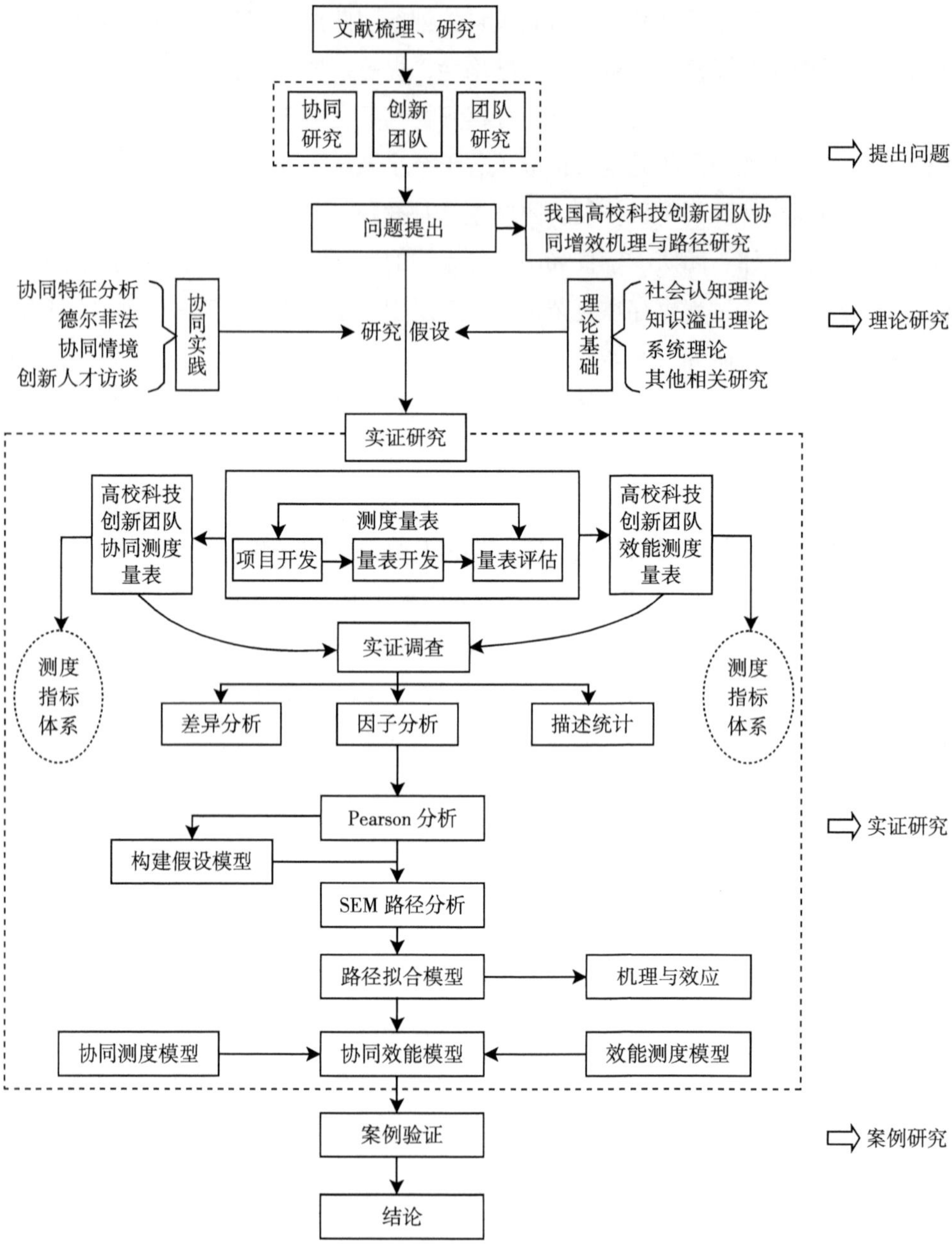

图 1.5　本书研究技术路线

第2章　主要概念界定及理论基础

本书是以高校科技创新团队成员为研究对象，实证探索新时期高校科技人才相互协作与增效之间的作用关系。由于时代的发展，人类的进步，研究中涉及的一些主要概念也发生了不同程度的变化，需要对其内涵进行明晰的界定。本章将对涉及的创新团队、创新团队协同与创新团队效能和协同增效等主要概念进行界定，在文献梳理和研究的基础上，以社会认知理论、知识溢出理论和系统理论为支撑，对高校科技创新团队的协同和效能内涵进行进一步分析，厘清本书的理论研究框架。

2.1　主要概念界定

从认识论的角度来看，概念是人们对事物本质认识的基本元素和工具，是逻辑思维的最基本单元和形式，它概括了一类事物的特性而形成心理意念和抽象符号，其界定和选择是否得当直接影响到科学活动的结果。概念的形成是通过实践和理论的循环往复，其参照点必须具有科学性，实事求是。尽管在管理研究中还有很多概念不能用直接实证的方法取得，但仍需要对其清晰的测度指标进行详细分析。诚然，概念同科学一样具有发展性，在具体研究中要进行明确的说明。

2.1.1　创新团队

创新团队的概念是以团队的概念为基础，结合创新的本义，综合两者的特点而形成的一个新的概念。

2.1.1.1 创新与创新团队

国内外不同的学者对创新的含义持不同的观点。《现代汉语词典》的解释为：①抛开旧的，创造新的。②指创造性；新意。美籍奥地利经济学家约瑟夫·阿罗斯·熊彼特（Joseph Alois Schumpeter）在其《经济发展理论》一书中写到经济系统中某一要素的变化会导致整个经济函数发生整体变化，这个过程称为创新，至今仍广泛流传。人们基于此解释进行了深入研究，但仍未形成共识，综合国内外学者的观点，对创新的含义理解概括起来有三个方面：

第一，从无到有的全面创新。也就是创造出与现存事物不同的新产品、新技术和新理论。

第二，从有到全的局部创新。接受现有产品、技术或服务，对其局部进行创造性的改进。

第三，吸收、消化并提高。在新的技术、方法的基础上，进行更深入、层次更高的发明和利用。

据此，本书经研究认为创新的内涵是在促进社会进步或个人价值实现的目标驱动下，创新主体创造出具有独创性、革新性或改进性产品和服务的活动或过程。它具有三个方面的特征：首先，创新是一种史无前例的活动，既包括“无中生有”，也包括“有中生新”，具有前瞻性和高风险性。其次，创新是一种能促进社会和人类进步，具有历史进步意义的有价值活动，具有较高的社会回报和驱动力。再次，创新是人类社会独有的一种自觉认识和改造世界的活动，伴随着理论和实践的积累而能动地进行，具有系统性和复杂性。

美国学者乔恩·R. 卡曾巴赫（Jon R. Katzenbaeh）在其《团队的智慧：创建绩优组织》一书中认为团队是一个正式群体，群体成员人数不多，技能互补，均愿意为共同目标而承诺相互协作、相互担当。一般而言，团队创新是指在团队中有意识地运用某些新颖的观点、过程或方法，从而提高团队或组织的绩效，其绩效可以通过创新行为、结果来判断，也可以通过能力来测量。团队自身、内外部环境都会直接或间接影响团队创新绩效。现有研究表明创新团队的特征有：

（1）集体意识强，彼此依存度高。团队成员无论在知识结构、年龄结构、性格、气质方面，还是学缘、地缘等方面都相互补充，彼此间相互认同，意识到自己只是团队系统的一个分子和元素，归属感较强。在科技创新团队的自组织中，各自相互依存、相得益彰，明确自己在团队中的分工与角色，从而不断深化对团队的情感，维系团队的持续发展。

(2) 协作目标明确，期望值较高。期望值较高的共同目标是团队成员追求的理想结果，只有全体成员在心理上相互认同，行为上相互支持、依赖与补充，才能达到个人无法或很难实现的目标。成员都明白，只有相互协作、和谐相处才能实现超期望值的目标，从而取得共赢的效果。

(3) 只有保持合理的学术梯队，才能实现团队永续经营与持续发展。

(4) 创新氛围宽松，成果合理、科学共享。创新需要有"学术面前人人平等"的研究氛围，允许不同观点和看法存在，团队内部沟通渠道畅通、机制健全，学术交流特别是国际学术交流频繁且有足够的资金保障；同时，对团队成果的分配科学、合理，既能保证团队的和谐，又能发挥成果分配的激励作用。

综合而言，本书认为创新团队是一个目标明确、充满期望，彼此间相互补充、责任互担，把创新性活动看作一种自觉行动的集合，其成员具有持续的市场竞争能力。

2.1.1.2 高校科技创新团队

高校科技创新团队是团队的一种特殊形式，具有较强的实践性和现实性，一般围绕着课题而存在，其紧密团结、明确分工，团队成员间相互依赖程度高，共识性强；而科研群体一般围绕学科存在，是一个相对松散的组织。张晓丰等(2005) 通过研究认为，高校科技创新团队除了具有创新团队含义外，还有其特殊性，主要是依托科技创新平台，面向科研项目或重大课题，以科技研究开发为核心动力。蒋满秀 (2005) 经研究认为高校科技创新团队需具备以下几个要件：一要有优秀的学术带头人领导；二要有研究平台 (工程中心或重点实验室等)；三要有瞄准学术前沿的研发内容；四要有主观上愿意从事科技研发、相互间能紧密协作并主动承担责任，人数不多的学术集合。

由此可以看出，科技创新团队是基于某一个或一组科学问题，在高校现有特定的环境下，有钻研科学的强烈愿望，渴望相互协作创新，在知识和技能上互补的正式群体，其工作呈现以下特点：

(1) 跨学科知识交叉融合。要创新或完成一项科研或科技任务，需要综合多学科、多领域的知识和多种技能，运用多种研究方法和手段，集不同专长的专家、学者和技术人员于一体。

(2) 项目导向清晰。科技创新工作的目标很明确，课题组按照既定的方针和计划，在规定的时间内完成项目研究任务。

（3）创新性。科技工作的主要任务是创造出新的研究成果来促进生产力的发展、社会的进步和人类文明的繁荣。创新是科技工作自身发展的需要，也是社会前进的动力所在。

（4）研究氛围自由宽松。高校科技研发基本上属于学术和理论型的知识创新，宽松的创新氛围是培养创造性思维和创新型人才的保障；同时，也要建立有利于团队发展的竞争机制，促使成员创造出更加出色的成绩。当然，它也具备一般团队的特征，即规模不大，人数一般不多（具体要视任务多少而定）；知识、技能互补，研究方法各异，达成共识的能力较强；研究目标明确、兴趣相同，能意识到自己的角色定位和协作的重要性，敢于相互承担责任。

不同的研究视角有不同的分类（见表 2.1），主要有按人数规模分为小型（3~5人）、中型（5~20 人）和大型（20 人以上）三类；按组建时成员的意愿分为自愿组合团队和行政约束团队；按相互联系的方式和紧密程度分为刚性的实质性团队、柔性的虚拟团队（网络团队）、分布式团队；按所属高校的性质分为部属高校团队（包括 985 高校）和地方高校团队；按团队存续时间分为短期（临时）团队和长期团队；还有学科导向型、问题导向型，正式的、非正式的等类型。以上分类只是为了研究方便，各种分类均有其局限性，但也有其优势，没有绝对的优劣之分。

表 2.1 高校科技创新团队分类

分类依据	具体分类	功 能	任 务	备注
科研活动的纵向流程	基础研究型	注重研究成果的学术价值和研究活动的自由性与非功利性	认识自然现象、探索自然规律、促进科学知识的增长，从事的是原始性创新工作	
	应用研发型	将基础研究中的有关理论应用到技术领域，在实践应用中得出或修正一些基本原理，为基础研究提供素材	提高人们改造客观世界的能力，从而实现实际应用中技术发明或创新	
	成果开发（或称试验发展）研究型	针对社会和企业生产某种产品的需要而进行的短期研究	对原有产品、工艺和技术进行实质性改进，从而开辟出新用途，生产出新产品和新装置	
研究所涉及的学科	单学科	专业性较强的项目	共同研究、快速沟通，多用于文科和理科团队	
	跨学科	多用于工科从事应用研究和发展研究	解决较为复杂的问题	

续表

分类依据	具体分类	功　能	任　务	备注
吸引要素	文化和情感主导型	研究兴趣相同的领域	攻克难题	
	学术大师或领军人物聚集型	力量集中	统一指挥	
	任务或项目驱动型	发挥各自优势，便于聚合人才	复杂、涉及面广的课题	
	以基地平台或重大项目为依托	研究高科技领域	突破关键性课题	
战略目标	战略型	以科技、经济和社会发展具有重大而深远影响的问题为研究对象	长期研究、探索并具备善于打“持久战”	
	战役型	集中精力攻克短期经济、社会和科技发展急需解决的难题	具备“钉子”精神，善于集中攻关，打“攻坚战”	
	战术型	将目光主要集中在当前经济、社会和科技需要解决的问题	具备“超越自我”的精神，并且勇于创新，善于打“运动战”	

注：根据相关资料整理而成。

本书认为高校科技创新团队与“高校科研创新团队”、“高校学术团队”、“高校研发团队”、“高校科技创新群体”等都是同一概念的不同表述方式，本书主要研究的是有专门科技研究团队和固定机构的正式群体，而课题组不一定是团队。

承担的特殊社会功能使高校科技创新与企业有着明显差异：

第一，目的和任务不同。企业科研主要是为了在产品、市场、制度等方面出成果，侧重于实际应用；而高校则担负着双重任务，既要出成果，又要出人才，还要服务社会和传承文化。

第二，人才结构不同。企业主要由专职科研人员和一线技术人员组成；而高校有一支固定的科研队伍，包含了知识渊博、经验丰富的老科学家，站在学科前沿进行研发的中青年学术带头人，还有一大批科技新生力量（年轻的科技人才和博士生、硕士生）。

第三，研究领域不同。企业的研究针对性很强，且有研究领域专一的特点；而高校（特别是研究型大学）学科门类齐全，研究涉及所有学科，项目研究往往带有综合性、边缘性、跨学科、技术难度较大等特点，能承担复杂的研究任务和具有较为前沿的课题。

第四，信息来源不同。企业的科研信息主要来源于生产实践和行业内部的真实资料，具有很强的实用性和针对性；而高校自身信息条件（藏书丰富，如图书馆、情报资料室、专业期刊数据库、各类不同级别的实验室、工程实训中心等)，还有一批训练有素的科研管理人员、资料查询人员，甚至还有工程师、工人等，这是开展研究工作必不可少的物质和技术力量，开展科研工作的物质基础普遍较好。更为重要的是，高校的国际交流比较频繁，研究所需的国外信息优势明显。

根据多位学者的观点，结合我国高校科研的特点，本书将高校科技创新团队定义为在特定的环境和氛围中，以科技创新为目的，以不断提高研究水平和层次为目标，由具有创新意识和团队合作精神，知识力量雄厚和科研水平高，在技能、知识、学术背景和个性上分工互补，且愿意为共同目标努力并相互协作的一定数量的（10 人左右）科研人员组成的正式学术群体。具备以下特点：①全体成员素质高，自主性和创造性强，自我价值实现愿望强烈；②团队教师均具有某种特殊技能，往往对团队其他成员产生一定程度的影响；③成员间在学术背景、研究思维和规范、知识结构、能力与经历以及个性等方面具有互补性；④团队内部各要素在运作过程中形成一个良性互动系统，成员具有明显的互动性；⑤团队活动的主体是非全时、市场意识淡薄、较为独立的教师；⑥所从事的研究主要是基础研究和应用研究；⑦总目标是要培养和汇聚一批具有国际领先水平的学科带头人、一大批具有创新能力和发展潜力的青年学术带头人、学术骨干以及具有科研潜力的研究生，以带动高校教师队伍整体素质的提升和人才培养质量的提高。

2.1.2 团队协同

“协同”在《辞海》中的解释为同心合力、互相配合，并从药物学的角度进一步解释了协同作用。认为两种以上药物共同应用时所发生的作用等于或大于各种药物单独作用时的总和，但应注意避免协同作用而产生的副作用。也有的将协同解释为协调两个或两个以上不同资源或个体协同一致地完成某一目标的过程或能力。

随着人们社会实践活动的进一步扩大，协同内涵也不断丰富，最早的含义是指人与人、人与自然、人与生产工具配合，到了今天已经扩展到不同应用系统、数据资源、终端设备之间和应用情景、人与机器、科技与传统之间等全方位的相互配合。其概念也逐步理论化，概括起来是指不同元素间的相干能力，表现了元素在整体发展运行过程中相互协调与合作的性质，也就形成了拉动效应，推动事物共同向前发展，对事物双方（或多方）的结果是个个获益，整体加强，共同发展。能够导致事物间属性相互增强、向积极方向发展的相干性即为协同，研究事物的协同性，便形成了协同理论。德国科学家赫尔曼·哈肯在 1971 年正式得出了协同学的思想，认为人与自然的各种事物普遍存在有序和无序的现象，并且在一定条件下，两者会相互转化，有序就是协同，无序就是混沌。相互拆台必定导致无序，不仅发挥不了组织整体功能而终至瓦解；相反，若能配合很好，多种力量就能集聚成一个总力量，形成大大超越原各自功能总和的新功能。

21 世纪以来，人们的团队意识与团队合作越来越显著化、日常化，团队的内容和范畴也得到了不同程度的扩展，越来越多的专家、学者开始从不同的角度进行界定。综合起来，团队协同是指为了共同的目标和任务，相互信任、彼此依赖的全部成员，按照一定的规则，积极发挥每一个人的正能量，共同努力、共同奋斗，最终取得成功。

团队合作的关键是要取得协同的正效应，要求其成员相互间产生共生关系，从而产生协同效应。团队协作必须遵守基本的原则，主要包括能够清楚地说明所承诺的共同目标；承认成员在相互尊重基础上的相互依赖；接受共同的行为准则；共享奖励；团队协作精神与活力。这些原则成为很多学者研究团队成员相互协作的依据，本书也正是基于 Chester Barnard 提出的意愿、目标和沟通三要素，提出对高校科技创新团队协同的研究维度，也激发起本书对团队协同增效的研究兴趣。创新团队成员协同要有一股力量在起推动作用，也就是所有成员相互协作的动机、需求、驱动力和耐力，当这些愿望很强烈时就会产生协同力。

哈肯的协同学进一步告诉了我们自组织按一定的规则，以一定的参数进行调节，然后放手让子系统相互作用，产生序参量运动模式，从而推动整个系统演化。其主要方法包含四点：①清楚掌握系统不同元素的数量和性质，以及它们间的关系和合作的桥梁；②了解体系的稳定性和不稳定性的特点；③在不稳定区域，通过子系统相互作用寻找运动中逐渐形成的序参量；④寻找序参量的运动规律（包括支配和役使规律）。高校科技创新团队作为一种特殊的知识型组织，拥有较多自组织的特点，在其合作运行过程中，合作意愿、目标认同、相互间良好沟通以及研究过程中的交互行为便成了研究其协同的主要元素。

值得注意的是，与协同相近的词还有协调、协作与合作。其中，协调作为组织管理的主要职能之一，是指和谐一致，配合得当，也就是正确处理组织内外各种关系，为组织正常运转创造良好的条件和环境，促进组织目标的实现，只是一个泛指。而协同与协作、合作间存在着有机的联系与区别：协作是在实现目标过程中，个体之间、个体与部门之间的协调与配合。它的内容比较广泛，包括资源、技术、配合、信息等，其范围、内容、程序及应遵守的规范和规则都非常明确；而合作是个人与个人、群体与群体之间为达到共同目的，彼此相互配合的一种联合行动、方式。共同帮助、共同劳动是两者的共性，但还有以下不同：

（1）目的不同。协作的目的明确且单一，更强调结果导向。它主要是出于自利甚至是自私的目的。合作过程导向是社会性行动，其结果包括个人福利的提高，但就其过程来说，合作主要来自社会网络的客观要求，其过程不是出于短期的个人私利谋算，而是更注重其持续发展过程，也会达成一连串结果。高校科技创新团队作为一个正式组织既有自然属性又有社会属性，其任务效能比较明确；但作为高校教师，其社会性也更为显现，工作对象需要相互进行社会性的交流与共享。

（2）过程不同。协作过程侧重于交换，协作主体依据自己所拥有和所能提供的要素与他人可以弥补自己不足进行的因素交换，具有可衡量、易计算的特点；而合作则是合作主体根据自己平等而选择与对等人开展的合作行为，并把它作为促进合作的资源，这种资源作用发挥的大小与合作成员的知觉成正相关。高校创新团队的协同则是在团队研究目标指引下，相互间不是一种显性的交易，而是一种既有利于团队目标实现，也有利于个人能力提高，在相互交流与共享中实现人生的价值。

（3）代表的形式不同。协作是一种能够满足双方需要“条件”的共同行动，而合作除此之外，更注重的是共同行动的持久性。在高校科技创新团队中，团队有着明确的规章制度，但更多的是相互间的认可与承诺，也就是心理契约，代表的是学术上的平等与自由。

（4）法律约束。协作的前提基于法律规范，而受道德的约束很小甚至没有。合作的前提是道德的审查与判断，是伦理关系的另一种表述，合作过程中更多地表现出道德的特征，法律仅是辅助作用，只有在道德判断存在争议的时候，才会诉诸法律。高校科技创新团队不仅要遵守国家相关法律、法规，更多的是学术道德的约束作为教师这个社会角色的自律。

（5）自由和自主性。协作过程主要表现为“他治”的特征，受到法律、合同条款等约束；而合作却恰恰相反，主要表现为自主行为，是行为主体特殊自我的自治。高校科技创新团队成员虽有项目研究任务，更多的却表现为自主行为、自律行为。

综合前面的研究，结合高校科技创新团队的实况，可以将团队协同理解为目标明确、愿景认同，在遵守学术道德规范和团队有关章程的重要条件下，为实现知识的溢出而相互平等交流，共同提高实现团队和个人目标的能力。基于此，本书认为高校科技创新团队协同是指团队成员在认可团队目标和战略愿景的前提下，相互间充分沟通、彼此信任依赖与认同，承诺遵守学术规则和团队章程，共同努力、共同奋斗，共同提高完成团队效能的能力，实现个人和团队的共同成功。具体包含成员对团队目标的认同度、成员间信息沟通与共享、相互承诺以及相互间积极互动。成员对团队目标的认同度包含对团队外部环境（市场前景看好、政策支持力度大、资源整合能力强）及内部环境（团队目标稳定、可实现且与个人目标一致、团队制度规范健全）两个大方面。相互间的信息沟通共享主要包含成员强烈的沟通和信息共享的意识，认识到别人存在的重要性及对自己的启发和帮助、团队内部沟通的氛围和交流的频次。信守对团队和其他成员承诺主要包含在相互信任的基础上，建立合作的规范以及彼此研究间的衔接情况。成员实际交互的行为主要包含相互学习和主动交换的意识，知识共享的意愿和保障机制、对自己存在问题曝光的看法等。

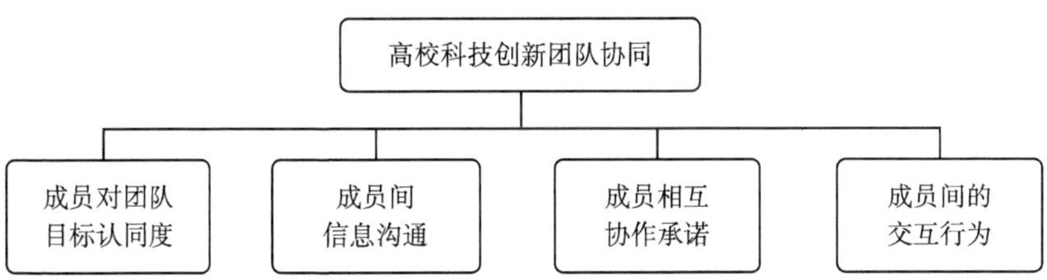

图 2.1　高校科技创新团队协同维度

2.1.3　团队效能

关于团队效能的界定，不同学者有不同表述，尚未形成一个统一的标准，主要有从结果、过程、努力或从目标、过程、产出三个维度进行强调。王济干、樊传浩、吴强（2012）分别从团队效能测度的关键词及其内涵两个方面进行了认真梳理，并采用了矩阵分析的方法对所有学者的研究成果进行综合分析，从而得出测度团队效能的三个维度分别是业绩效能、团队功效感和行为结果。从现有文献来看，专门针对高校科技创新团队效能内涵进行研究的文献只是近两年才零星出现，且多是借用团队效能的内涵进行描述。根据研究的需要，本书认为高校科技创新团队是一种新型基层学术组织，它有合理的组织结构（学缘、年龄、专长、个性等互补）、目的明确（人才培养、科技创新、社会服务和文化传承）、内容专一（科技研发）、中心突出（围绕国家重大应用基础和预先研究、重大工程项目以及重点学科、专业、课程）、平台较好（各类实验室、工程中心、协同创新基地等）以及具有强烈研发欲望且能主动担当，具有活力的科技人才。其效能是指团队目标和任务完成的情况及其对团队持续成长的影响，涵盖刚性和柔性两方面的内容：一是任务绩效，主要反映的是团队的生存问题，包括团队成员的业绩产出，可用取得的科研成果、任务完成情况、质量、效率等可考核、易衡量的指标来评价；二是周边效能，侧重反映团队的发展能力，指促进团队完成科研目标的行为活动，包括团队的人际关系、文化氛围、共享程度、继续留在团队的意愿等。

从我国高校科技创新团队运作情况来看，组建之初更多关心的是其任务绩效，随着团队的发展和成长，其关注的焦点是发展和成长的能力，即越来越关心团队周边效能，不断提高团队成长的内在动力，促进效能的持续提高。

由前文的研究可知，科技创新团队是高校战略发展体系重要的组成部分之一，其效能状况将直接影响高校战略目标的实现程度，不仅包括其科研活动的创新性和科研活动的数量与质量，还包括其创新的氛围、学习和创新的能力以及成员工作和谐度。当前理论界有很多关于高校科技创新团队效能的界定和衡量方面的研究，这些研究普遍基于团队绩效层面视角，认为创新团队效能应该包括科研活动的过程和结果。

综合国内外研究成果和我国高校科技创新团队运行实践，本书认为高校科技创新团队效能是指科技创新团队成员为了实现团队目标，相互配合、坦诚沟通，共同完成任务而实现的实际结果，它包括团队业绩效能、团队成员自我功效感以及最终行为结果。团队业绩效能指科技创新团队及其成员的业绩产出，可用取得的科研成果技术含量、任务执行完成情况、质量、效率等来衡量，是传统效能评估的主要指标；根据 Bandura（1977）的社会学习理论，认为自我功效感指团队成员在团队协作过程中的心理感受和团队对成员的执行力及完成目标总体能力的信念，可用对团队发展前景的预期、自我成长和发展的心理感受等指标来衡量，它与完成任务成正相关。作为高级知识分子，其自我价值实现欲望较强烈。因此，本书认为，将团队成员自我功效感作为团队效能维度之一较符合实际。行为结果是经过一个周期后团队的整体行为情况，可用团队成员间的协调情况、信任度、知识技术的融合创新度以及产出结果的影响度等指标来反映。本书主要是针对团队协同过程对团队效能增加的机理，故对高校科技创新团队效能的定义在传统绩效的基础上，侧重于创新活动的过程，同时更多地考虑了团队成员的心理默会和团队持续发展的能力。

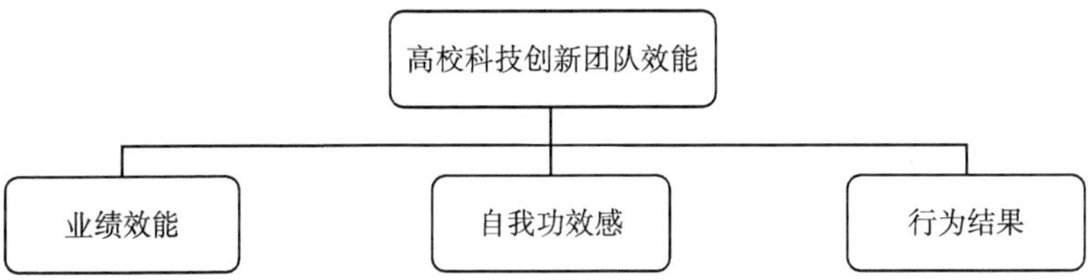

图 2.2　高校科技创新团队效能维度

2.1.4　团队协同增效

关于协同增效目前尚无统一的定义，本书主要是从科技创新人才在共同完成团队研发任务过程中协同一致地完成各自目标的能力方面开展研究，其增效可以表现在多个方面：可以表现为研发成本的节约；也可以表现为知识和技能的有效结合和传播，从而生产之前单个成员无法生产的产品。本书把“增效”作为一个合成词，与团队协同紧密联结，作为团队协同的出发点和归宿点，使用团队协同增效来表达团队以协同合作提升团队效能的过程。

2.2　理论基础

基于本书的研究主题，本书将国内高校科技创新团队作为待考察的研究对象，聚焦于该样本团队的协同过程。实际上，在团队相互协同和合作过程中也充分体现了团队成员的认知和知识的溢出。由此，本书将系统理论和个体相互间真诚协作置于团队心理感受的背景下发展完成。由于高校科技创新团队这种特殊的组织形式且其成员全部是高级知识分子，其运行模式、管理方式及员工的需求等与其他组织有着明显的差异。员工在协作劳动过程中，心理行为偏差、自我心理认知以及相互理解决定着团队协作程度。由于人具有社会性，社会学为团队协作研究提供了重要工具，知识溢出、人力资本积累的质变及其产权归属等研究成果为开展团队协作研究拓宽了视野。目前团队研究多基于系统理论的构架，对组织进行全方位研究。本书主要是以社会认知、知识溢出和系统理论为基础展开协作增效规律研究，试图解释科技创新团队在高校发展过程中所起到的特殊作用。

2.2.1 社会认知理论

社会认知是自 20 世纪七八十年代兴起，90 年代迅猛发展的一门新兴学科，代表人物班杜拉强调认知性因素在行为改变中的作用，从个体、行为和环境三方来揭示人类行为的形成与维系机制，其中个体因素主要强调认知性因素（Bandura 认为主要指自我效能），是个体应对或处理内外环境事件的有效性检验，也是个体在行动前对自身完成该活动有效性的一种主观评估，起到启动、规范并维持自己行为的作用，扮演着影响个体动机和行为重要角色（Igbaria & Iivan）；同时还包括对结果的期望。这一理论可以帮助我们更好地理解高校科技创新团队成员加入团队的动机和对自我行为效价的认知。创新团队成员通过自我认知和自觉调节机能，以积极的态度看待、选择工作和生活环境，采取非常规和非传统式的创新行为是成员面对外部环境刺激以及团队控制的结果，这种灵活的创新行为也为团队不断成长提供了不懈动力。

识别和探索研究主题是科技创新团队活动的起点。在捕捉到研究机会和主题后，创新团队成员个体会采取不同的行为，而创新团队则会结合自身优势和内外部环境进行综合评估，确立自己对研究不确定性的风险系数，体现团队成员自我功效感的作用。当然，这个过程是在观察学习的基础上萌发和产生的，通过注意、保持、产出和动机四个过程而发挥作用。外部环境中某一信息的刺激引发了创新团队成员的兴趣，通过对信息的编码，使之符号化并储存在记忆中，在适当时机进行外显，驱使产生某种行为，这种行为能否产生预期的效能和结果取决于团队成员是否有控制影响环境的信心，决定了个人的行为选择、努力的付出与坚持不懈、思维方式和情感方式，主要来源于成功经验、替代性经验、言语的劝导和生理的唤醒水平。学校和团队领导采用不同的激励方式提高团队成员的自我效能，使他们敢于主动直面困难，有坚强的信念战胜它们，并把这一过程当作丰富人生的一种乐趣，团队成员在一次次克服困难、攻克难题中证明自己，使自我功效感得到强化。

高校科技创新团队管理日益正规化、人性化的今天，内隐和发展成为研究的趋向，Greenwald 等（1995）认为与有意识的社会信息加工相对，还存在一个内隐的社会信息加工，即内隐社会认知。团队成员在认知过程中虽然有时不能回忆过去某一经验，但这一经验潜在的对自己或他人的行为和对研究机会的判断产生影响，难以测试个体的自我认知。杨治良等（1997）曾用加工分离模型主信号检测论证了社会认知的元意识或内隐成分，并认为是可测量的，影响着个体社会知觉和社会判断。随着社会和人类自身的发展，还需要用发展和动态的方法来进一步揭示高校科技创新团队成员发展的心理及规律。

从以上理论可以看出，信息的识别以及活跃过程的认知对创新团队来说尤为重要。面对同样的环境，团队成员的认知水平、观察学习能力及自我效能会产生不同的水平，水平落差决定研究的风险，当预期结果与实际产生落差时，会驱使成员更多地关注新的信息，从而不断完善自己的知识，提高创新水平，有意识地降低研究风险。

2.2.2　知识溢出理论

自然界中单个生物独长不如与众多同类一起生长好，人们把这种相互影响、相互促进的现象称为“共生效应”，人类社会也遵循这种规律，有人将此称为“促进效应”。多个不同科技人才共同研究会促进共同进步，产生知识溢出。“溢出”最早来源于经济学，其本质是一种外部性或外部效应，英国经济学家马歇尔（Marshall）在其《经济学原理》中提出知识的外部性特征是知识溢出的一个重要原因。知识溢出起源于 Arrow & Uzawa 等的研究并由 Romer、Lucas、Grossman & Helpman 等发展起来的内生增长理论，大多数学者认为知识溢出就是“做相似的工作并从彼此研究中受惠”。20 世纪 60 年代，Simusic 研究审计定价和风险收费时首次提出“知识溢出效应”这一概念，此后，产业经济学家和经济地理学家基于内生增长理论，认为知识溢出对经济增长和产业发展起决定性作用，也决定着知识生产、传播及应用的能力和效率。高校科技创新团队高质量的科技研发成果对社会的促进产生外部经济性的同时，也会以乘数效应扩展到社会其他方面，促进共同进步与发展。Salter 等（2001）指出，尽管公共资助的基础研究比私人支出社会回报率要低，但仍可获得很高的正回报，且与过去相比溢出呈增长的趋势。知识溢出的本质就在于知识的社会回报率明显高于私人回报率。美国一项宏观经济研究评价认为一项创新平均的个人回报率约为 20%~30%，社会回报率约为 50%。高校科技创新团队就是要将外部投入进行知识加工、信息处理，从而以高水平的技术、专利、产品和服务等来回报社会，学者越来越多地关心知识溢出的机理和测度。

关于知识溢出机制，学者主要从知识溢出的载体进行了研究，得出知识溢出主要通过学术出版物等非嵌入性知识载体实现知识的溢出或通过科研人员这一嵌入性知识载体实现。后者需要科研人员之间进行面对面的交流，实现知识共享和互动，具有较大的隐蔽性和复杂性。知识溢出的过程就是不同协作主体间通过不同方式的交流，从而发生知识的扩散和转移，产生溢出效应（孙兆刚，2006；赵勇、白永秀，2009）。概括起来可以分为四种机制类型：

第一，企业家群体溢出机制。自 20 世纪 90 年代以来，世界各国都在鼓励企业创新，企业家集群创业成为主流。各地不同层次、不同规模的经济开发区成为知识溢出的重要土壤，不仅共享政府提供的公共服务资源，更为他们获得大量隐性知识提供了可能和便利，也促进了经济发展的转型和升级，创造了新的就业机会和就业岗位。

第二，人才流动的知识溢出机制。随着社会进入后工业革命阶段，大批技术工人日益流动频繁（Malecki，1997），科学家与工程师成为影响区域经济发展的重要因素。随着人才的迁移而加快了隐性知识的传播与创新。流动的人才不仅为企业带来了新的思想、理念和技术，还带来了生产和工作方式的改变，增强抵抗市场风险的能力。世界不同区域都出台了优惠政策来吸引优秀人才，以期通过引智，促进本区域对新科技的吸收、消化和借鉴能力。

第三，合作研发的知识溢出机制。Saxenian（1994）通过对硅谷的创新活动进行研究后发现，研发人员间交流是知识溢出的主要途径，符合内生增长理论的研究成果。产学研相互间通力合作与交流，编织了沟通与协作的网络（Anselin & Varga，1997），通过研讨会、非正式会晤等形式交流思想、交换知识，实现技术知识的溢出或扩散。

第四，贸易投资的知识溢出机制。新贸易理论将知识作为主要因素来解释国际贸易的过程，将溢出效应定义为通过知识的非自觉扩散，促进当地生产力水平提高的一种表现。这一理论把知识看成一个内生变量，研究技术知识流动、国际贸易与经济增长三者之间的相互关系。Keller（1998）认为包含先进技术的贸易商品给技术落后区域模仿前沿技术提供了机会，通过掌握应用这些创新知识进行模仿创新，在“干中学”的模仿过程中，落后区域提高自身的技术水平和竞争力。除贸易外，Caves（1974）分别对加拿大和澳大利亚的 FDI（Foreign Direct Investment）技术溢出效应进行了检验，认为跨区域投资，特别是跨国公司 FDI 也是知识溢出的重要途径。

知识溢出研究日益广泛，越来越多的学者着手对知识溢出测度进行了研究。从文献检索看，主要有三种方法：

（1）基于生产函数来测度。Romer（1986，1990）遵循 Arrow 关于知识累积及其经济含义的研究思路，将知识作为独立变量引入生产函数，建立了知识溢出模型，但因知识的无形性和隐蔽性，其精确测量难度较大。Jaffe，Adams & Audretsch 等学者运用知识生产函数，并把专利及其引用等作为变量来进行测度。王立平（2005）、吴玉鸣（2009）、吕忠伟（2009）等运用空间计量法，用研发结果、专利数量等硬绩效等变量来替代定性、间接测度。

（2）基于回归分析建立全要素生产率（TFP）模型来测度。Coe & Helpman（1995）通过 OECD 的 22 个国家 20 年（1971~1990 年）的数据进行了实证分析，结果表明国外 R&D 存量对国内 TFP 具有显著影响。我国学者陈继勇和盛杨怿（2008）则通过计算地区间的 TFP 来测度知识溢出效应。

（3）用文献路径跟踪方法来测度。因相关数据涉及企业的秘密，研究数据难以获得，决定了此方法的普遍性不强。我国学者马野青和林宝玉（2007）运用专利引用追踪法来测度知识溢出。

2.2.3　系统理论

系统是由不同要素组织的一个有机整体，彼此相互作用、相互联系、相辅相成，它处于一定的相互关系中并与环境发生各种各样的关系（贝塔朗菲，1932）。随着科学的发展，逐渐发展成为一种科学的方法，也就是系统理论，主要研究系统的一般模式、结构和规律的科学。基于各子系统的共同特征，用定量的数学方法对其功能进行描述，试图建立适用于所有系统的原理、规则和模型，是一门具有严密逻辑性和数理性质的新兴学科，其包含的内容较为广泛，主要有系统的基础科学（包括系统论、自组织理论）、系统的方法科学（包括信息论、控制论和运筹学等）、系统应用科学（如系统工程）。本书主要运用系统优化、系统动力和自组织理论等系统的基础科学。

自组织理论自 20 世纪 60 年代末期建立并得到充分发展，它是一个理论群，包含了“突变论”（托姆）、“超循环”理论（艾根等）、“分形理论”（曼德布罗特）、“混沌”理论（洛伦兹等）以及普利高津创立的“耗散结构”理论和哈肯创立的“协同学”理论构成，主要研究在开放条件下，系统如何通过调整物质—能量—信息的流动方式，以实现从无序到有序的转变，并从不同的角度为自组织的形成提供了不同的理论基础和方法论，以达到自觉、自行和自我组织，自主完善或自我超越。研究事物在自发、自主形成结构的过程中特有的组织特征、条件、环境和动力学规律。自组织在演化过程中包含着演化（重点是起点和临界点）、跃迁（关键是突变点）和环形增长三个过程。

高校科技创新团队是由身怀特殊知识与技能的杰出人才组成，他们在知识、年龄、性格和气质等方面存在着有机互补，且与外部开放环境进行交流，成员能自觉地为适应环境的变化而改变自己，符合自组织的特征。成员间共享信息与团队提供的环境，相互激智、有机耦合，致使团队系统从稳定状态到不稳定状态演变的临界、渐变和突变的参数变化，是对行动与理解相互矛盾关系的揭示。它突破了纯自然科学的界限，使社会科学的研究方法得到了延伸，科技创新团队采取渐变或突变的方式推动系统演化。为更好、更有效地研究团队成员间的相互作用，使所有成员更好地进行有机循环耦合，让协同效应达到一种螺旋上升的状态，从而出现更多的演化链条，必须采用超循环的方法来进行研究。同时，为更进一步揭示团队结构由简单到复杂的自组织演化机理，建立有序—无序、宏观—微观、整体—部分之间的新秩序，需要突破以往几何学只研究同一尺度中空间关系及规则图形的局限，突破以往全部线性科学的正整数维空间概念和数学限于逻辑推理、抽象形式的传统，并和混沌学一起揭示系统自组织演化和分形的根源。团队与外部环境进行信息交换时，对团队系统输入达到一定的阈值，从而能从团队的开放、不平衡、平衡、非线性体系、涨落五个方面来判断组织的耗散结构。

为了实现团队系统的平衡，需要用协同学的方法来进行处理，通过制订科学的规则，设置一些调节参数，让团队系统自由相互作用，产生序参量运动模式，从而推动整个团队沿着非线性、自组织演化轨迹发展。不仅能够帮助我们了解团队成员动力机制要素、交互作用和运动原理，从而激励成员努力推动团队不断上台阶。结合高校科技创新团队实际，它应该是一个自由开放的系统，政府和学校要创造条件，让更多的物质、能量和信息得以顺畅输入；同时，要激励系统内部子系统的非线性相互作用，通过竞争创造建设性冲突，合作推动团队发展演化的多样性，增强其有序度、关联度，通过自相似构建和寻求混沌临界点或临界域，将团队系统演化推进到最大复杂性可能空间，创造演化有序发展的良机，使团队自组织发展成为一种自觉的行为。

系统动力学理论为研究高校科技创新团队效能最大化提供了新的方法，指明了更清晰的路径，它用力学原理、数理逻辑来描述复杂系统的关键问题。1956 年美国麻省理工学院斯隆学院的福雷斯特（Jay W. Forrester）教授提出了系统动力学（System Dynamics），通过建立流位、流率系来研究反馈系统的一门科学，提供了一个认识复杂系统行为机理的分析方法，可以培养人们从过程和结构层次认识问题、分析问题和解决问题的系统思维方式。工业动态学（1958）用系统仿真法来分析生产管理及库存管理等企业问题，它基于系统论，吸收了控制论、信息论的精髓，将结构的方法、功能的方法和历史的方法进行了统一，是一门综合自然科学和社会科学的横向学科。其主要是将各要素复杂的关系进行进一步理顺，用反馈（正、反向）、调节和控制关系描绘相互间的关系流程图，最终建立动态模型，并利用计算机进行仿真和模拟，从而找出改善系统的机会和路径（李旭，2009）。利用系统动力学建模包括表征方式和具体建模。表征方式包括有因果关系的“组分”之间的“连接”、系统要素间的“反馈”、团队要素间的彼此连锁变化的“流”、运作过程中因物质和个人特性差异而造成的时间上“延误”和用微分方程进行模拟采用近似值的演算，呈现系统因时间递移的行为形态变化轨迹等五个方面。利用系统动力学建模须遵循整体与部分优化、目标明确、针对性、注重实践等原则，其建模包括以下五个步骤：①明确建模目的，界定系统边界；②分析系统结构，确立回路反馈关系；③建立数学规范模型，确定模型参数值；④模拟建立的模型，分析相关政策；⑤检验并评估模型，应用到实际。

2.3 本章小结

本章首先对以团队协同和团队效能研究领域取得的进展、待解决的问题进行了归纳和总结，结合本书研究对象的特殊情况，对团队、团队协同、团队效能和团队协同增效进行了概念界定，将高校科技创新团队直接界定为对团队目标的认同、有协作意愿的高层次人才学术团队，分析了团队成员协同的具体行为（包括成员对团队目标的认同度、成员间信息沟通意愿与信守协作承诺以及相互间交互行为）。按照“输入—过程—输出”的模型分析出高校科技创新团队效能应包括业绩效能、团队成员自我功效感和行为结果三个维度内容；同时，聚焦于本书要解决的理论问题，以社会认知理论、知识溢出理论和系统理论为研究基础，形成了本书的理论基础和研究视角。

第3章　研究变量测度量表开发及其测度指标体系构建

高校科技创新团队协同创新与其效能的观测指标难以显现测量，需要使用科学的调查工具来进行研究。Hinkin（1995）通过研究总结出了277种量表开发的方法。陈晓萍、徐淑英、樊景立（2008），刘军（2008）认为量表开发一般要经历以下五个步骤：概念说明——测量项目生成——预测试——测量项目精简——小规模研究。综合以上学者的思想和方法，开发出高校科技创新团队协同和效能量表，分别构建出各自测度指标体系。

3.1　高校科技创新团队协同测度量表开发与指标体系构建

3.1.1　高校科技创新团队协同的测度初始项目开发

基于相关理论的梳理、主要概念的内涵界定和相关理论支撑，综合使用多种方法开发高校科技创新团队协同的初始测试项目，使用定性与定量相结合的方法对测度项目进行甄选，得出结构维度、信度和效度均为理性的测度量表，进而构建出高校科技创新团队协同的指标体系。因协同的测试项目较多，本书主要采用以下四种方法进行遴选：

（1）文献研究。为更好地研究团队协同，本书采取了穷举法，即把篇名含团队协同的学术论文全部列举出来。文献主要从中国学术期刊网全文数据库（CNKI）进行检索，时间截止到2013年12月31日。由于团队协同研究起步较晚

(最早文献为 2003 年)，相关文献还不算多，检索没有给予更多的约束条件。

表 3.1 有关“协同”论文篇数年度分布

内　容	2004 年及以前	2005 年	2006 年	2007 年	2008 年	2009 年	2010 年	2011 年	2012 年	2013 年	合计
团队+协同	6	2	4	6	9	7	11	15	29	18	107
高校科技创新团队+协同	0	0	1	0	1	3	0	0	0	1	6
合　计	6	2	5	6	10	10	11	15	29	19	113

紧接着对这 113 篇文献进行了分析和总结，得出研究的主题词和研究内容。为提升问卷的质量，又对有关专家进行了访谈和咨询。

（2）开放式问卷调查。为了搜集能够真实反映高校科技创新团队成员协同测度的项目，笔者选择了河海大学、北京理工大学、东华理工大学的部分科技创新团队成员作为调查对象对其进行了开放式问卷调查，主要涉及团队成员间协同测度的问题。开放式问卷调查主要有三个方面的问题：您认为能够测度创新团队成员间的协同项目主要有哪些？您认为最重要的测度项目是什么？您认为协同在多大程度上影响团队的效能？本次调查共发放问卷 68 份，回收 63 份，回收率达 92.65%。

（3）深度访谈。为了保证访谈对象的代表性，对受访者的学历、年龄、在团队中的角色、工作单位、学科、工作时间等方面进行了平衡与控制。总结受访者的工作经验与切身体会，认为促进和提高团队协同的工作动力有哪些？访谈形式采取了面谈和电话调查方式，共计 15 人。

（4）思辨考量。通过前面三种途径收集的指标主要涉及个体、群体和职业及组织等层面。高校作为一个社会组织，团队成员也是社会中的一员，其行为必然会受到社会、政治等因素的影响，因此需要对这些因素进行考虑，如团队成员协作的愿望、社会对团队成员的尊重和对高校中创新团队的重视及职业羡慕。

通过上述四种途径搜集了有关测度高校科技创新团队协同项目的描述语句，并对重复及意义重复的条目进行合并、删减，共形成了影响高校科技创新团队成员协同因素 54 条（其中，文献研究 32 条，开放式问卷 11 条，访谈 8 条，个人思辨 3 条）。指标主要涉及了职业、社会、学校、个体、群体等且相互间有较大的交叉性和互补性，覆盖面较广。按照团队目标愿景认同、沟通、协作承诺和交互行为四方面进行编码，如表 3.2 所示。

表 3.2　高校科技创新团队协同测度项目描述

分类	测度指标	测度项目	编号
成员对团队目标认同度	目标一致性	团队目标与我个人目标非常吻合	ct1
	目标期望	理解并接受团队目标，清楚自己对团队目标实现的重要性	ct2
	组织结构	我们团队扁平化的组织结构有利于相互沟通	ct3
	入团认知	融入团队研究，可以更好地施展我的才华，实现理想	ct4
	领导创新意识	团队领导年轻有为、创新意识强，能不断推动团队改革创新	ct5
	领导魅力	团队领导个人学术和品行魅力较大，有很强的亲和力	ct6
	价值观	团队的价值观和行为规范与优秀教师标准非常吻合	ct7
	人才培养	团队能根据研究方向需要及时调整人才培养方向	ct8
	计划执行情况	团队中所有成员的任务总是能计划好	ct9
	市场前景	团队研究方向市场发展的前景看好	ct10
	自我改进情况	团队能根据项目单位的要求主动改进研究方式和方法	ct11
	内部通信	互联网在团队内部得到了充分应用	ct12
	创新反映情况	我们团队能比对手更快地发现创新项目并着手进行研究	ct13
	成员感知	在创新团队中工作感到荣耀，与本人兴趣相符合	ct14
	目标可实现	我们团队和成员目标较适中、可实现、易测量	ct15
	目标稳定性	团队目标比较稳定，便于我们自主创新研究	ct16
	规章制度	我们团队的规章制度健全、合理且具有较强的执行力	ct17
	资源整合	我们团队能较好地整合内外部可用资源	ct18
	个人进步	创新团队有利于成员个人的研究能力和方法得到不断提升	ct19
	人才引进	团队经常引进优秀人才，活力较强	ct20
	支持力度	国家政策和学校对科技创新团队支持力度较大	ct21
成员间信息沟通	信息沟通	我们团队内部各层级、各部门沟通渠道通畅	cc1
	交流介质	我们团队成员在交流时能使用共同的语言或符号系统	cc2
	交流内容	我们团队成员之间有很多知识信息交换和技能交流	cc3
	沟通意识	我们团队成员能主动交流自己的创新经验与成果	cc4
	交流意愿	我们团队成员很愿意深入交流专业知识和研究心得	cc5
	提前培训	团队接受新项目前能进行有针对性的培训	cc6
	对外交流	经常有机会参加国际和全国性的学术会议	cc7
	沟通氛围	团队人际关系和谐，同事间能坦诚交流，研究氛围较浓	cc8
	交流频率	为实现知识更新与碰撞，团队经常提供学术交流的机会	cc9

续表

分类	测度指标	测度项目	编号
成员相互协作承诺	感情承诺	认同团队文化、价值观，愿意为团队尽力工作并感到荣耀	cp1
	规范承诺	团队成员能够自觉遵守学术道德和规范，合作风险小	cp2
	共同规则	我们团队成员行为遵从共同的团队规范和关系结构	cp3
	民主管理机会	团队成员参与管理与决策的途径和机会较多	cp4
	机会承诺	我十分珍惜团队给我提供的难得的研发机会和平台	cp5
	合理化建议	成员的合理化建议经常被采纳	cp6
	效能回报	效能能得到及时、合理承认，能获得丰厚的回报	cp7
	技术共享情况	我们团队能共享技术及研发成果，研究技术互换利用	cp8
	团队准入	创新团队成员准入制度较严	cp9
	相互信任	我们团队成员能彼此关怀、坦诚沟通和相互信任	cp10
	合作保障	我们团队成员间的合作有制度上的保障与支持	cp11
	协作重要性	相互协作研究是实现个人需求的最好路径，满足了个人爱好与追求	cp12
成员间的交互行为	相互促进意识	我们团队成员均能意识到合作与相互学习能促进“双赢”	cm1
	知识共享	团队成员间共享彼此的专门知识和专业技能	cm2
	自由判断	团队成员能实事求是地做出判断，不管发言人的地位如何	cm3
	相互帮助	在完成任务过程中团队成员彼此帮助	cm4
	主动交换	更多成员乐意将自己的专门技术和平时难以学到的知识提供给他人	cm5
	共同工作成效	在一起工作过程中，每个成员都工作得合理高效	cm6
	任务协调	我们团队成员各自任务之间配置协调得非常好	cm7
	相互了解	我们团队成员间了解彼此的知识、技能和特长	cm8
	共担风险	我们团队与成员能做到战略互补、支持、共享研究风险	cm9
	冲突处理	我们把学术争论当作知识碰撞、耦合和学习的机会	cm10
	互尊互容	团队成员能相互包容、相互尊重	cm11
	建设性竞争	教师间的竞争需要强强联合	cm12

（5）定性开发高校科技创新团队协同的测度项目。为了对测度项目的适用性、针对性进行更为深入细致的分析，本书分别采用德尔菲法、对演法，邀请了30名专家参与这些项目（共54项）的进一步筛选工作（包含5名管理学教授、8名人力资源管理副教授、10名管理学博士研究生、3名高校团队管理者、2名高校创新团队研究骨干和2名一般研究人员），这些专家依据自己的工作背景和研究领域及高校团队实际情况先各自独立进行阅读、分析和筛选。筛选的依据主要有两点：①条目内容的适当性和针对性，删除不适合我国文化背景且在该背景

下区别度不同、通用性不强的选项（ct4、ct9、ct11、ct12、cc2、cp6、cp12、cm4），删除争议较大或表述不清的项目（ct3、cp7、cp8、cm3），合并测试内容相近或表达内容重复的项目（ct6 并入 ct5，ct7 和 ct14 并入 ct1，ct19 并入 ct2，cc1 并入 cc8，cc3 和 cc7 并入 cc9，cc5 并入 cc4，cp3、cp4 和 cp11 并入 cp2，cp10 并入 cp1，cm8 并入 cm2，cm12 并入 cm10）；②经反复讨论，公开对演，就项目的可读性、明晰度提出具体建议，从而确定最终的项目语句（共 27 条），具体如表 3.3 所示。

表 3.3　高校科技创新团队协同初始测度项目

分类	测度指标	测度项目	编号
成员对团队目标认同度	目标一致性	团队目标与我个人目标非常吻合	ct1
	目标期望	理解并接受团队目标，清楚自己对团队目标实现的重要性	ct2
	领导创新意识	团队领导年轻有为、创新意识强，能不断推动团队改革创新	ct5
	人才培养	团队能根据研究方向需要及时调整人才培养方向	ct8
	市场前景	团队研究方向市场发展的前景看好	ct10
	创新反映情况	我们团队能比对手更快地发现创新项目并着手进行研究	ct13
	目标可实现	我们团队和成员目标较适中、可实现、易测量	ct15
	目标稳定性	团队目标比较稳定，便于我们自主创新研究	ct16
	规章制度	我们团队的规章制度健全、合理且具有较强的执行力	ct17
	资源整合	我们团队能较好地整合内外部可用资源	ct18
	人才引进	团队经常引进优秀人才，活力较强	ct20
	支持力度	国家政策和学校对科技创新团队支持力度较大	ct21
成员间信息沟通	沟通意识	我们团队成员能主动交流自己的创新经验与成果	cc4
	提前培训	团队接受新项目前能进行有针对性的培训	cc6
	沟通氛围	团队人际关系和谐，同事间能坦诚交流，研究氛围较浓	cc8
	交流频率	为实现知识更新与碰撞，团队经常提供学术交流的机会	cc9
成员相互协作承诺	感情承诺	认同团队文化、价值观，愿意为团队尽力工作并感到荣耀	cp1
	规范承诺	团队成员能够自觉遵守学术道德和规范，合作风险小	cp2
	机会承诺	我十分珍惜团队给我提供的难得的研发机会和平台	cp5
	团队准入	创新团队成员准入制度较严	cp9
成员间的交互行为	相互促进意识	我们团队成员均能意识到合作与相互学习能促进“双赢”	cm1
	知识共享	团队成员间共享彼此的专门知识和专业技能	cm2
	主动交换	更多成员乐意将自己的专门技术和平时难以学到的知识提供给他人	cm5
	共同工作成效	在一起工作过程中，每个成员都工作得合理高效	cm6
	任务协调	我们团队成员各自任务之间配置协调得非常好	cm7
	冲突处理	我们把学术争论当作知识碰撞、耦合和学习的机会	cm10
	互尊互容	团队成员能相互包容、相互尊重	cm11

3.1.2 高校科技创新团队协同的测度项目问卷调查及分析

3.1.2.1 问卷编制设计的总流程

为了使高校科技创新团队协同内容问卷具有较强的科学性和较高的有效性，本书先对问卷的开发、设计流程进行了严密和科学的安排，根据研究的需要，特制定了问卷设计、编制的流程，以此来引领问卷设计和调查工作（见图 3.1），这一问卷流程图也指导了我们对国内某知名大学科技创新团队的问卷调查，为避免重复和累赘，第 6 章将不再予以陈述。

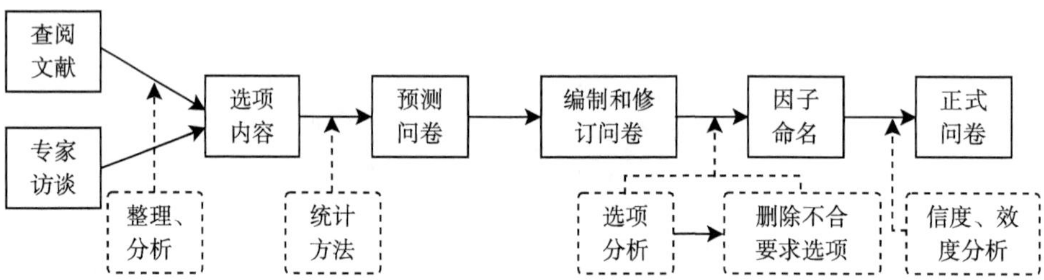

图 3.1 高校科技创新团队协同测度项目问卷编制、设计流程

3.1.2.2 高校科技创新团队协同测试项目调查问卷及分析

采用定量的方法删除不必要的项目，形成最终简练的量表。按照重要性大、敏感度高、独立性强、贡献率大、区分性好的原则，并考虑条目的可接受性，采用离散程度法、区分度分析法、因子分析法甄选出创业团队协同的测度项目。

第一，创新团队协同测度项目甄选方法。

（1）离散程度法。从敏感性角度甄选高校科技创新团队协同测度项目。若项目的离散程度高，测度时区别能力就强，并将之纳入量表。可以采用偏度和峰度作为衡量离散程度的指标，并以此来消除各条目量纲不同及均数相差较大的影响。因创新团队协同测度量表的选择项为 7 级有序分类变量，各项目得分基本呈正态分布。因此，在本书中利用各项目得分的偏度和峰度来衡量其离散程度。

（2）区分度分析法。从区分的角度甄选创新团队协同测度项目。对各测度项目得分进行 t 检验，选取能够区分高校科技创新团队协同的测度项目。

（3）因子分析法。利用测度项目在因子上的载荷来确定高校科技创新团队协同测度项目的取舍。利用主成分方法进行因子分析，并进行最大正交旋转，根据构建量表时的理论结构确定因子个数，选取在相应的因子上载荷较大且不存在交叉载荷的测度项目。

第二，创新团队协同测度的试问卷调查。

课题组于 2011 年 12 月至 2012 年 6 月，在江西省南昌市选取了有代表性的江西财经大学、南昌大学、东华理工大学等 6 所大学的科技创新团队作为研究对象，共发放问卷 260 份，问卷回收 225 份，回收率为 86.54%，剔除无效问卷 36 份，有效问卷共 189 份，即有效问卷回收率为 72.69%。主要是通过有关高校团队领导发放调查问卷，分别对团队领头人、研究骨干、一般研究人员、学校科研管理部门领导等进行了发放，所有 189 份样本的基本特征描述如表 3.4 所示。

表 3.4　高校科技创新团队协同测度量表开发试问卷样本的基本特征

人口统计变量	分类	人数（人）	比率（%）	人口统计变量	分类	人数（人）	比率（%）
性别	男	121	64	角色	研究生	29	15.3
	女	68	36		研究骨干	111	58.7
年龄	30 岁及以下	31	16.4		团队领导	49	25.9
	31~40 岁	92	48.7	依托平台	国家级	39	20.6
	41~50 岁	45	23.8		省（部）级	150	79.4
	50 岁以上	21	11.1		校级	0	0
教育程度	本科及以下	2	1.1		院级	0	0
	硕士	74	39.2		其他	0	0
	博士	113	59.8				
职称	讲师及以下	77	40.7				
	副教授或相当	77	40.7				
	教授或相当	35	18.5				

第三，定量分析高校科技创新团队协同测度项目。

为了验证问卷的可靠性和有效性，在进行数据统计分析之前，随机采用其中一份样本，运用 SPSS 19.0 统计软件对样本数据进行检验。通过 SPSS 分析，可靠性统计如表 3.5 所示。从表 3.5 可知，内部一致性系数为 0.917，大于 0.9，表明问卷的总体信度很好，测量结果是可靠的，适于用来做统计分析。

表 3.5　创新团队协同测度试问卷的 Cronbach's α 系数

Cronbach's α	项数
0.917	27

通过 SPSS 分析，创新团队协同测度试问卷的 KMO 样本测度和 Bartlett 球形检验结果如表 3.6 所示，KMO 为 0.883，适合做探索性因子分析；Bartlett 球形检验显著性概率为 0.000，表示相关性强，也可以进行因子分析。

表 3.6　创新团队协同测度试问卷的样本测度和球形检验

Kaiser-Meyer-Olkin 样本测度		0.883
Bartlett 的球形度检验	近似卡方	4058.697
	自由度 df	351
	显著性概率 Sig.	0.000

按照离散程度法、区分度分析法、因子分析法三种项目甄选方法，通过 SPSS 分析，得出分析结果并整理成表 3.7。

表 3.7　创新团队协同测度量表开发各不同分析方法与甄选结果汇总

项目	因子	离散程度法		区分度分析法		因素荷重				保留项目	
		偏度	峰度	t 值	Sig.	1	2	3	4	条件	编码
ct1	CT	-1.403	1.812	78.834	0.000	0.844	0.200	-0.016	0.114	√	ct1
ct2		-1.242	1.979	92.048	0.000	0.772	0.085	-0.102	0.493	×	—
ct5		-2.108	9.124	92.606	0.000	0.727	0.040	0.087	0.040	×	—
ct8		-0.721	0.483	53.465	0.000	0.522	0.484	-0.004	-0.015	×	—
ct10		-1.781	4.579	96.077	0.000	0.809	0.205	0.023	0.263	√	ct10
ct13		-2.553	-10.440	52.152	0.000	0.023	0.836	0.103	0.174	×	—
ct15		-1.342	2.229	93.866	0.000	0.704	0.353	-0.004	0.160	√	ct15
ct16		-1.397	2.437	96.617	0.000	0.848	0.216	-0.004	0.119	√	ct16
ct17		-1.539	3.033	99.560	0.000	0.803	0.161	-0.093	0.218	√	ct17
ct18		-1.059	0.941	64.665	0.000	0.674	0.167	0.072	0.065	√	ct18
ct20		-1.455	2.704	7.971	0.000	-0.038	-0.201	0.738	0.430	×	—
ct21		-0.708	-0.431	69.690	0.000	0.691	0.354	0.079	0.076	√	ct21
cc4	CC	-0.869	0.012	42.234	0.000	-0.013	0.207	0.877	0.020	√	cc4
cc6		-1.759	5.293	12.742	0.000	0.005	-0.270	0.730	0.428	×	—
cc8		-0.650	-0.329	28.385	0.000	0.013	0.343	0.665	0.054	√	cc8
cc9		-0.653	-0.143	22.437	0.000	-0.015	0.067	0.832	0.034	√	cc9
cp1	CP	-0.614	0.224	34.018	0.000	0.327	0.349	0.102	0.725	√	cp1
cp2		-0.773	0.442	27.720	0.000	0.239	0.285	0.108	0.701	√	cp2
cp5		-0.641	0.297	18.074	0.000	0.307	0.289	0.123	0.778	√	cp5
cp9		-0.393	-0.874	2.415	0.064	0.088	0.259	0.635	-0.182	×	—

续表

项目	因子	离散程度法		区分度分析法		因素荷重				保留项目	
		偏度	峰度	t 值	Sig.	1	2	3	4	条件	编码
cm1	CM	-0.773	0.288	14.161	0.000	0.368	0.717	0.016	0.280	√	cm1
cm2		-0.793	0.476	15.723	0.000	0.307	0.783	0.071	0.270	√	cm2
cm5		-1.030	1.262	13.334	0.000	0.321	0.629	0.211	0.067	√	cm5
cm6		-0.611	-0.153	49.646	0.000	0.424	0.857	0.092	0.203	×	—
cm7		-0.585	-0.363	47.707	0.000	0.405	0.787	0.060	-0.005	×	—
cm10		-0.913	0.742	17.276	0.000	0.332	0.616	0.115	0.304	√	cm10
cm11		-0.970	2.079	42.089	0.000	0.398	0.462	0.077	-0.023	×	—

离散程度法从敏感性角度甄选测度项目。本书利用偏度和峰度进行判断，删除偏度大于 2 或峰度大于 5 的项目：ct5（团队领导年轻有为、创新意识较强，不断推动团队改革创新）、ct13（我们团队能比对手更快地发现创新项目并着手进行研究）。区分度分析法是从区分性和重要性角度甄选测度项目。对各测度项目进行 t 检验，如果 t 检验结果达到显著水平（Sig.的值小于 0.05），即表示这个测度项目能够鉴别不同样本的反应程度，具有鉴别度；如果未达到，就将该题删除。依据此标准删除测度项目 cp9（创新团队成员准入制度较严）。

通过对整个调查表所有条目进行代表性角度甄选和因子分析，根据因子因素荷重考虑各个因子主要由哪些条目决定，选择因素荷重较大且不存在交叉载荷的因子。本书采用主成分分析法提取因子，在甄选测度项目时，参考 Hair 等（1998）的标准：当样本量大于或等于 50 时，因子载荷系数大于 0.3 的可以认为是显著的；因子载荷量大于 0.4 的可以认为是重要的；超过 0.5 的则表示非常重要。本书以 0.5 作为因子因素荷重的临界点，对不满足条件的测量项目进行删除。依据此标准测度项目：ct2（理解并接受团队目标，清楚自己对团队目标实现的重要性）、ct8（团队能根据研究方向需要及时调整人才培养方向）、ct20（团队经常引进优秀人才，活力较强）、cc6（团队接受新项目前能进行有针对性的培训）、cm6（在一起工作过程中，每个成员的工作合理高效）、cm7（我们团队成员各自任务之间协调得非常好）、cm11（团队成员能相互包容、相互尊重）。将保留的测度项目按因子因素荷重的大小顺序进行重新编码，如表 3.9 所示。

采用主成分分析法提取因子并选取特征根大于 1 的特征根，一般情况下，各因子方差累积贡献率达到 60%以上就表明问卷具有良好的结构效度。从方差分解主成分提取累计情况可知，提取前 4 个因子累积贡献率已经为 74.791%，而且因子 1 的方差贡献率比较高，达到了 45.103%。因此，本书提取 4 个因子方差累积贡献率结果比较理想。4 个因子累积贡献率结果如表 3.8 所示。

表 3.8 创新团队协同测度试问卷的方差累积贡献率

因 子	初始特征值			旋转平方和载入		
	合计	方差的（%）	累积（%）	合计	方差的（%）	累积（%）
ct（成员对团队目标认同度）	7.667	45.103	45.103	4.739	27.877	27.877
cm（成员间的交互行为）	2.553	15.019	60.121	3.034	17.846	45.723
cp（成员相互协作承诺）	1.368	8.046	68.167	2.519	14.818	60.541
cc（成员间信息沟通）	1.126	6.623	74.791	2.422	14.250	74.791

表 3.9 高校科技创新团队协同测度项目（最终选出 17 项）

<table>
<tr><td rowspan="17">高校科技创新团队协同结构</td><td rowspan="7">成员对团队目标认同度（ct）</td><td>团队目标与我个人目标非常吻合（ct1）</td></tr>
<tr><td>团队研究方向市场发展的前景看好（ct10）</td></tr>
<tr><td>我们团队和成员目标较适中、可实现、易测量（ct15）</td></tr>
<tr><td>团队目标比较稳定，便于我们自主创新研究（ct16）</td></tr>
<tr><td>我们团队的规章制度健全、合理且具有较强的执行力（ct17）</td></tr>
<tr><td>我们团队能较好地整合内外部可用资源（cp18）</td></tr>
<tr><td>国家政策和学校对创新团队支持力度较大（cp21）</td></tr>
<tr><td rowspan="3">成员间信息沟通（cc）</td><td>我们团队成员能主动交流自己的创新经验与成果（cc4）</td></tr>
<tr><td>团队人际关系和谐，同事间能坦诚交流，研究氛围较浓（cc8）</td></tr>
<tr><td>为实现知识更新与碰撞，团队经常提供学术交流的机会（cc9）</td></tr>
<tr><td rowspan="3">成员相互协作承诺（cp）</td><td>认同团队文化、价值观，愿意为团队尽力工作并感到荣耀（cp1）</td></tr>
<tr><td>团队成员能够自觉遵守学术道德和规范，合作风险小（cp2）</td></tr>
<tr><td>我十分珍惜团队给我提供的难得的研发机会和平台（cp5）</td></tr>
<tr><td rowspan="4">成员间的交互行为（cm）</td><td>我们团队成员均能意识到合作与相互学习能促进“双赢”（cm1）</td></tr>
<tr><td>团队成员间共享彼此的专门知识和专业技能（cm2）</td></tr>
<tr><td>更多成员乐意将自己的专门技术和平时难以学到的知识提供给他人（cm5）</td></tr>
<tr><td>我们把学术争论当作知识碰撞、耦合和学习的机会（cm10）</td></tr>
</table>

第四，验证性因子分析。

由于高校科技创新团队协同模型是一个复杂的系统模型，通过一两次模型拟合难以达到理想的结果，遵照由浅入深、由简到繁思路的原则。从单一因子指标由少到多进行验证性因子分析模型出发，逐步进行拟合。在满足拟合度高的前提下再逐步增加其他因子，直至得出一个与初始模型类似结构的验证性因子模型

(具体编号见表 3.9)。

(1) 高校科技创新团队成员对团队目标认同度与成员间信息沟通的二维拟合模型。先建立团队成员对团队目标认同度与成员间信息沟通的验证性因子模型，目的是通过模型拟合与修正为每一个理论变量找到测量误差尽可能小的测量指标。图 3.2 为团队成员对团队目标认同度与成员间信息沟通的二维假设模型。

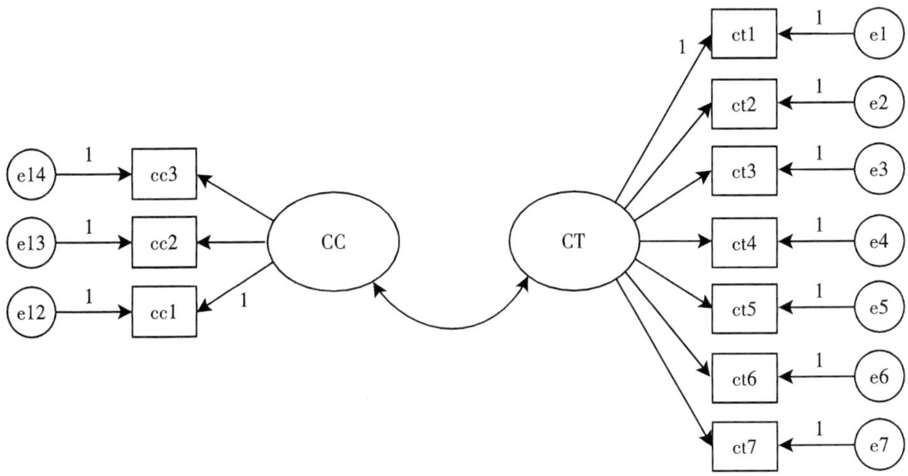

图 3.2 成员对团队目标认同度与成员间信息沟通的二维假设模型

高校科技创新团队成员对团队目标认同度与成员信息沟通假设模型的拟合结果显示，假设模型拟合效果比较理想，各项拟合指标结果如表 3.10 所示。

表 3.10 成员对团队目标认同度与成员间信息沟通的二维假设模型拟合指数

拟合指数	绝对拟合指数				相对拟合指数		
	χ^2	df	χ^2/df	RMSEA	NFI	TLI	CFI
拟合结果	129.402	34	3.806	0.09	0.941	0.941	0.955

结果显示，各项测量指标的 C.R.值均大于 1.96，通过了显著性检验；各项的载荷系数都大于 0.5；高校科技创新团队目标认同度与成员间信息沟通之间的协方差为 0.076，C.R.值为 1.206，通过了显著性检验；高校科技创新团队目标认同度与成员间信息沟通之间的相关性为 0.07，具体如图 3.3 所示。

(2) 高校科技创新团队成员对团队目标认同度与成员间相互承诺的二维拟合模型如图 3.4 所示。高校科技创新团队目标认同度与成员相互间协作承诺的假设模型拟合结果显示，假设模型拟合效果比较理想，各项拟合指标结果如表 3.11 所示。

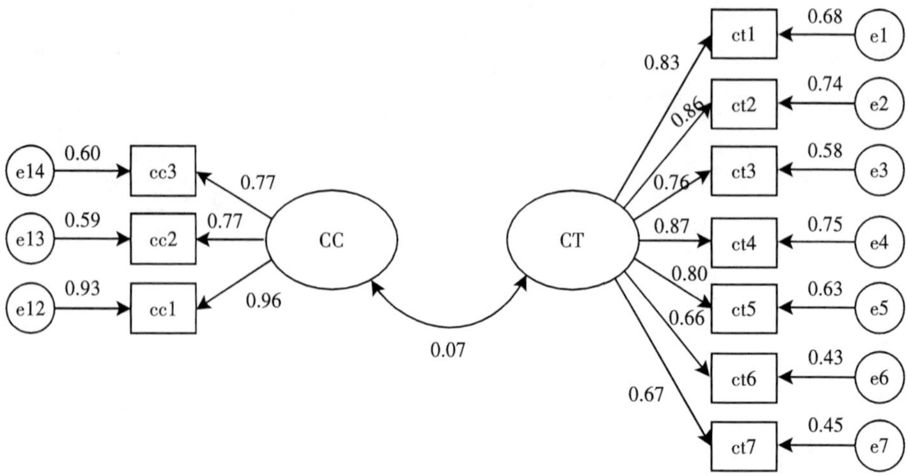

图 3.3　成员对团队目标认同度与成员间信息沟通的二维拟合模型

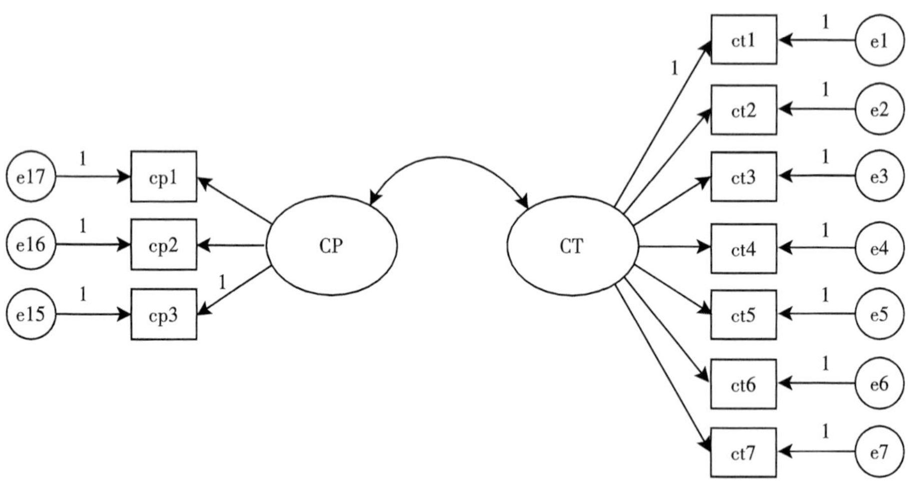

图 3.4　成员对团队目标认同度与成员相互协作承诺的二维假设模型

表 3.11　成员对团队目标认同度与成员间相互协作承诺的二维假设模型拟合指数

拟合指数	绝对拟合指数				相对拟合指数		
	χ^2	df	χ^2/df	RMSEA	NFI	TLI	CFI
拟合结果	143.685	34	4.226	0.097	0.936	0.934	0.95

结果显示，各项测量指标的 C.R.值均大于 1.96，通过了显著性检验；各项的

载荷系数都大于 0.5；高校科技创新团队目标认同度与成员相互协作承诺之间的协方差为 0.408，C.R.值为 8.214，通过了显著性检验；高校科技创新团队目标认同度与成员相互协作承诺之间的相关性为 0.61，具体如图 3.5 所示。

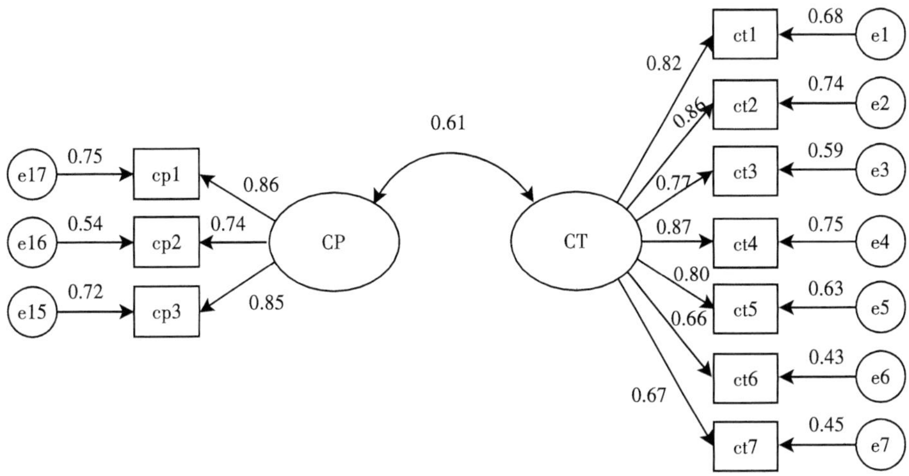

图 3.5 成员对团队目标认同度与成员相互协作承诺的二维拟合模型

（3）高校科技创新团队成员对团队目标认同度与成员间交互行为的二维拟合模型。建立高校科技创新团队成员对团队目标认同度与成员间交互行为的二维假设模型，如图 3.6 所示。

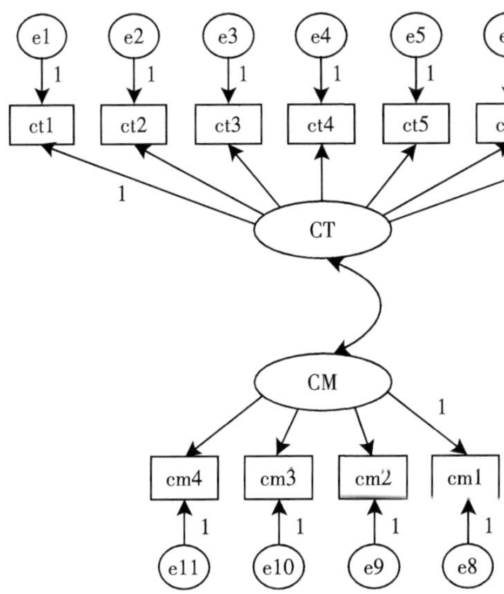

图 3.6 成员对团队目标认同度与成员间交互行为的二维假设模型

高校科技创新团队目标认同度与成员间交互行为的假设模型拟合结果显示，假设模型拟合效果比较理想，各项拟合指标结果如表 3.12 所示。

表 3.12 成员对团队目标认同度与成员间的交互行为二维假设模型拟合指数

拟合指数	绝对拟合指数				相对拟合指数		
	χ^2	df	χ^2/df	RMSEA	NFI	TLI	CFI
拟合结果	199.672	43	4.644	0.103	0.923	0.921	0.938

结果显示，各项测量指标的 C.R.值均大于 1.96，通过了显著性检验；各项的载荷系数都大于 0.5；高校科技创新团队目标认同度与成员间交互行为之间的协方差为 0.444，C.R.值为 8.616，通过了显著性检验；高校科技创新团队目标认同度与成员间交互行为之间的相关性为 0.637，具体如图 3.7 所示。

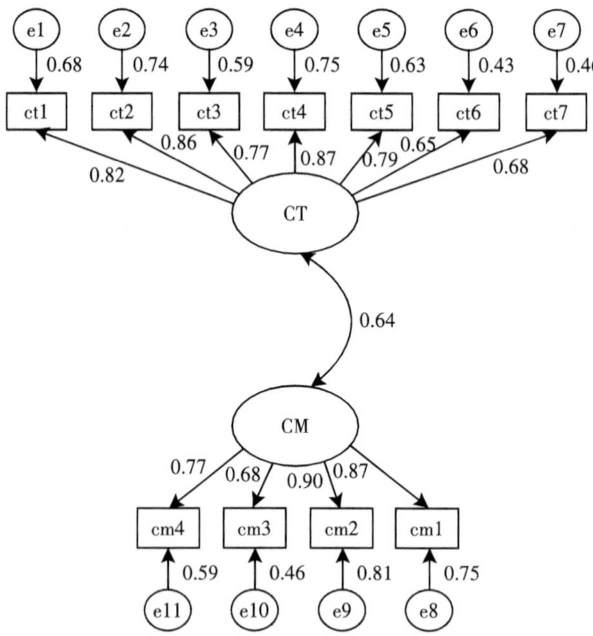

图 3.7 成员对团队目标认同度与成员间的交互行为二维拟合模型

（4）高校科技创新团队成员间信息沟通、相互协作承诺与成员间交互行为的三维拟合模型如图 3.8 所示。

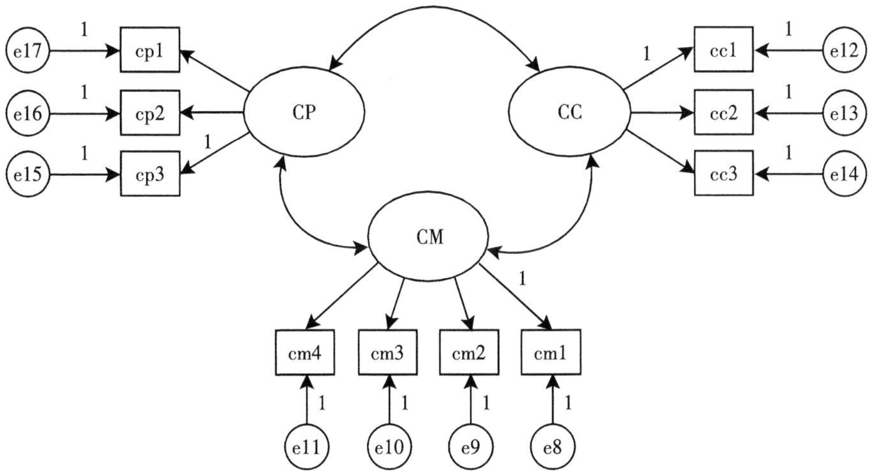

图 3.8　成员间信息沟通、成员相互协作承诺与成员间交互行为的三维假设模型

高校科技创新团队成员信息沟通、相互协作承诺与成员间交互行为的假设模型拟合结果显示，假设模型拟合效果比较理想，各项拟合指标结果如表 3.13 所示。

表 3.13　成员间信息沟通、成员相互协作承诺与成员间交互行为的三维假设模型拟合指数

拟合指数	绝对拟合指数				相对拟合指数		
	χ^2	df	χ^2/df	RMSEA	NFI	TLI	CFI
拟合结果	155.503	32	4.859	0.106	0.928	0.918	0.942

结果显示，各项测量指标的 C.R.值均大于 1.96，通过了显著性检验；各项的载荷系数都大于 0.5。高校科技创新团队成员间信息沟通与成员相互协作承诺之间的协方差为 0.36，C.R.值为 4.609，通过了显著性检验。高校科技创新团队成员间信息沟通与成员间交互行为之间的相关性为 0.282。高校科技创新团队成员间信息沟通与成员相互协作承诺之间的协方差为 0.424，C.R.值为 5.199，通过了显著性检验；高校科技创新团队成员间信息沟通与成员相互协作承诺之间的相关性为 0.325。高校科技创新团队成员间交互行为与成员相互协作承诺之间的协方差为 0.609，C.R.值为 9.489，通过了显著性检验；高校科技创新团队成员间交互行为与成员相互协作承诺之间的相关性为 0.731，具体如图 3.9 所示。

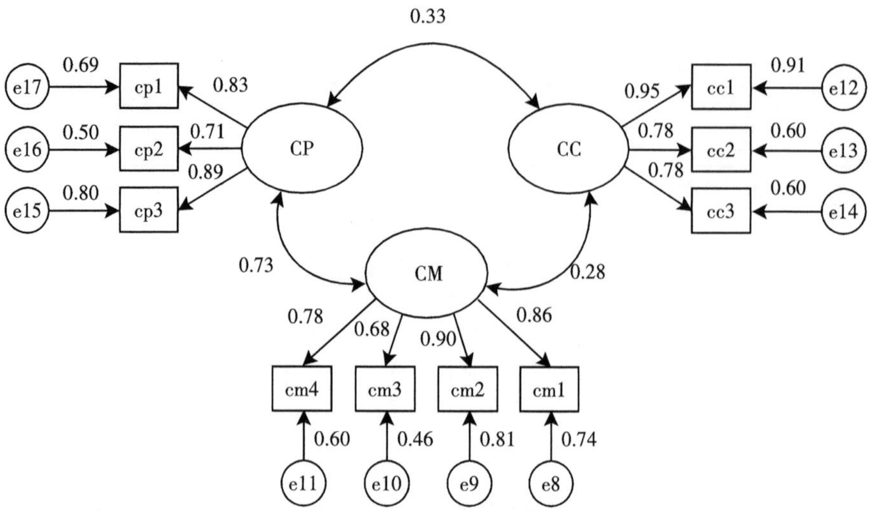

图 3.9 成员间信息沟通、成员相互协作承诺与成员间交互行为的三维拟合模型

（5）高校科技创新团队成员对团队目标认同度、成员间信息沟通与成员间的交互行为的三维拟合模型。建立高校科技创新团队成员对团队目标认同度、成员间信息沟通与成员间交互行为的三维假设模型，如图 3.10 所示。

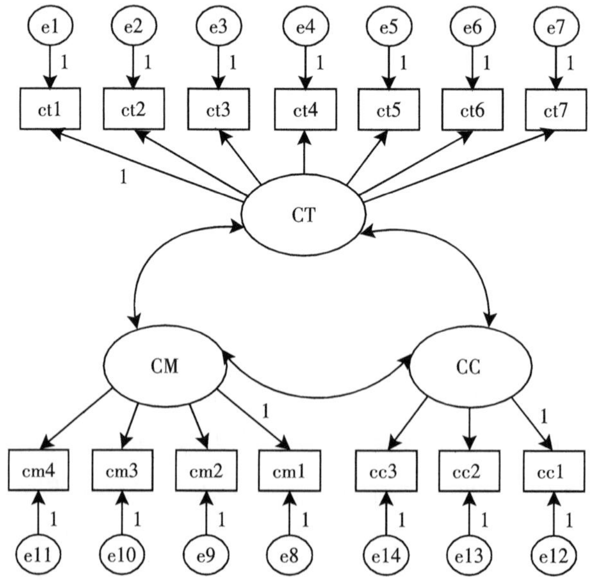

图 3.10 成员对团队目标认同度、成员间信息沟通与成员间交互行为的三维假设模型

高校科技创新团队成员对团队目标认同度、成员间信息沟通与成员间交互行为的假设模型拟合结果显示，假设模型拟合效果比较理想，各项拟合指标结果如表 3.14 所示。

表 3.14 成员对团队目标认同度、成员间信息沟通与成员间交互行为的三维假设模型拟合指数

拟合指数	绝对拟合指数				相对拟合指数		
	χ^2	df	χ^2/df	RMSEA	NFI	TLI	CFI
拟合结果	295.655	74	3.995	0.093	0.91	0.914	0.93

结果显示，各项测量指标的 C.R.值均大于 1.96，通过了显著性检验；各项的载荷系数都大于 0.5。高校科技创新团队成员对团队目标认同度与成员间交互行为之间的协方差为 0.441，C.R.值为 8.605，通过了显著性检验。高校科技创新团队成员对团队目标认同度与成员间交互行为之间的相关性为 0.637。高校科技创新团队成员对团队目标认同度与成员间信息沟通的协方差为 0.076，C.R.值为 1.218，通过了显著性检验；高校科技创新团队成员对团队目标认同度与成员间信息沟通之间的相关性为 0.071。高校科技创新团队成员间交互行为与成员间信息沟通之间的协方差为 0.361，C.R.值为 4.597，通过了显著性检验；高校科技创新团队成员间交互行为与信息沟通间的相关性为 0.28，具体如图 3.11 所示。

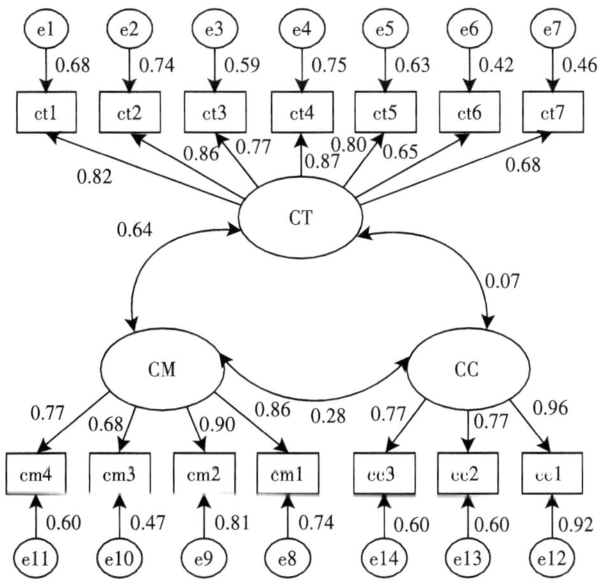

图 3.11 成员对团队目标认同度、成员间信息沟通与成员间交互行为的三维拟合模型

（6）高校科技创新团队成员对团队目标认同度、成员间信息沟通与成员相互协作承诺的三维拟合模型，如图 3.12 所示。

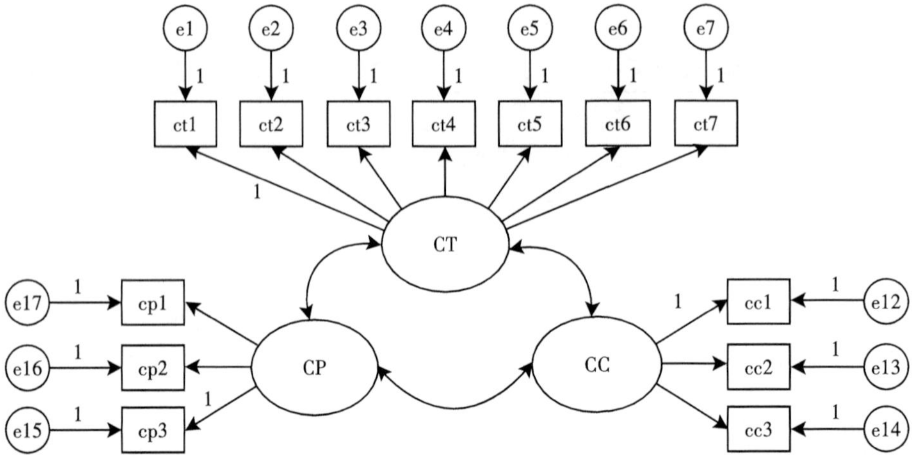

图 3.12　成员对团队目标认同度、成员间信息沟通与成员相互协作承诺的三维假设模型

高校科技创新团队成员对团队目标认同度、成员间信息沟通与成员相互协作承诺的假设模型拟合结果显示，假设模型拟合效果比较理想，各项拟合指标结果如表 3.15 所示。

表 3.15　成员对团队目标认同度、成员间信息沟通与成员相互协作承诺三维假设模型拟合指数

拟合指数	绝对拟合指数				相对拟合指数		
	χ^2	df	χ^2/df	RMSEA	NFI	TLI	CFI
拟合结果	219.297	62	3.537	0.086	0.925	0.93	0.944

结果显示，各项测量指标的 C.R.值均大于 1.96，通过了显著性检验；各项的载荷系数都大于 0.5。高校科技创新团队成员间信息沟通与成员相互协作承诺之间的协方差为 0.402，C.R.值为 5.086，通过了显著性检验。高校科技创新团队成员间信息沟通与成员相互协作承诺之间的相关性为 0.321。高校科技创新团队成员对团队目标的认同度与成员间信息沟通的协方差为 0.075，C.R.值为 1.21，通过了显著性检验；高校科技创新团队成员对团队目标的认同度与成员间信息沟通之间的相关性为 0.07。高校科技创新团队成员对目标的认同度与成员相互协作承诺之间的协方差为 0.415，C.R.值为 8.276，通过了显著性检验；高校科技创新团队成员对目标认同度与成员相互协作承诺间的相关性为 0.612，具体如图 3.13 所示。

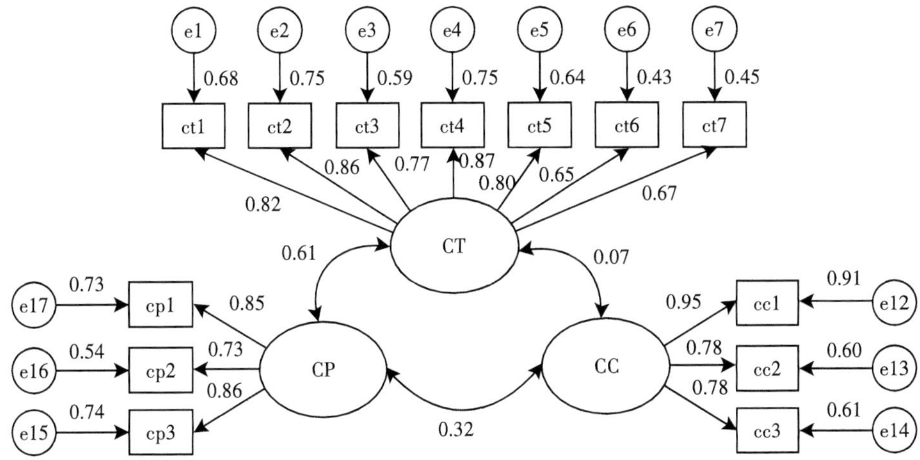

图 3.13　成员对团队目标认同度、成员间信息沟通与成员相互协作承诺的三维拟合模型

（7）高校科技创新团队成员对团队目标认同度、成员相互协作承诺与成员间的交互行为的三维拟合模型，如图 3.14 所示。

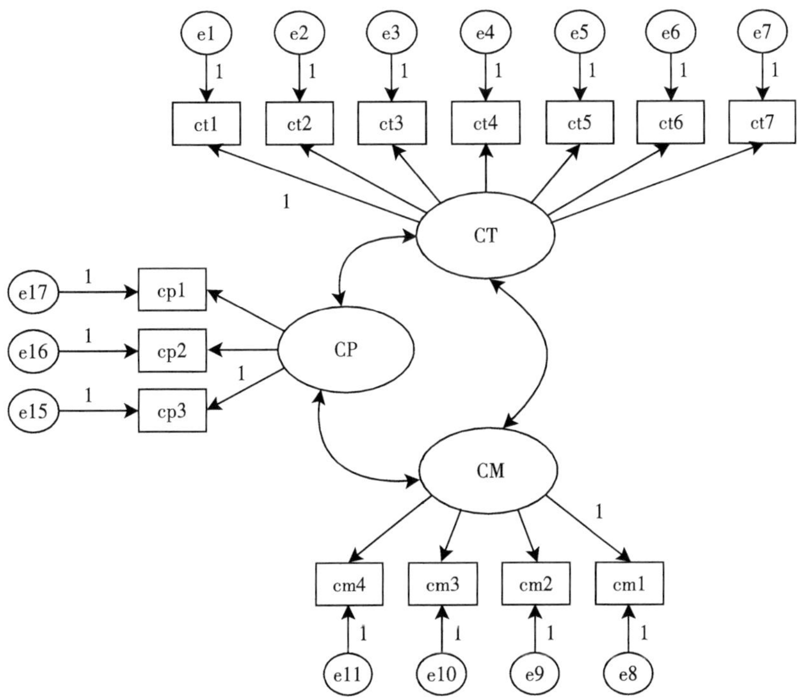

图 3.14　成员对团队目标认同度、成员相互协作承诺与成员间的交互行为的三维假设模型

高校科技创新团队成员对团队目标认同度、成员间信息沟通与成员相互协作承诺的假设模型拟合结果显示，假设模型拟合效果比较理想，各项拟合指标结果如表 3.16 所示。

表 3.16　成员对团队目标认同度、成员相互协作承诺与成员间的交互行为的三维假设模型拟合指数

拟合指数	绝对拟合指数				相对拟合指数		
	χ^2	df	χ^2/df	RMSEA	NFI	TLI	CFI
拟合结果	292.288	74	3.95	0.092	0.914	0.918	0.934

结果显示，各项测量指标的 C.R.值均大于 1.96，通过了显著性检验；各项的载荷系数都大于 0.5。高校科技创新团队成员相互协作承诺与成员间交互行为之间的协方差为 0.606，C.R.值为 9.471，通过了显著性检验。高校科技创新团队成员间信息沟通与成员间交互行为之间的相关性为 0.731。高校科技创新团队成员对团队目标认同度与成员间交互行为的协方差为 0.441，C.R.值为 8.618，通过了

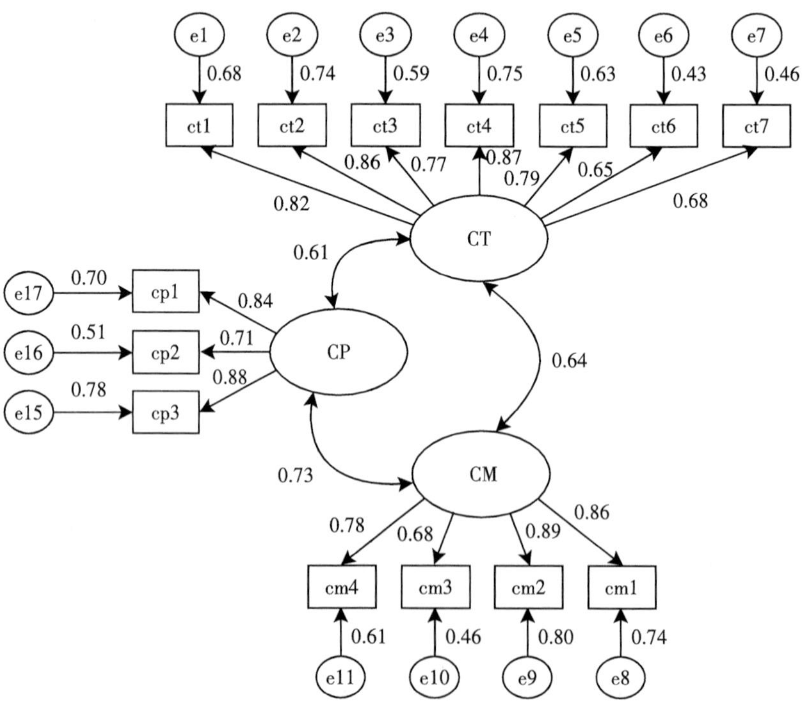

图 3.15　成员对团队目标认同度、成员相互协作承诺与成员间交互行为的三维拟合模型

显著性检验；高校科技创新团队成员对团队目标认同度与成员间交互行为之间的相关性为 0.64。高校科技创新团队成员对目标认同度与成员相互协作承诺之间的协方差为 0.426，C.R.值为 8.376，通过了显著性检验；高校科技创新团队成员对目标认同度与成员相互协作承诺间的相关性为 0.612，具体如图 3.15 所示。

（8）高校科技创新团队成员对团队目标认同度、成员间信息沟通、成员相互协作承诺与成员间交互行为的四维拟合模型，如图 3.16 所示。

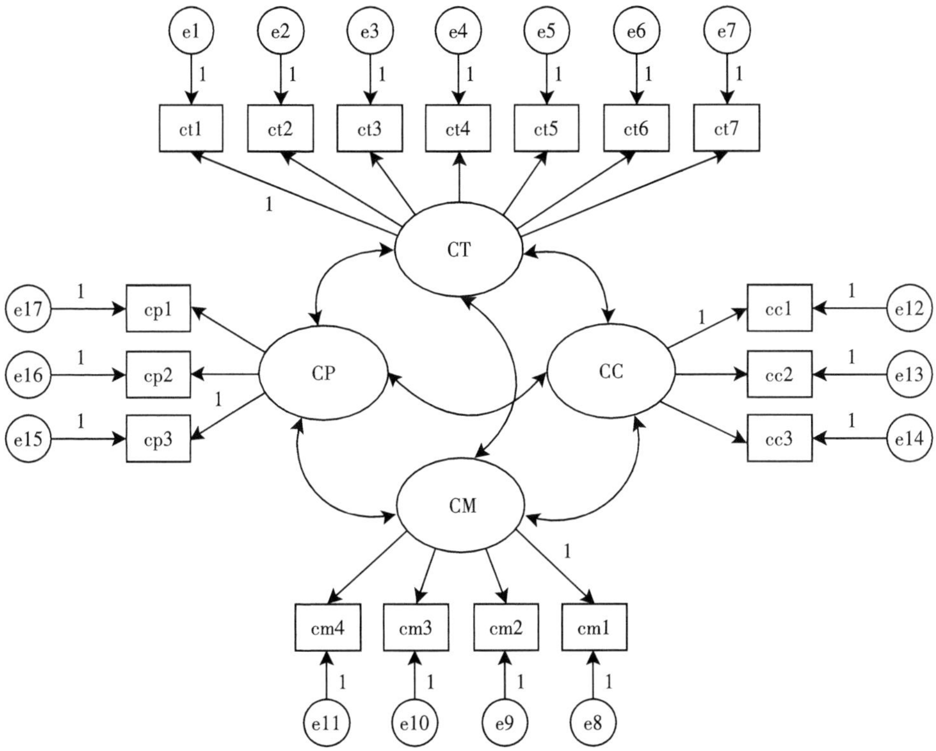

图 3.16　成员对团队目标认同度、成员间信息沟通、成员相互协作承诺与成员间交互行为的四维拟合模型

高校科技创新团队成员对团队目标认同度、成员间信息沟通、成员相互协作承诺与成员间交互行为的四维假设模型拟合结果显示，假设模型拟合效果比较理想，各项拟合指标结果如表 3.17 所示。

结果显示，各项测量指标的 C.R.值均大于 1.96，通过了显著性检验；各项的载荷系数都大于 0.5。高校科技创新团队成员间信息沟通与成员间交互行为之间

表 3.17 成员对团队目标认同度、成员间信息沟通、成员相互协作承诺与成员间的交互行为的四维假设模型拟合指数

拟合指数	绝对拟合指数				相对拟合指数		
	χ^2	df	χ^2/df	RMSEA	NFI	TLI	CFI
拟合结果	412.103	113	3.647	0.087	0.9	0.909	0.925

的协方差为 0.361，C.R.值为 4.623，通过了显著性检验。高校科技创新团队成员间信息沟通与成员间交互行为之间的相关性为 0.284。高校科技创新团队成员相互协作承诺与成员间交互行为之间的协方差为 0.608，C.R.值为 9.501，通过了显著性检验。高校科技创新团队成员相互协作承诺与成员间交互行为之间的相关性为 0.733。高校科技创新团队成员间信息沟通与成员相互协作承诺之间的协方差为 0.421，C.R.值为 5.197，通过了显著性检验。高校科技创新团队成员间信息沟通与成员相互协作承诺之间的相关性为 0.326。高校科技创新团队成员对团队目标认同度与成员间交互行为的协方差为 0.44，C.R.值为 8.609，通过了显著性检验；高校科技创新团队成员对团队目标认同度与成员间交互行为之间的相关性为 0.64。高校科技创新团队成员对团队目标认同度与成员间信息沟通的协方差为 0.076，C.R.值为 1.219，通过了显著性检验；高校科技创新团队成员对团队目标认同度与成员间信息沟通之间的相关性为 0.071。高校科技创新团队成员对目标认同度与成员相互协作承诺之间的协方差为 0.427，C.R.值为 8.393，通过了显著性检验；高校科技创新团队成员对目标认同度与成员相互协作承诺间的相关性为 0.612，具体如图 3.17 所示。

3.1.3 高校科技创新团队协同测度量表

从前面的分析可知，高校科技创新团队协同量表开发主要经过了三个步骤：①通过文献研究、问卷调查、访谈和思辨等方法尽可能罗列出所有与团队协同有关的组成因子；②通过研究和小组成员的共同讨论，并再次向有关专家咨询，对所有原始测度项目的完备性、含义的清晰度、关键词的准确性等进行了分析和甄别；③对问卷进行多次预测试，通过对初始量表进行净化、项目分析等手段对项目进行筛选，并在此基础上再一次用德尔菲技术方法对量表进行修订，最终形成正式量表，从而保证研究量表的内容和结构效度，具体如表 3.18 所示。

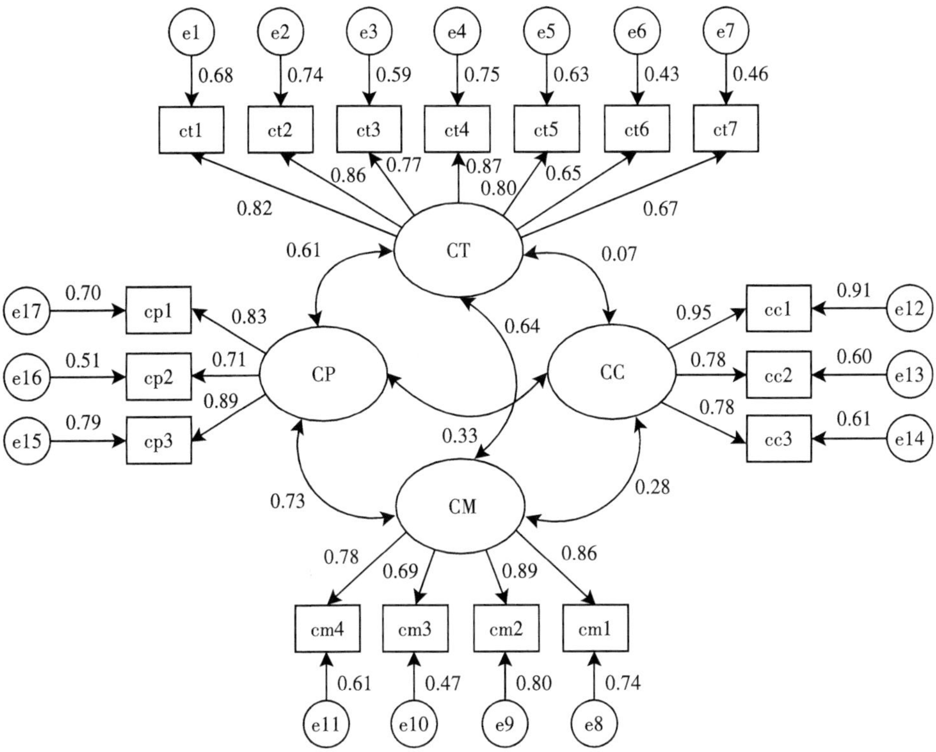

图 3.17　成员对团队目标认同度、成员间信息沟通、成员相互协作承诺与成员间交互行为的四维拟合模型

表 3.18　高校科技创新团队协同测度正式量表

编号	测度项目	认同程度 低 (1~7 分) 高						
		1	2	3	4	5	6	7
ct1	团队目标与我个人目标非常吻合							
ct10	团队研究方向市场发展的前景看好							
ct15	我们团队和成员目标较适中、可实现、易测量							
ct16	团队目标比较稳定，便于我们自主创新研究							
ct17	我们团队的规章制度健全、合理且具有较强的执行力							
ct18	我们团队能较好地整合内外部可用资源							
ct21	国家政策和学校对创新团队支持力度较大							
cc4	我们团队成员能主动交流自己的创新经验与成果							
cc8	团队人际关系和谐，同事间能坦诚交流，研究氛围较浓							
cc9	为实现知识更新与碰撞，团队经常提供学术交流的机会							
cp1	认同团队文化、价值观，愿意为团队尽力工作并感到荣耀							
cp2	团队成员能够自觉遵守学术道德和规范，合作风险小							

续表

编号	测度项目	认同程度 低 (1~7 分) 高						
		1	2	3	4	5	6	7
cp5	我十分珍惜团队给我提供的难得的研发机会和平台							
cm1	我们团队成员均能意识到合作与相互学习能促进“双赢”							
cm2	团队成员间共享彼此的专门知识和专业技能							
cm5	更多成员乐意将自己的专门技术和平时难以学到的知识提供给他人							
cm10	我们把学术争论当作知识碰撞、耦合和学习的机会							

3.1.4 高校科技创新团队协同测度指标体系及维度分析

3.1.4.1 高校科技创新团队协同测度结构

从前文有关高校科技创新团队协同的文献研究可知，团队协同的前提是要求团队成员对团队目标的认同以及对团队领头人的羡慕和追随，这些会使团队成员产生自需求驱动力。作为高校科技创新团队，其主要研究对象是基础研究，但作为工科性大学其研究对象主要是应用性学科，他们的关注重点是研究对象与国民经济和人民生活很贴近的研究，所以他们同样关注研究信息的来源、成果运用和转化、目标期望，当然也很关注研究平台建设。高校以其独特的条件和优势提供了不同学科、专业背景的人相互沟通的机会和平台。同时，相互沟通可以使自己的知识产生扩散、产生增量，因此，团队内部沟通氛围、沟通频率也成为信息交流、碰撞激发的重要引擎。相互进行沟通的前提是彼此间要信任，遵循学术道德规范和团队文化，维护和谐、活跃的研究氛围，珍惜团队和其他成员的难得共同协作机会，彼此间有机衔接，相互配合才能进行更好地协作。

创新团队就是要创造性地解决问题、从事不可预知的工作、应对不同角色的要求，要求成员具有较强的适应能力；同时，随着知识的分化和学科的融合，仅限于自身的知识已经明显不足，为了继续创造更新的知识和财富，成员必须与时俱进，紧跟时代步伐，不断加强自我学习、互相学习，不断更新自己的知识和理念，突破已有的陈规和传统思维。彼得·圣吉在其《第五项修炼》中明确提出了终生学习的理念。面临着以“创新”为特征的时代、高校和团队战略使命，无论是教学、科研还是社会服务都需要教师及时进行适应性转变，即要不断增加新知识，掌握新的研究方法和规律，提高主动性和积极性，最终不断提高自己的工作胜任力，提高自己的效能产出。从创新团队组建和运行来看，就是要不断适应知识更新、技术变化和社会发展的需求，不断提高自己适应环境变化和技术研发进步的能力。将学习效能纳入团队效能考核体系，意味着高校对团队成员通过学习来提升工作能力和研发层次、水平价值的认同，学习动力、态度和能力及行为表现也是一种高效能的预测指标。

Cohen 和 Levinthal（1989）从知识学习的过程将员工的学习效能定义为“员工从外界吸收、消化与开发知识的绩效”。蒋天颖（2009）通过研究构建了由知识获取、共享、吸收及创造构成的员工知识学习效能结构模型。综合而言，高校科技创新团队学习效能主要应包括团队成员的学习动机、态度、学习行为和学习结果以及团队为成员学习创造的环境。

通过研究可知，影响高校科技创新团队协同的因素主要来源于团队成员对团队目标认同度、成员间信息沟通与相互协作承诺以及成员间的交互行为四个方面，其结构可表示为四个维度，如图 3.18 所示。

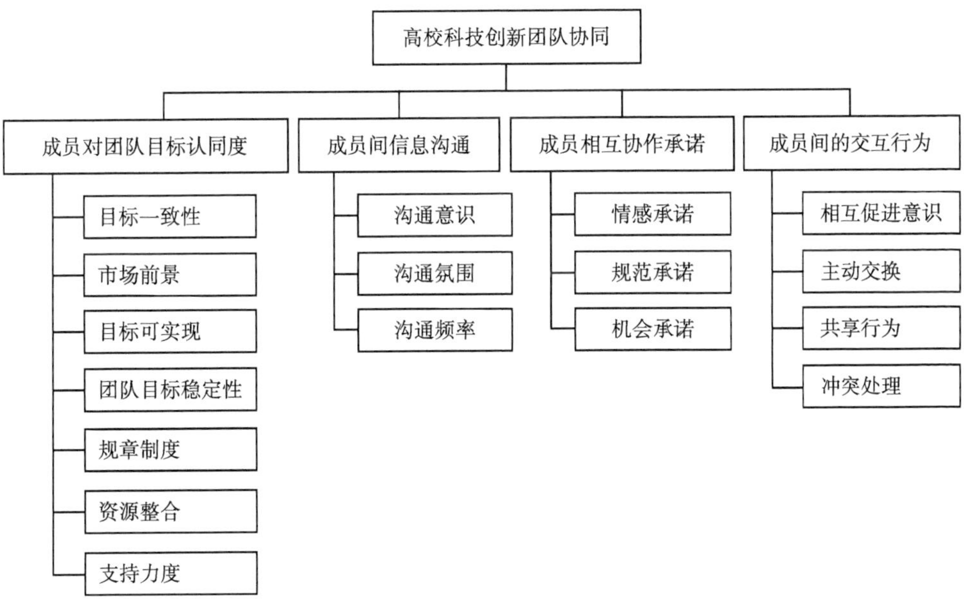

图 3.18　高校科技创新团队协同测度指标体系

从高校科技创新团队成员加入团队协同研究的内驱力及有关文献研究结果可知，高校科技创新团队协同认知及其进程存在不同程度的区别，成员对团队目标认同度是协同研究的前提和基础，成员间信息沟通与成员相互协作承诺起引领和保障作用，成员间的交互行为是结果。

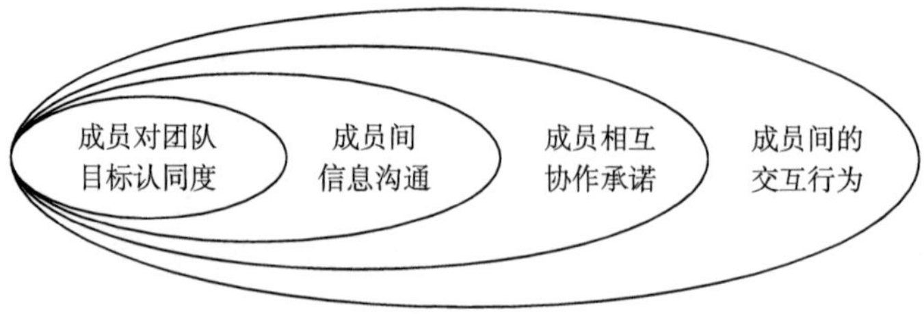

图 3.19　高校新科技创新团队协同来源

3.1.4.2　高校科技创新团队协同测度维度解析

（1）成员对团队目标认同度。主要反映的是团队成员对团队目标与个人研究兴趣的吻合度、实现的可行性，以及对团队管理能力、市场整合能力和学校支持的认同；是团队成员对团队目标在心理上达成共识，决定其是否愿意将个人目标和团队目标置于学校目标的引导和约束之下，把学校目标的实施作为实现个人目标和团队目标的前提。首先，团队和成员更多关注的是双方目标的一致性、稳定性和实现程度，这是高校科技创新团队协同的前提，也是团队组建的先决条件。其次，内部管理和市场运作水平是取得团队成员认可的重要保障，反映了团队作为现代组织运行的预期，这些都是团队成员进行相互协同必须考虑的现实问题，因此将其作为测评的主要指标体系。

（2）成员间信息沟通。在团队成员对团队目标高度认同的前提下，要使其成为现实，还须构建有效的信息系统来将团队成员的协作愿望转化为实际行动。信息沟通是个体产生知识转移和扩散的重要渠道。作为高科技研发人员，其对信息的信赖度更高，沟通水平取决于他们的沟通意识、频率以及团队的沟通氛围。团队中信息沟通分为正式沟通和非正式沟通系统，正式信息沟通系统反映了团队的管理水平和成员协作状况，而非正式信息沟通系统则反映出团队成员间的人脉关系，它们均会在不同程度上对团队目标和协同程度产生现实的影响，从各个方面引导和创新团队成员的行为，以此来实现团队整体协作能力的增加，增强相互间的优化、耦合程度。

（3）成员相互协作承诺。自 20 世纪 60 年代美国社会学家提出组织承诺后以来，管理者越来越认为“承诺”是员工对组织的一种感情依赖（刘琴琴，2009）。

高校科技创新团队正是因为学校、团队、团队领导和成员间相互承诺才组建的一种高效的新型组织，相互间存在着感情承诺、规范承诺、理想承诺、机会承诺与经济承诺。感情承诺是团队成员在认同团队目标和对自己研发方向、课题有深厚感情的基础上，愿意为团队的生存和发展做出自己的贡献，甚至不计报酬地付出。团队的学术规范承诺是团队成员对团队的态度和行为表现均以社会道德规范、高校教师职业道德规范为准则，对团队有责任感，对研究工作和团队尽自己应尽的责任和义务。理想承诺是团队成员重视自我价值实现，关注自己的专长在团队中能否得到充分发挥，关心团队能否为他们提供各项研究和学习以及晋升的机会和平台。机会承诺使团队成员留在团队工作的机会成本最小。经济承诺一方面反映了团队为成员提供比本学校其他同事更优厚的报酬，另一方面也反映了成员因担心离开团队会蒙受经济损失，所要才选择留在团队。

（4）成员间的交互行为。面对新的科技和知识融合的趋势，需要团队成员利用各自的优势，相互补充、融合，从而达到“1+1>2”的质变，使团队的效能得到持续不断的提高。行为理论研究表明，交互行为是团队成员为了实现自身价值，使自己的知识、技术为社会和科技的发展做出应有的贡献，通过与他人进行知识交流与碰撞，从而产生更多的创新思想和创新源。团队成员间的交互行为包括“人—内容”、“人—人”交互，具体可分为操作交互、信息交互和概念交互。成员间的交互行为除了相互间主动交换、共享信息、互通有无，更为重要的是如何处理好团队内外部的冲突，最大限度地避免破坏性冲突，提高建设性冲突水平，从而使团队成员相互间良性交流，最大程度实现知识、技术的扩散和转移。

3.1.4.3　高校科技创新团队协同测度指标体系构建的现实意义

协同作战替代单兵作战已经成为各行各业的发展趋势，高校科研也不例外。在知识爆炸、学科交叉融合的今天，科技人才之间协同研究已经是攻克大项目、研究出高质量成果的关键。尽管高校都在这方面加大了投入力度，但由于协同是一个复杂的系统，它不仅包括有形的制度、环境，还包括成员内心的需求和自我认知、社会认知等。高校依然存在着相互沟通少或不沟通、各干各的、成果分配和共享制度缺失或欠公平、协同奉献精神等问题，需要我们进行反思和研究，寻找激发团队成员协同的突破口，建立良好的机制，制订清晰的维度结构，仅这一点来说，高校科技创新团队成员协同结构的确定对管理实践具有基础性的理论价值。

3.2 高校科技创新团队效能测度量表开发与指标体系构建

基于效能内涵的界定、理论基础，借鉴王济干、樊传浩有关创业团队效能测度项目来开发高校科技创新团队效能的初始测度项目，同时使用定性和定量相结合的方法对测度项目进行遴选，得出结构维度、信度和效度评估结果均为理性的测度量表，以此构建测度高校科技创新团队效能测度的指标体系。为了研究的便利，本书对高校科技创新团队协同问卷与效能问卷进行了整合，即调研过程相同，处理的方法与流程基本一致。

3.2.1 高校科技创新团队效能测度项目收集

在樊传浩（2012）关于团队效能量表开发的基础上，结合高校科技创新团队的特点，采用了与协同量表开发同样的方法，得出高校科技创新团队协作效能测度项目共 24 条，并根据前文关于团队效能维度划分进行了编码，具体如表 3.19 所示。

表 3.19 高校科技创新团队效能测度项目

测度指标	测度项目	编号
创新机会	我们团队能及时把握创新机遇	ep1
创新能力	我们团队经常产生创意或新点子	ep2
团队执行力	我们团队执行任务的能力较强	ep3
任务计划执行进度	我们团队能按时完成计划要求	ep4
目标实现程度	我们团队能较好地实现预定目标	ep5
科技成果研发情况	我们团队科技创新成果效率和转化程度都很高	ep6
科技成果技术含量	我们团队科技成果的技术含量很高	ep7
资源获取	我们团队整合资源信息的成效很好	ep8
环境适应	我们团队适应环境变化的能力很强	ep9
任务完成状况	我们团队能完成学校对科技创新团队的业绩要求	ep10
团队承诺	团队和成员都能信守各自诺言	ee1
成员对团队认知	我们团队能够有效地处理好突发事件	ee2
归属感	我们团队有家庭般的温暖	ee3

续表

测度指标	测度项目	编号
因态度而采取的行动	我很珍惜在团队的机会，任何时候都为团队努力	ee4
发展前景	我们团队的研究方向前景广阔	ee5
对团队的心理预期	我们团队有能力应对创新过程中的风险	ee6
整体工作能力状况	我们团队都能很好地完成工作任务并实现相互承诺	ee7
相互协作能力	我们团队成员能够相互协作，攻克难题	ee8
相互依赖程度	科研项目越来越需要集众多同伴的智慧	eb1
团队协调性	我们团队总能相互协作开展研究	eb2
同伴具备完成任务的品质	同伴具有完成任务的相关知识	eb3
团队信任	我非常了解同伴的专长且信任他们	eb4
产出结果	我们团队很少对已提交的科研成果进行返工	eb5
产出效果	我们团队科技成果的产出效果很好	eb6

3.2.2　高校科技创新团队效能问卷调查表的设计与分析

3.2.2.1　初步设计

根据改变后的 24 条项目编写了新时期高校科技创新团队效能问卷初始调查表，为了节省人力、物力和财力，效能问卷随协同问卷一同发出，同步进行调查。

3.2.2.2　定量分析创新团队效能测度项目

为了验证问卷的可靠性和有效性，在进行数据统计分析之前，随机采用其中一份样本，运用 SPSS 19.0 统计软件，先对样本数据进行检验。通过 SPSS 分析，从表 3.20 可知，内部一致性系数为 0.934，大于 0.9。表明问卷的总体信度很好，测量结果是可靠的，适于做统计分析。

表 3.20　创新团队效能测度试问卷的 Cronbach's α 系数

Cronbach's α	项数
0.934	24

通过 SPSS 分析，创新团队效能测度试问卷的 KMO 样本测度和 Bartlett 球形检验结果如表 3.21 所示，KMO 为 0.885，表明适合做探索性因子分析。Bartlett 球形检验显著性概率为 0.000，表示相关性强，也可以进行因子分析。

表 3.21 创新团队协同测度试问卷的样本测度和球形检验

Kaiser-Meyer-Olkin 样本测度		0.885
Bartlett 的球形度检验	近似卡方	4576.348
	自由度 df	276
	显著性概率 Sig.	0.000

按照离散程度法、区分度分析法、相关系数法 3 种项目甄选方法，通过 SPSS 分析，得出分析结果，如表 3.22 所示。

表 3.22 创新团队效能测度量表开发各不同分析方法与甄选结果汇总表

项目	因子	离散程度法		区分度分析		因素荷重			保留项目	
		偏度	峰度	t 值	Sig.	1	2	3	条件	编码
ep1	EP	-0.637	-0.449	41.709	0.000	0.889	-0.061	0.156	√	ep1
ep2		-0.753	0.173	43.626	0.000	0.901	0.008	0.135	√	ep2
ep3		-0.596	-0.311	38.599	0.000	0.844	-0.099	0.330	√	ep3
ep4		-0.730	-0.118	45.061	0.000	0.887	-0.047	0.186	√	ep4
ep5		-0.568	-0.244	39.047	0.000	0.855	-0.014	0.178	√	ep5
ep6		-0.839	0.286	49.810	0.000	0.786	0.180	0.253	√	ep6
ep7		-0.859	0.477	50.056	0.000	0.815	0.072	0.261	√	ep7
ep8		-0.566	-0.041	47.846	0.000	0.786	0.065	0.102	√	ep8
ep9		-0.502	-0.427	39.498	0.000	0.655	0.064	0.172	√	ep9
ep10		-0.689	-0.035	42.687	0.000	0.631	0.041	0.467	×	—
ee1	EE	-0.591	-0.322	39.997	0.000	0.697	0.011	0.468	×	—
ee2		-1.242	1.651	78.460	0.000	-0.060	0.890	0.058	√	ee2
ee3		-1.235	1.504	70.855	0.000	0.035	0.919	0.101	√	ee3
ee4		-1.259	1.605	70.330	0.000	0.030	0.874	0.085	√	ee4
ee5		-1.491	2.430	79.313	0.000	0.025	0.880	-0.009	√	ee5
ee6		-1.214	1.568	70.967	0.000	0.051	0.887	0.121	√	ee6
ee7		-0.957	0.185	84.636	0.000	0.116	0.762	0.058	√	ee7
ee8		-1.039	1.152	62.676	0.000	-0.137	0.605	0.422	×	—
eb1	EB	-0.582	0.443	55.039	0.000	0.197	0.064	0.902	√	eb1
eb2		-0.374	-0.180	49.821	0.000	0.242	0.076	0.849	√	eb2
eb3		-0.639	0.346	58.163	0.000	0.327	0.135	0.765	√	eb3
eb4		-0.768	0.486	50.273	0.000	0.213	0.261	0.646	√	eb4
eb5		-0.621	0.479	55.053	0.000	0.333	0.130	0.726	√	eb5
eb6		-0.772	0.893	53.379	0.000	0.464	-0.021	0.626	×	—

从离散程度法、区分度分析法来看，各项指标均符合要求。可采用主成分分

析法提取因子，甄选测度项目时，参考 Hair 等（1998）的标准：当样本量大于或等于 50 时，因子载荷系数大于 0.3 可以认为是显著的；因子载荷量超过 0.4 可以认为是重要的；超过 0.5 则表示非常重要。本书以 0.5 作为因子因素荷重的临界点，对不满足条件的测量项目进行删除。依据此标准测度项目：ep10（我们团队能完成学校对科技创新团队的业绩要求）、ee1（团队和成员都能信守各自诺言）、ee8（我们团队成员能够相互协作，攻克难题）、eb6（我们团队科技成果的产出效果很好）。将保留的测度项目按因子因素荷重的大小顺序进行重新编码，如表 3.24 所示。

采用主成分分析法提取因子并选取大于 1 的特征根，一般情况下，各因子方差累积贡献率达到 60%以上就表明问卷具有良好的结构效度。从方差分解主成分提取累计情况可知，前 4 个因子累积贡献率已经为 74.467%，而且因子 1 的方差贡献率比较高，达到了 40.967%。因此，本书提取的 4 个因子方差累积贡献率结果比较理想，其累积贡献率结果如表 3.23 所示。

表 3.23 创新团队效能测度试问卷的方差累积贡献率

因子	初始特征值			旋转平方和载入		
	合计	方差的（%）	累积（%）	合计	方差的（%）	累积（%）
EP（业绩效能）	8.193	40.967	40.967	6.525	32.625	32.625
EE（自我功效感）	4.680	23.400	64.366	4.710	23.552	56.177
EB（行为结果）	2.020	10.100	74.467	3.658	18.290	74.467

由此得出三个因子所含具体题项及内容，如表 3.24 所示。

表 3.24 高校科技创新团队效能三维度因子结构

高校科技创新团队效能结构	业绩效能（EP）	目标实现程度（ep5）
		创新机会（ep1）
		任务计划执行进度情况（ep4）
		创新能力（ep2）
		环境适应（ep9）
		科技成果研发情况（ep6）
		团队执行力（ep3）
		科技成果技术含量（ep7）
		资源获取（ep8）

续表

高校科技创新团队效能结构	自我功效感（EE）	整体工作能力状况（ee7）
		对团队的心理预期（ee6）
		发展前景（ee5）
		归属感（ee3）
		因态度而采取的行动（ee4）
		成员对团队认知（ee2）
	行为结果（EB）	团队协调性（eb2）
		相互依赖程度（eb1）
		同伴具备完成任务的品质（eb3）
		团队信任（eb4）
		产出结果（eb5）

为了进一步验证高校科技创新团队效能三维度结构的正确性，本书对业绩效能、自我功效感和行为结果分别进行了内部一致性检验（见表 3.25、表 3.26、表 3.27），结果表明，业绩效能维度的信度为 0.952、自我功效感维度的信度为 0.940、行为结果维度的信度为 0.895，普遍大于 0.6 的最小信度值，说明本书使用的研究工具具有较好的内部一致性。

表 3.25 业绩效能内部一致性检验

Cronbach's Alpha	N of Items
0.952	9

表 3.26 自我功效感内部一致性检验

Cronbach's Alpha	N of Items
0.940	6

表 3.27 行为结果内部一致性检验

Cronbach's Alpha	N of Items
0.895	5

更进一步研究发现，业绩效能维度的均值为 6.27，自我功效感维度的均值为 5.92，行为结果维度的均值为 4.96。均值数据说明创新团队成员对科研项目相互的知识依赖、团队协同研究、成员间的坦诚合作以及对科研成果的质量较为重视，主要是因为高校科技创新团队成员作为高级知识型员工，其工作对象是无形

的知识，主要来源是学习（包括自我学习动机、向别人学习）；同时，伴随着科技的快速发展和知识更新的速度日益加快，需要持续进行知识更新和不断学习。另外，业绩效能和自我功效感维度也是成员比较重视的，管理学中领导方格理论的研究成果表明，对任务和对人都比较重视的组织，其效能最高，高校科技创新团队也不例外，除了有明确的任务目标外，更重要的是要有良好的人际氛围，只有成员间坦诚、和睦相处，才能实现成员共同协作、相互激智增效。业绩效能维度的均值大于其他两个维度的均值，表明业绩效能对团队的生存和发展仍至关重要。自我功效感和行为结果值虽略低，但也较高，说明了团队成员不仅重视团队和自我绩效，其自我价值实现和行为结果也是关注的重要方面。

在探索性因子分析的基础上，再进行验证性因子分析。本书主要采用结构方程（SEM）进行分析，其样本容量越大越好，最低要求为 300。为了提高 SEM 分析的正确性，笔者又在前面 189 份调查问卷的基础上增加了 366 份量表，扣除 19 份无效问卷，共计 536 份量表，以此来进行进一步的验证性因子分析。

本书采用 Amos19.0 软件及极大似然估计进行参数估计，主要是因为极大似然估计在一般场合下是稳健的，也就是说，即使数据不满足正态分布，基于这种方法估计的结论仍可信。由于高校科技创新团队效能结构模型是一个复杂的模型，想通过一两次模型拟合就达到理论的结论概率较小。本书主要采用由简到繁，从最简单的单因子多指标验证性因子模型出发，在拟合度较高的前提下再逐一加上其他因子，直到得出一个与初始模型结构类似、更加合理的验证性因子模型。本书采用拟合优度来衡量模型的拟合程度，且用卡方自由度比值（χ^2/df）来检验模型的适配度，其值越小，表明假设模型的协方差矩阵与观察数据越适配，当其小于 2 时，表示假设模型的适配度较好；当其小于 1 时，表示模型过度适配，即该模型具有样本独异性；当其大于 2、3 但小于 5 时，表示可以接受。近似误差指标也能较好地反映模型拟合的优劣程度，其主要衡量指标有残差均方根、标准化残差均方根、近似误差均方根 3 个指标，近似误差均方根因其不需要基准线模型的绝对性指标，其值越小，表示适配度越好。一般情况下，其值大于 0.1 时表示欠佳，0.08~0.1 为普通适配，0.05~0.08 表示合理适配，小干 0.05 表示适配度较好。此外，拟合优度指数、调整的拟合优度指数、非规范拟合指数、规范拟合指数、相对拟合指数等也是常用的判断模型拟合度好坏的指标，但它们均受到样本容量的影响，因此，各指标要与卡方自由度比值、近似误差均方根相互交叉以验证模型的拟合程度。

第一，高校科技创新团队业绩效能与自我功效感的验证性因子模型。运用离散分析和因子分析法对建立的业绩效能和自我功效感二维度模型进行验证，旨在通过模型不断拟合与修正，为每一个理论变量找到误差尽可能小的测量指标。图3.20为高校科技团队业绩效能与自我功效感的验证性因子模型。

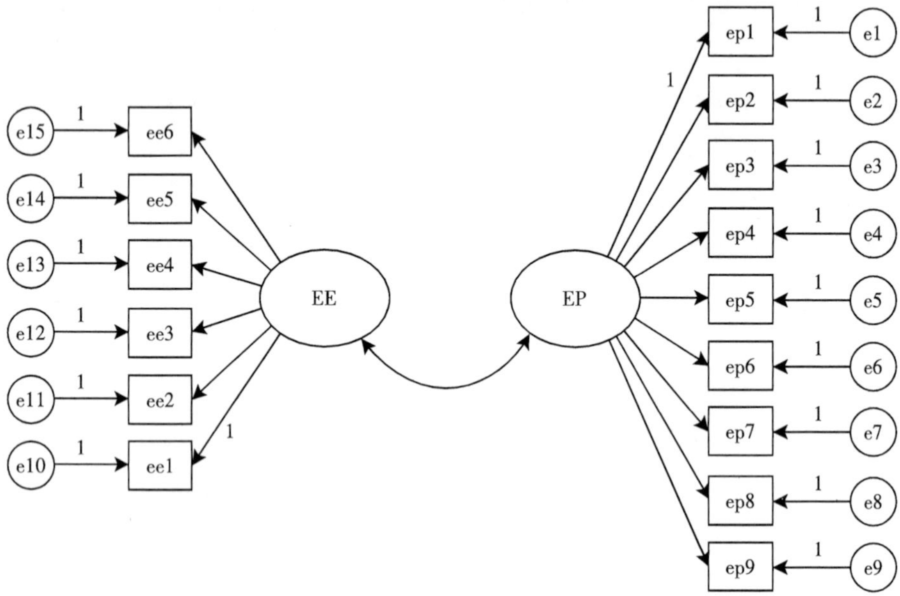

图 3.20　高校科技创新团队业绩效能与自我功效感的二维假设模型

高校科技创新团队业绩效能与自我功效感的二维假设模型拟合结果显示，假设模型拟合效果比较理想，各项拟合指标结果如表3.28所示。

表 3.28　高校科技创新团队业绩效能与自我功效感的二维假设模型拟合指数

拟合指数	绝对拟合指数				相对拟合指数		
	χ^2	df	χ^2/df	RMSEA	NFI	TLI	CFI
拟合结果	411.246	89	4.621	0.102	0.922	0.927	0.938

结果显示，各项测量指标的C.R.值均大于1.96，通过了显著性检验；各项的载荷系数都大于0.5；高校科技创新团队业绩效能与团队成员自我功效感之间的协方差为0.023，C.R.值为0.311，通过了显著性检验；高校科技创新团队业绩效能与自我功效感之间的相关性为0.017，具体如图3.21所示。

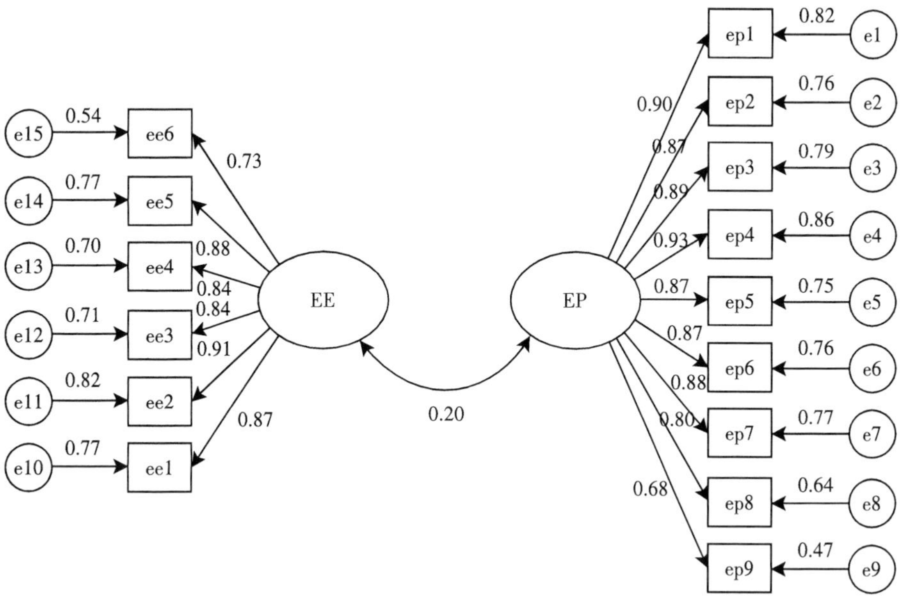

图 3.21 高校科技创新团队业绩效能与自我功效感的二维拟合模型

第二，高校科技创新团队业绩效能与行为结果的验证性因子模型。通过建立业绩效能与行为结果二维度验证性因子模型，并运用相关方法对其进行拟合与修正，以期为每一个理论变量找到误差尽可能小的测量指标。图 3.22 为高校科团

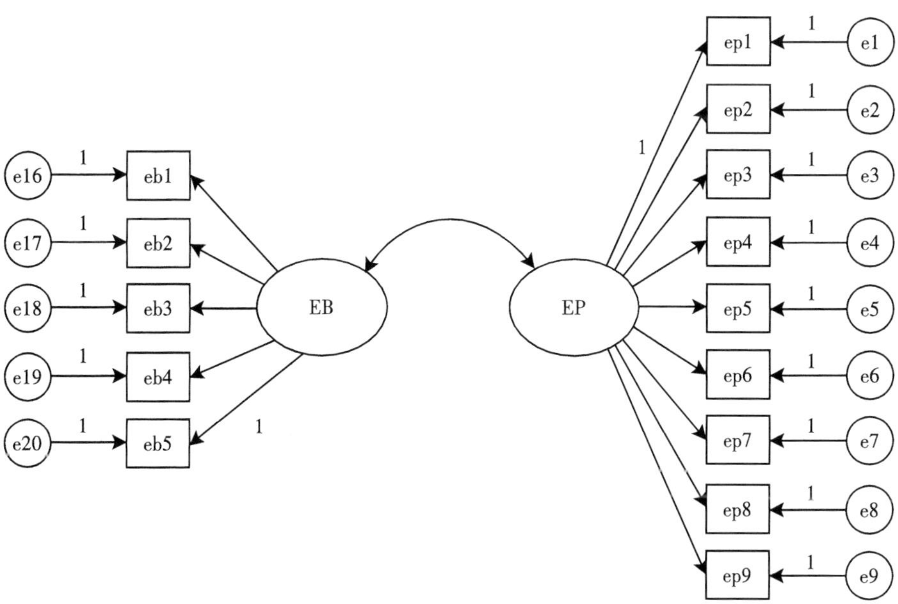

图 3.22 高校科技创新团队业绩效能与行为结果的二维假设模型

队业绩效能与行为结果的验证性因子假设模型。

高校科技创新团队业绩效能与行为结果假设模型拟合结果显示，假设模型拟合效果比较理想，各项拟合指标结果如表 3.29 所示。

表 3.29 高校科技创新团队业绩效能与行为结果的二维假设模型拟合指数

拟合指数	绝对拟合指数				相对拟合指数		
	χ^2	df	χ^2/df	RMSEA	NFI	TLI	CFI
拟合结果	362.285	76	4.767	0.104	0.922	0.924	0.937

结果显示，各项测量指标的 C.R.值均大于 1.96，通过了显著性检验；各项的载荷系数都大于 0.5；高校科技创新团队业绩效能与行为结果之间的协方差为 0.569，C.R.值为 0.311，通过了显著性检验；高校科技创新团队业绩效能与行为结果之间的相关性为 0.448，如图 3.23 所示。

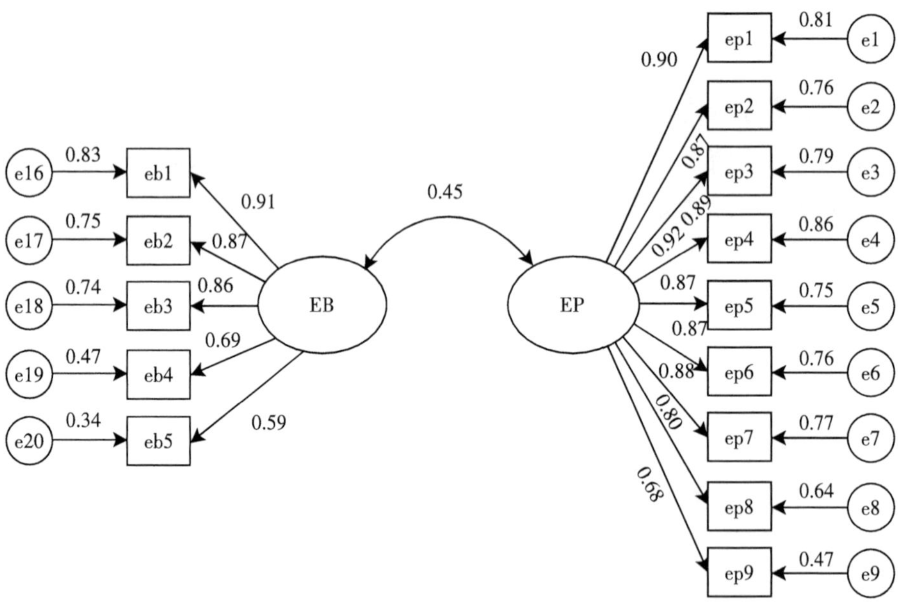

图 3.23 高校科技创新团队业绩效能与行为结果的二维拟合模型

第三，高校科技创新团队自我功效感与行为结果的验证性因子模型。建立自我功效感与行为结果二维度的验证性因子模型，运用相关方法对其进行拟合与修正，以期为每一个理论变量找到误差尽可能小的测量指标。图 3.24 为高校科技创新团队自我功效感与行为结果的验证性因子假设模型。

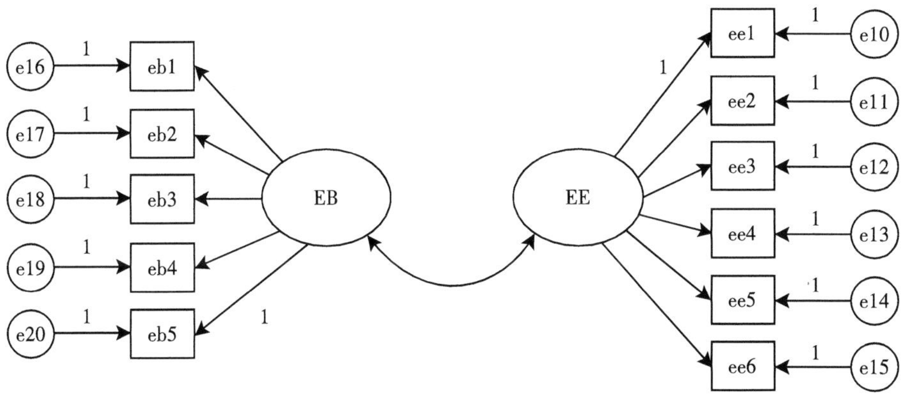

图 3.24　高校科技创新团队自我功效感与行为结果的二维假设模型

高校科技创新团队自我功效感与行为结果假设模型拟合结果显示，假设模型拟合效果比较理想，各项拟合指标结果如表 3.30 所示。

表 3.30　高校科技创新团队自我功效感与行为结果二维假设模型拟合指数

拟合指数	绝对拟合指数				相对拟合指数		
	χ^2	df	χ^2/df	RMSEA	NFI	TLI	CFI
拟合结果	138.411	43	3.219	0.08	0.952	0.957	0.966

结果显示，各项测量指标的 C.R.值均大于 1.96，通过了显著性检验；各项的载荷系数都大于 0.5；高校科技创新团队自我功效感与行为结果之间的协方差为 0.195，C.R.值为 4.071，通过了显著性检验；高校科技创新团队自我功效感与行为结果之间的相关性为 0.255，具体如图 3.25 所示。

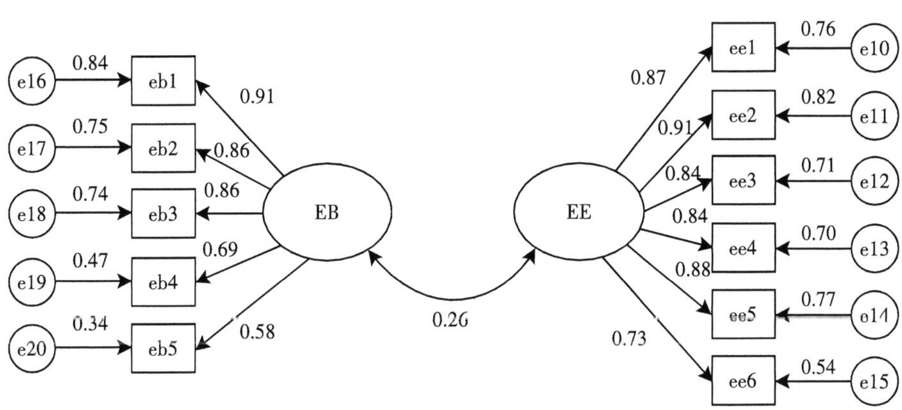

图 3.25　高校科技创新团队自我功效感与行为结果的二维拟合模型

第四，高校科技创新团队业绩效能、自我功效感与行为结果的验证性因子模型。建立高校科技创新团队业绩效能、自我功效感与行为结果的三维假设模型，如图 3.26 所示。

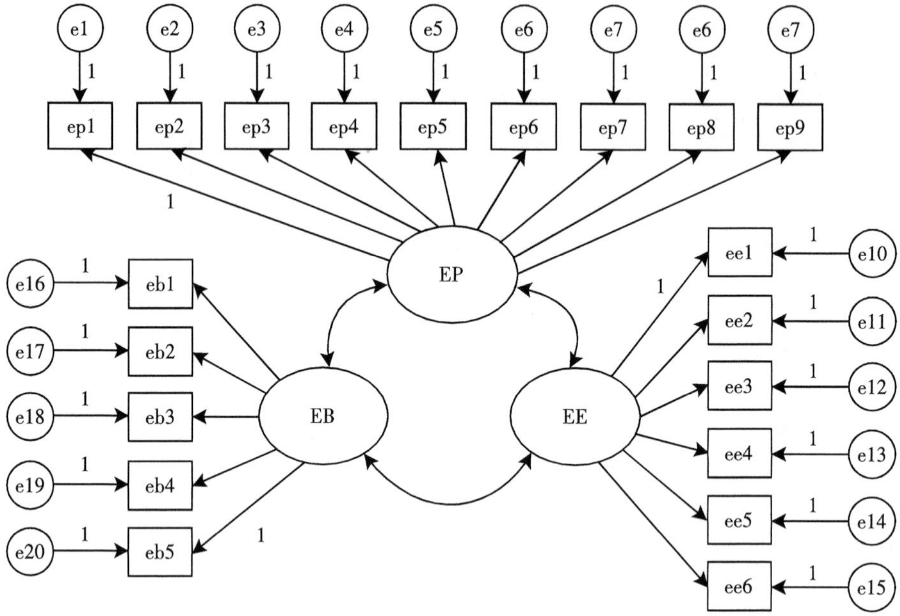

图 3.26 高校科技创新团队业绩效能、自我功效感与行为结果的三维假设模型

高校科技创新团队业绩效能、自我功效感与行为结果的三维假设模型拟合结果显示，假设模型拟合效果比较理想，各项拟合指标结果如表 3.31 所示。

表 3.31 团队业绩效能、自我功效感与行为结果的三维假设模型拟合指数

拟合指数	绝对拟合指数				相对拟合指数		
	χ^2	df	χ^2/df	RMSEA	NFI	TLI	CFI
拟合结果	592.485	167	3.548	0.086	0.91	0.924	0.934

结果显示，各项测量指标的 C.R.值均大于 1.96，通过了显著性检验；各项的载荷系数都大于 0.5。高校科技创新团队业绩效能与行为结果之间的协方差为 0.575，C.R.值为 6.3，通过了显著性检验。高校科技创新团队业绩效能与行为结果之间的相关性为 0.449。高校科技创新团队业绩效能与自我功效感之间的协方差为 0.023，C.R.值为 0.311，通过了显著性检验。高校科技创新团队业绩效能与

自我功效感之间的相关性为 0.017。高校科技创新团队成员自我功效感与行为结果之间的协方差为 0.2，C.R.值为 4.104，通过了显著性检验。高校科技创新团队业绩效能与行为结果之间的相关性为 0.257，具体如图 3.27 所示。

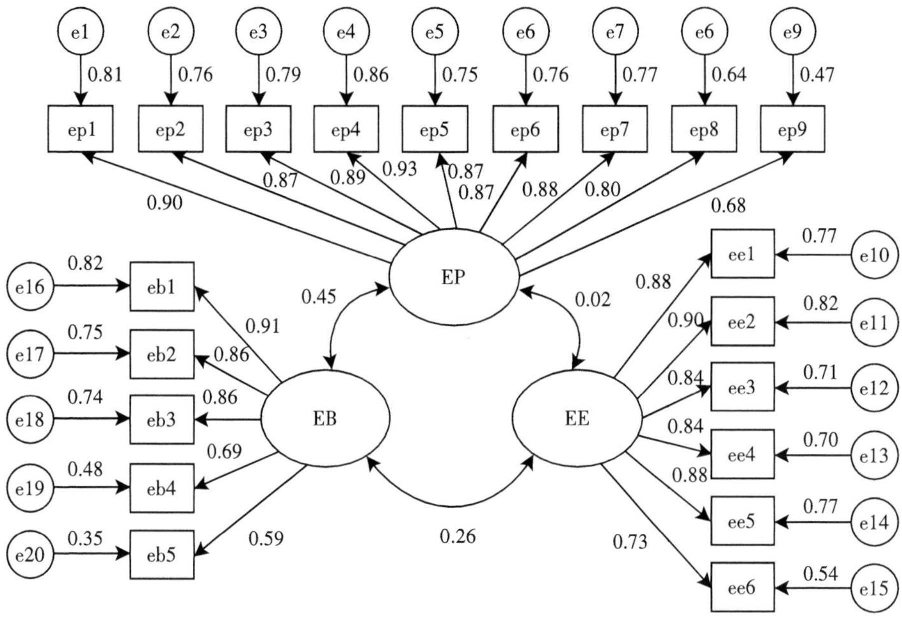

图 3.27　高校科技创新团队业绩效能、自我功效感与行为结果的三维拟合模型

3.2.3　高校科技创新团队效能测度量表

通过量表的科学设计，经过三次不同规模的问卷测试和调查，经过了文献研究、专家和调查对象访谈、初始量表净化、项目分析和探索性因子分析、验证性因子分析等研究过程，最终形成了新时期高校科技创新团队效能结构的正式量表，如表 3.32 所示。

表 3.32　新时期高校科技创新团队效能正式量表

编号	测度项目	认同程度 低　(1~7 分)　高						
		1	2	3	4	5	6	7
ep1	我们团队能及时把握创新机遇							
ep2	我们团队经常产生创意或新点子							
ep3	我们团队执行任务的能力较强							

续表

编号	测度项目	认同程度 低 (1~7 分) 高						
		1	2	3	4	5	6	7
ep4	我们团队能按时完成计划要求							
ep5	我们团队能较好地实现预定目标							
ep6	我们团队科技创新成果效率和转化程度都很高							
eP7	我们团队科技成果的技术含量很高							
ep8	我们团队整合资源信息的成效很好							
ep9	我们团队适应环境变化的能力很强							
ee2	我们团队能够有效地处理好突发事件							
ee3	我们团队有家庭般的温暖							
ee4	我很珍惜在团队的机会，任何时候都为团队努力							
ee5	我们团队的研究方向前景广阔							
ee6	我们团队有能力应对创新过程中的风险							
ee7	我们团队都能很好地完成工作任务并实现相互承诺							
eb1	科研项目越来越需要集众多同伴的智慧							
eb2	我们团队总能相互协作开展研究							
eb3	同伴具有完成任务的相关知识							
eb4	我非常了解同伴的专长且信任他们							
eb5	我们团队很少对已提交的科研成果进行返工							

3.2.4 高校科技创新团队效能测度指标体系及维度分析

3.2.4.1 高校科技创新团队效能结构模型

从前文有关效能内涵研究的文献梳理可以得出，效能内涵绝大多数是通过一定的结构来进行界定。本书通过有关探索性因子和验证性因子分析，证实了高校科技创新团队效能包含了三个方面的维度，真实地反映了高校科技创新团队效能就是团队成员对学校和团队实现战略目标所做出的贡献，以及团队成员在工作中的幸福度和和谐度，包括实现效能持续增加的行为以及实现行为的内外因保障因素，可将高校科技创新团队效能内涵用三维度结构模型图表示，具体如图 3.28 所示。该模型具有普适性，在实际应用中可以通过调节权重来体现团队不同发展阶段的特色。

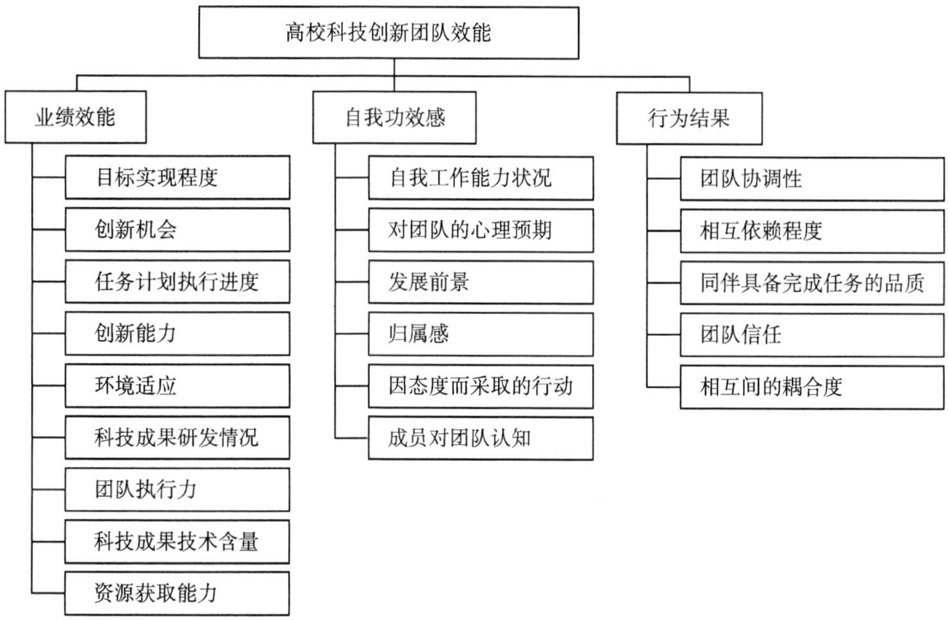

图 3.28　高校科技创新团队效能测度指标体系

3.2.4.2　高校科技创新团队效能结构维度解析

（1）业绩效能。从组织的角度来考虑，其组建的主要目的是更好地实现组织的战略目标，这是一个组织生存的前提和基础，所以任何一个组织都要将任务完成情况作为组织效能考核的重要指标之一。高校科技创新团队作为高校一种全新的组织形式，不仅承担着团队自身的任务，还代表着学校的战略使命和发展目标，代表一个学校科研水平的最高境界。从企业管理的角度来看，创造利润是企业生存和发展的唯一依靠；对于高校科技创新团队来说，其主要生产对象是知识和技术，通过成员大脑的加工，从而产生和输出更高、更新的科学文化知识和技术，以不断满足人们日益增长的物质文化生活需求。考察高校科技创新团队的业绩情况，主要可以从团队内部运行和市场开拓与运作情况两方面进行探究。团队内部业绩效能主要包括团队的执行力、研发任务的计划执行进度和研发目标的实现程度。当前，高校对团队的研发质量考核指标主要集中在论文、论著发表的级别，科研成果获奖的等次和级别等；外部环境适应主要包括团队捕捉市场信息和获取资源的能力，以及对市场和相关部门的适应能力，以获得更多的创新机会，增强自身的创新能力，从而使更多技术含量高的研发成果及时转化为生产力。

（2）自我功效感。个体是团队的重要组成部分，其潜能的发挥程度在很大程度上决定着团队的效能。美国心理学家班杜拉（1977）关于自我功效感的研究和梅奥的霍桑实验提出的结论证明：员工与周围同事间的关系直接影响生产力的高低。马斯洛的需要层次理论进一步提出团队成员的需要主要是高层次的，归属、友谊及自我价值实现的需要占据了主导地位。高校科技创新团队成员的特点决定了其成员更多地关注自我价值的实现，主要是其对团队的自我认知和感受程度。主要包括团队成员对自己加入团队后的工作能力提升和团队发展前景的心理预期，以及对加入团队后的幸福、和谐指数的预期评估，这些将决定其本人对团队的认知程度和即将采取的工作态度。因此可以将团队成员自我功效感理解为团队成员对自己完成某些具体任务所拥有的能力的一种信念。团队通过加强文化建设，营造良好的氛围，通过塑造代表学校和团队的有特色的标志物，从外部环境上感染团队成员；同时，要加强团队制度建设，使成员同在制度的保障下从事研究工作、规范自己的行为；更为重要的是，要加强对核心文化的凝练，树立团队发展哲学思想，从心灵深处感化团队成员。从目前我国高校科技创新团队的实际来看，关键要加强团队成员奉献精神和组织公民行为感的教育和培训，使团队成员树立团队就是我的家，视团队如家，视学术名誉如生命，与团队共命运、同生死，全心全意为团队的事业而不断奉献，无私地互相帮助，形成团队中不分你我，工作时不分团队与家。通过这些使团队成员提升对团队的信心，增加归属感，对团队的未来充满信心，从而增强自己的态度和决心，提高与其他成员的协同水平。

（3）行为结果。本书已经将效能的内涵界定为任务绩效和周边绩效，自我功效感和行为结果分别从个体和个体间的角度对高校科技创新团队周边绩效进行分析。组织行为学认为，人在心理作用的驱动下，通过对自己工作效价的认知，促使其采取与之相对应的行为。高校科技创新团队成员在自我价值实现心理需求的引导下，通过对高校科研政策、团队文化和自身工作效价的预期感知，进一步激发其科技创新驱动力，并付诸积极的实践。同时，工作环境和人际关系也影响其工作情绪。Cohen 和 Levinthal（1989）从知识学习的过程将员工的学习效能定义为“员工从外界吸收、消化与开发知识的绩效”。我国学者蒋天颖（2009）构建了由知识获取、共享、吸收及创造构成的员工知识学习效能结构模型。总而言之，对高校科技创新团队行为结果的测评主要包括团队协调性、成员间及与团队间的相互依赖程度、信任度和耦合度以及完成任务品质的提高。高校科技创新团队从事的复杂性科学研究，需要成员在和谐、高度协同的环境下完成。因此，从组建团队的初衷和可持续发展的角度来看，对团队行为结果指标测度必须包含成员相互间的知识、技能和个性等方面的耦合、优化程度，相互间共享知识、信息的信赖程度，以及各自研发品质的提升。

3.2.4.3　高校科技创新团队效能测度指标体系构建的现实意义

（1）对团队绩效考核的体系和范畴进行了重构和完善，弥补了多年来对团队效能的刚性考核，真正体现了“以人为本”的思想。如前文所述，有利于团队成员提高工作和谐度，真正从内心深处调动成员科技研发的积极性；同时，对团队效能的研究提供了新的依据和参考。

（2）对效能考核模型的重构顺应了我国高等教育深层次改革的趋势和新时期对知识型人才的需求。创新团队效能的考核与传统在于绩效考核的不同之处在于更注重软的方面的考核，从管理学的发展历程来看，在科学管理阶段，刚性管理可以产生较高的效率，产生一定的经济效益，却忽视了人的需求，而高校科技创新团队成员的需求更多关注环境、自我价值实现等方面的需求。高校也不再仅培养只懂理论的人才，更多的是培养社会、经济发展所需要的创新型人才，所以将自我功效感和行为结果列入团队效能的考核指标是时代的呼唤、是高等教育发展的要求，更是高校人力资源管理新时期观念转变的考验。

3.3　本章小结

本章根据 Hinkin 和 Likert 关于量表开发的研究成果，运用了文献研究、专家访谈、实地走访、问卷调查、验证性与离散分析法、区分度法、相关系数法以及探索性因子分析等实证研究方法，开发了本书的变量测度量表，主要包括高校科技创新团队协同量表和效能量表。经研究和实证得出高校科技创新团队协同量表包括成员对团队目标认同度、成员间信息沟通、成员相互协作承诺和成员间的交互行为 4 个维度，并通过 17 个三级指标体系进行了测量；还开发了包括业绩效能、自我功效感和行为结果 3 个二级指标，20 个三级测量指标的效能量表。

第 4 章　高校科技创新团队协同对效能影响路径研究

对拟考核的核心变量逐一进行概念界定和维度确定后，本章的任务主要是探究这些变量间的影响关系，依据理论层面的分析及逻辑推理，结合实地访谈资料的印证与已有研究类似的结论佐证，形成能够表达现象间关系的假设，共同构建出本书的整体研究模型，以待进一步验证。联系到第 2 章中有关理论内容的表述，本书在团队相互协作的研究背景下，拟对高校科技创新团队的协同和效能分别进行因子分析，得到两者的相关系数及其显著性，据此结果构建高校科技创新团队协同与效能作用路径的假设模型，使用 AMOS18.0 进行作用的拟合与修正，得出两者的作用路径拟合模型并进行分析，为更深层次研究高校科技创新团队协同与效能的作用关系奠定基础。

4.1　理论假设与研究框架

在新的社会环境下，高校科技创新团队日益面临着团队内外部环境不确定性的风险，团队成员间对目标的共识、相互间坦诚合作、主动维持和兑现自己的承诺并进行紧密沟通等互动行为对团队的影响和效能提高日益重要。团队成员相互协作过程中的交互作用可以从交互行为、目标认同、信息沟通和协作承诺等方面进行研究，基于第 2 章的理论基础，本章展开了高校科技创新团队协同对团队效能关系假设研究。

4.1.1 研究假设

团队协同与效能间的关系似乎无可非议，大到创新型国家体系建设、高校发展，小到具体的创新团队内部的课题组相互间合作，都期望能以较少的投入，最大限度地发挥团队成员集体的力量和智慧，使团队在效率、效益和效果方面赢得核心竞争优势，这也是高校热衷组建不同的科技创新团队的真正原因（Thomas，1996）；Vandeveer（2004）干脆说协同行为直接导致了团队绩效的提升。协同不仅使团队在内部管理中更好地实现资源优化配置，使知识转移和扩散成本最低，获得更高的效能。据此，在某种程度上可以说，团队追求高效能的过程其实也是追求高协同效应的过程。许多文献从组织行为学的视角进行了研究，得出团队协同效应的直接来源是个体相互协同的意愿和行为，知识共享和生产率呈高度正相关。建设高效能组织，往往会鼓励项目小组间、个体相互间加强学习与交流，鼓励有创造意义的合作，从而实现增进合作和信息共享（Laila，2005）。团队成员在合作过程中形成有形和无形的合作规范，并要求所有成员自觉遵守，再将之融入团队合作实践中，就会使团队获得更高绩效（Haskins，Liedtka & Rosenbluln，1998）。团队利用沟通渠道和相互交流激智的环境为知识输出者和知识寻求者创造了一个知识交互的市场，进而引领团队取得更加出色的绩效（Guzzo，Dickson，1996），它是在团队成员间相互信任和相互承诺的基础上正常进行的，促使新知识不断创造和涌现，新理念不断产生和形成，激发新的思维。团队应将成员相互协作纳入绩效评估、工资和奖励系统（Yahya & Goh，2002）。Tsai（2001）从社会网络的角度研究，得出组织中各工作研究小组的社会网络向心性是组织取得高绩效的条件和途径。据此，我们可以看出团队协同与团队效能的关系模型，如图 4.1 所示。

图 4.1 高校科技创新团队协同与团队效能的关系模型

由于创新团队成员个体对团队目标、愿景及自我社会认知、团队建设（团队构成与配置、知识共享、资助机制、优秀人才引进、满意度、团队级别）、人才培养（博士生、硕士生）、人才参与项目贡献（引进人才和原有人才对项目参与贡献率）、成员的贡献评价方法与结果运用方面的差异都会引起科技创新团队自身管理方式的不确定性和研究效能的变化。随着团队目标以及团队成员的变化，个体对自我认知和对团队的认同在很大程度上决定着相互间的信息沟通水平。由于创新本身就是一种知识与技术积累的过程，也是从无到有、从有到优的过程，这在很大程度上取决于团队成员间的知识共享程度，即相互间的信息交流情况；同时知识与技术具有无形性，所以成员间的相互承诺、尊重首创和知识产权成为团队成员在相互协作过程中要解决的心理问题，也就是要求成员间信守诺言，敢于并主动进行亲密协作，从而产生新知识、新技术的火花，这种知识的碰撞、生成是基于成员间的交互行为，即在思想和知识碰撞过程中的表现，只有采取头脑风暴式的学术讨论，对于不确定性的知识敢于想象并与别人共同讨论，从而产生激智，最终提高团队效能。在相互协作过程中不仅能提高各自的研究水平，拓宽知识面，进而提高团队的绩效水平；同时，通过相互交流，还能增进双方的感情和相互理解，为营造更好的研究氛围奠定良好的基础，增强和谐的工作和研究氛围，创造舒心的工作环境，也就是说效能得到了不同程度的提高，这些都体现了团队整合与配置资源的能力。另外，由于团队的效能可以分为有形的硬绩效指标（许多学者已经进行了成熟的研究）和体现团队可持续发展与成员满意度的软指标，它们共同决定着团队的效能水平。由此提出了以下假设：

假设 1：高校科技创新团队成员对团队目标认同度与团队效能存在相关关系。

假设 2：高校科技创新团队成员间信息沟通与团队效能存在相关关系。

假设 3：高校科技创新团队成员相互协作承诺与团队效能存在相关关系。

假设 4：高校科技创新团队成员间的交互行为与团队效能存在相关关系。

将以上假设进行系统综合，得出高校科技创新团队协同与效能关系的框架结构，如图 4.2 所示。

根据图 4.2 可以对科技创新团队协同过程各维度与团队效能各维度作用关系进行进一步分析。

（1）高校科技创新团队成员对团队目标认同度与团队效能。由社会认知理论可知，高校科技创新团队成员对团队目标和战略愿景的认同是其加入团队的源动

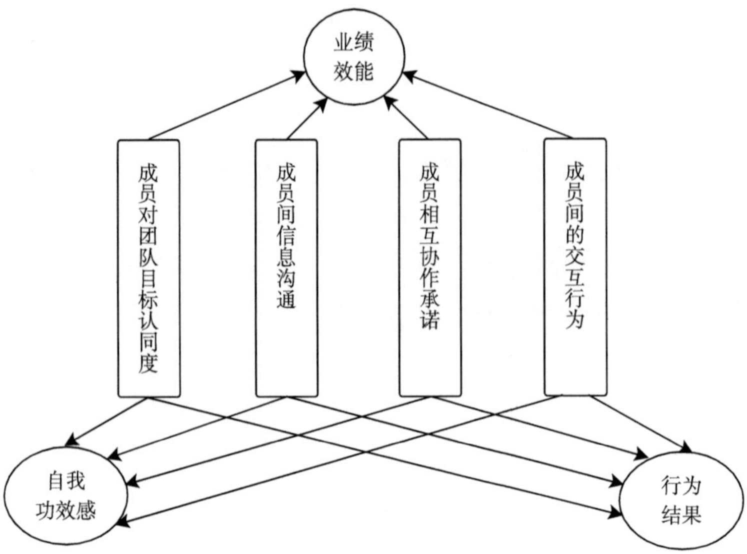

图 4.2　高校科技创新团队协同与效能关系的框架结构

力，影响着其对团队预期效能的估计。认同是团队成员精神稳固的源泉之一，其水平差异会导致团队成员对团队产生不同程度的偏见和态度，也会对团队效能产生不同程度的影响。职业认同决定了教师科学研究行为的基本态度，也影响着其业绩效能的高低和自我功效感（宋秋云、刘芳启，2012），团队效能对团队成员的认同起着调节和交互作用（王鸿轩，2011）。可见，团队成员的自我认知及其对团队的认知预期影响着团队效能；反之，团队效能的高低也会影响团队成员加入团队的积极性。由此提出以下假设：

假设 1a：高校科技创新团队成员对团队目标认同度与业绩效能呈正相关。

假设 1b：高校科技创新团队成员对团队目标认同度与自我功效感呈正相关。

假设 1c：高校科技创新团队成员对团队目标认同度与行为结果呈正相关。

（2）高校科技创新团队信息沟通与团队效能。根据社会交换理论，高校科技创新团队成员能够主动、有意识地进行信息沟通与交流，从而产生知识的碰撞。由于知识交换的隐性差异，成员会对同一信息采用不同的博弈方式，讨价还价，且影响相互间的人际关系；同时，成员间的信息交换与其工作行为有着显著的正相关，进而直接影响组织绩效，成员间的信息沟通水平越高，团队成员间了解得更深、更透，彼此间的人际关系也会随之发生变化。当然，成员间的信息认同程度高低与团队效能的高低并不呈绝对的相关和比例关系，倘若团队成员对已有信息不敢或不屑提出疑问和不同意见，其效能就会越低；反之，就会越高。据此，本书提出以下假设：

假设 2a：高校科技创新团队成员间信息沟通与业绩效能呈正相关。

假设 2b：高校科技创新团队成员间信息沟通与自我功效感呈正相关。

假设 2c：高校科技创新团队成员间信息沟通与行为结果呈正相关。

（3）高校科技创新团队成员相互协作承诺与团队效能。根据协同理论，高校科技创新团队通过内部成员间的协同，自觉地进行知识共享，从而使团队持续发展。团队与成员相互承诺是对双方的一种约束，它鼓励双方为了实现团队的目标，敢于向困难挑战，能起到和告诫人们对自己的决定负责，以此来更好地规范自己的行为。相互承诺是一种态度变量，教师作为人类灵魂的工程师，有崇高的职业感，学校给教师提供的生存、发展所需的物质和精神条件的满意程度（包含情感承诺、规范承诺、理想承诺、经济承诺和机会承诺）对教师的行为会产生不同程度的影响。在创新团队中，成员间和对团队的承诺也影响着个人和团队的整体效能，特别是成员间进行信息沟通时要遵循学术公平、公正的原则，杜绝学术不端行为的产生，这也是团队成员信息沟通和合作的前提。

当然，团队成员间的相互承诺必须以团队目标和研究任务为前提，倘若相互间不进行很好的沟通，而是相互诋毁，会降低团队效能。由此本书提出以下假设：

假设 3a：高校科技创新团队成员相互协作承诺与业绩效能呈正相关。

假设 3b：高校科技创新团队成员相互协作承诺与自我功效感呈正相关。

假设 3c：高校科技创新团队成员相互协作承诺与行为结果呈正相关。

（4）高校科技创新团队成员间的交互行为与团队效能。根据系统理论，科技创新团队系统内不同元素间进行充分交流，使不同学科背景和科研经历的团队成员逐渐从其他成员身上学习和进步，并将其内化后形成自身的知识技能，实现双方的知识共享和有机融合，以启发自己的思维，促进创新驱动力的提升，形成与外部环境良好的互动氛围。Marks，Mathieu & Zaccaro 认为，高校创新团队互动可以从产生新的科学知识、提升团队效能和个人能力三个方面出发，协调完成科研工作过程中所进行的认知、语言、行为等方面的活动，这一互动过程旨在将团队投入转化为产出，从而完成共同的科研目标。王怡然、张楠楠认为，知识共享、团队凝聚、风险承担 3 个方面反映了高校创新团队的互动过程。Lechler 认为，创新团队互动过程包括沟通、工作规范、内聚力、协调、相互支持和成员贡献的平衡六个维度。互动质量的高低将直接决定着科技创新团队的效能，起到了调节作用，由此提出如下假设：

假设 4a：高校科技创新团队成员间的交互行为与业绩效能呈正相关。

假设 4b：高校科技创新团队成员间的交互行为与自我功效感呈正相关。

假设 4c：高校科技创新团队成员间的交互行为与行为结果呈正相关。

4.1.2 研究框架

基于图 4.2，结合高校科技创新团队协同过程中各维度与团队效能各维度的假设结果，构建出高校科技创新团队协同与团队效能关系的研究框架，如图 4.3 所示。

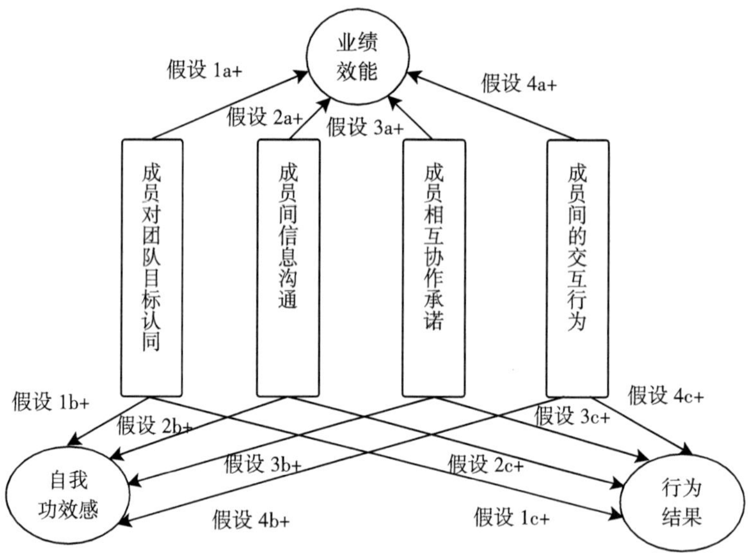

图 4.3 高校科技创新团队协同与团队效能关系的研究框架

根据对国内 26 所高校科技创新团队实际运行情况的实际调查，普遍认为业绩效能反映的是团队的生存问题，主要是团队成员的业绩产出，包括科研成果、任务完成情况、质量、效率等；自我功效感是成员对自己完成某些具体科技研发任务所拥有能力的一种信念，也可理解为成员对自己成功执行特定研究任务的心理预见期，包括解决问题的态度、终极价值观的提高、处理复杂问题的信心、对团队归属感与自我价值实现的信心。行为结果反映的则是团队发展能力，推进团队完成科研目标的行为活动，包括凝聚力、相互信任度、共享程度、人际关系、文化氛围、继续留在团队的意愿、创新意愿与行为。

4.2　数据收集与分析

4.2.1　数据收集

在前面量表开发的基础上，正式问卷调查工作于 2012 年 12 月开始，以北京、上海、江苏、江西、贵州、湖北 6 省市的高校科技创新团队作为调研对象。考虑到问卷填答的质量和有效性，此次主要是将问卷直接发给团队成员、管理者和高校科技管理人员，他们的切身体会和较为丰富的管理经验能够提出宝贵的建议和意见。正式问卷共发放 900 份，截至 2013 年 6 月，共收回 795 份，回收率为 88.3%，剔除信息不全的问卷 32 份，有效问卷 763 份，有效率为 84.78%。学校层次主要涉及“211”、特色本科院校、一般本科院校、高职高专院校。问答要求对性别、年龄、教育程度、职称、角色以及依托平台都做了安排，以防出现控制变量的偏颇。根据第 3 章开发的高校科技创新团队协同和效能测度量表，设计出高校科技创新团队协同与效能关系研究的调查问卷。问卷选项除了基本信息外均采用了 Liket 的 7 级量表设计（具体见附录 3）。

表 4.1　调查样本特征描述

人口统计变量	分类	人数（人）	比率（%）	人口统计变量	分类	人数（人）	比率（%）
性别	男	433	56.7	所属专业	理	207	27.1
	女	330	43.3		工	219	28.7
年龄	30 岁及以下	110	14.4		文	126	16.5
	31~40 岁	373	48.9		管	166	21.8
	41~50 岁	212	27.8		法	32	4.2
	50 岁以上	68	8.9		其他	13	1.7

续表

<table>
<tr><th>人口统计变量</th><th>分类</th><th>人数（人）</th><th>比率（%）</th><th>人口统计变量</th><th>分类</th><th>人数（人）</th><th>比率（%）</th></tr>
<tr><td rowspan="3">教育程度</td><td>本科及以下</td><td>7</td><td>0.9</td><td rowspan="4">所在学校类别</td><td>“985”、“211”高校</td><td>375</td><td>49.1</td></tr>
<tr><td>硕士</td><td>260</td><td>34.1</td><td>特色本科院校</td><td>241</td><td>31.6</td></tr>
<tr><td>博士</td><td>496</td><td>65</td><td>一般本科院校</td><td>102</td><td>13.4</td></tr>
<tr><td rowspan="3">职称</td><td>讲师及以下</td><td>256</td><td>33.6</td><td>高职高专院校</td><td>45</td><td>5.9</td></tr>
<tr><td>副教授或相当</td><td>314</td><td>41.2</td><td rowspan="5">依托平台</td><td>国家级</td><td>83</td><td>10.9</td></tr>
<tr><td>教授或相当</td><td>193</td><td>25.3</td><td>省（部）级</td><td>356</td><td>46.7</td></tr>
<tr><td rowspan="3">角色</td><td>研究生</td><td>101</td><td>13.2</td><td>校级</td><td>200</td><td>26.2</td></tr>
<tr><td>研究骨干</td><td>510</td><td>66.8</td><td>院级</td><td>106</td><td>13.9</td></tr>
<tr><td>团队领导</td><td>152</td><td>20</td><td>其他</td><td>18</td><td>2.4</td></tr>
</table>

本次调查高校科技创新团队的个体样本为 763 个，从高校科技创新团队调查样本的性别、年龄、教育程度、职称、角色、所属专业、所在学校和依托平台 8 个方面进行了个体的基本特征描述。

如表 4.1 所示，高校科技创新团队中男性教师比例占 56.7%，女性教师（占 43.3%）占男性成员的 80%左右。调查中发现此部分女性教师多数学历比较高，在大学本科期间就比较优秀，后来继续深造，甚至不少有出国留学经历，她们对科学研究一直孜孜不倦，最终成为科技创新的拔尖人才。由于高校工作相对稳定，且有寒暑假，自由支配时间相对较多，所以她们当中大部分对在高校工作比较满意。

科技创新团队成员的年龄分布如下：30 岁及以下成员占 14.4%，31~40 岁成员占 48.9%，41~50 岁成员占 27.8%，50 岁以上成员占 8.9%。创新团队成员以 31~50 岁为主体，占调查样本总量的 76.7%。调查中发现，高校科技创新团队一般都是学校科研的先锋，他们要从诸多教师中脱颖而出，至少需要 10 多年的科研积累，且多数在自己的领域内一直刻苦钻研，此时他们的知识已经积累到一定程度，还处在年轻力壮时期，家庭也已基本稳定，所以他们从事科技创新的精力、时间一般都比较充沛。

创新团队受教育程度分布如下：本科及以下成员占 0.9%，硕士占 34.1%，博士占 65%。调查中发现科学研究与个体的学历有相当的关系，科技创新人才中 91.1%的人为硕士以上学历，这当然与我国高等教育事业发展的步伐有关系，当下只有硕士以上学历才能进入高校工作。本科及以下的绝大多数都是年龄在 50 岁以上的老师，因历史条件的原因，他们当时没有机会提高自己的学历，但他们科技创新的精神十足，不断研究，也成为了科技创新的精英。年龄在 30 岁以下的科技创新人员，基本都有博士学位，这也是高校发展的一种趋势。

创新团队职称分布如下：中级及以下的成员占 33.6%，副高级成员占 41.2%，正高级成员 25.3%。调查中发现，科技创新团队主体还是副高以上职称，他们的年龄处在 30~40 岁，正好与实际相适应，这部分成员是团队研究创新的骨干，而正高成员多为团队带头人或项目负责人，当然也有团队研究骨干。可喜的是，讲师及以下也占到了样本数的 33.6%，说明各高校都注意年轻科技创新人才的培养与选拔，给他们压担子、创平台，以期培养出极具潜力和竞争力的科技创新人才。

创新团队成员的角色分布如下：研究生（主要是博士研究生）占 13.2%，研究骨干占 66.8%，团队领导及其他相关人员占 20%。由于研究的内容是团队协作，而从事一线科技创新的恰恰是研究骨干占多数，他们才是效能增加的关键，因此，本次调研有意识地将问卷偏向于他们，占到了问卷总数的近 70%。从学科背景分布来看，科技创新团队主要分布在理工科，占成员总数的 55.8%，技术性相对较强的占到了调查总数的 77.6%，“211”以上高校占了近一半，也说明了我国高校科技创新团队主要集中在科研实力相对较强的研究型高校，且主要集中在科技层面，也符合我国当前创新型国家体系建设的需要。由于角色对团队协作影响不大，故后面没有进行因子相关性分析。

创新团队的平台分布如下：国家级占 10.9%，省（部）级占 46.7%，校级占 26.2%，院级及其他占 16.3%。调查中发现，我国高校科技创新团队平台主要集中在省（部）级层面，说明了我国在产业结构调整过程中，各省（市）高度重视科技创新对经济发展的贡献，加大了对高校科技创新的投入；各高校也高度重视，纷纷成立了校级、院级等层次较多的科技创新团队，并采取了特殊的培育措施，促使其尽快成长，以不断提高其平台层次。

4.2.2　数据处理及分析

4.2.2.1　数据预处理

（1）数据分布情况。在管理统计分析中主要对各测量变量及其维度的样本数据进行统计分析，并通过分析其偏度与峰度值来判断样本是否服从正态分布。本章主要验证样本的偏度和峰度 2 个指标，当偏度绝对值小于 3 以及峰度绝对值小于 10 时，表明样本基本上服从正态分布。具体正态分布表如表 4.2 所示。

表 4.2 正式调查问卷的描述性统计

指标序号	偏度（Skwness）		峰度（Kurtosis）		指标序号	偏度（Skwness）		峰度（Kurtosis）	
	ic	标准误（Std. Error）	ic	标准误（Std. Error）		ic	标准误（Std. Error）	ic	标准误（Std. Error）
1	−1.996	0.089	5.478	0.177	20	−0.609	0.089	−0.438	0.177
2	−2.270	0.089	7.061	0.177	21	−0.832	0.089	0.095	0.177
3	−2.047	0.089	6.087	0.177	22	−0.586	0.089	−0.339	0.177
4	−2.166	0.089	6.376	0.177	23	−0.858	0.089	0.147	0.177
5	−2.132	0.089	6.248	0.177	24	−0.833	0.089	0.387	0.177
6	−1.567	0.089	2.828	0.177	25	−0.768	0.089	0.071	0.177
7	−1.341	0.089	1.993	0.177	26	−0.542	0.089	−0.610	0.177
8	−1.171	0.089	1.924	0.177	27	−1.498	0.089	3.184	0.177
9	−1.184	0.089	2.333	0.177	28	−1.407	0.089	2.837	0.177
10	−1.312	0.089	2.776	0.177	29	−1.423	0.089	2.927	0.177
11	−1.243	0.089	2.042	0.177	30	−1.693	0.089	3.952	0.177
12	−0.655	0.089	−0.330	0.177	31	−1.463	0.089	3.011	0.177
13	−0.539	0.089	−0.564	0.177	32	−1.374	0.089	2.720	0.177
14	−0.527	0.089	−0.526	0.177	33	−0.835	0.089	0.582	0.177
15	−1.000	0.089	1.310	0.177	34	−0.723	0.089	0.269	0.177
16	−1.127	0.089	1.467	0.177	35	−0.895	0.089	0.784	0.177
17	−0.917	0.089	0.995	0.177	36	−0.747	0.089	0.292	0.177
18	−0.697	0.089	−0.322	0.177	37	−0.763	0.089	0.101	0.177
19	−0.769	0.089	0.046	0.177					

从表 4.2 可以看出，本章的调查数据服从正态分布，可以进行相关统计分析。

（2）各变量得分情况。

1）协同。高校科技创新团队协同可以从 4 个维度计算因子得分：成员对团队目标认同度、成员间信息沟通、成员间相互协作承诺、成员间交互行为。通过探索性因子分析得出各题项在各个因子上的得分，如表 4.3 所示。

如表 4.3 所示，再次对协同量表进行因子分析，分析结果显示样本 KMO 为 0.922，远远大于 0.7 的要求，表示非常适合因子分析。Bartlett 球形检验的近似卡方值为 9529.768，自由度 df 为 136，显著性概率 sig.为 0.000（<0.001），表示

在显著水平 α 为 0.001 的条件下，相关系数矩阵与单位矩阵有显著差异，接着对统计数据做总方差分析，如表 4.4 所示。

表 4.3 协同量表的探索性因子分析

测量条款	因子载荷
ct1 团队目标与我个人目标非常吻合	0.820
ct10 团队研究方向市场发展的前景看好	0.796
ct15 我们团队和成员目标较适中、可实现、易测量	0.820
ct16 团队目标比较稳定，便于我们自主创新研究	0.814
ct17 我们团队的规章制度健全、合理且具有较强的执行力	0.771
ct18 我们团队能较好地整合内外部可用资源	0.769
ct21 国家政策和学校对创新团队支持力度较大	0.782
cc4 我们团队成员能主动交流自己的创新经验与成果	0.694
cc8 团队人际关系和谐，同事间能坦诚交流，研究氛围较浓	0.493
cc9 为实现知识更新与碰撞，团队经常提供学术交流的机会	0.841
cp1 认同团队文化、价值观，愿意为团队尽力工作并感到荣耀	0.822
cp2 团队成员能够自觉遵守学术道德和规范，合作风险小	0.800
cp5 我十分珍惜团队给我提供的难得的研发机会和平台	0.782
cm1 我们团队成员均能意识到合作与相互学习能促进“双赢”	0.797
cm2 团队成员间共享彼此的专门知识和专业技能	0.664
cm5 更多成员乐意将自己掌握的专门技术和信息提供给他人	0.838
cm10 我们把学术争论当作知识碰撞、耦合和学习的机会	0.826
KMO	0.922
Bartlett 球形检验的近似卡方值（Approx.Chi-Square）	9529.768
自由度 df	136
Bartlett 球形检验显著性概率 sig.	0.000

表 4.4 协同量表解释的总方差表

成分	初始特征值			提取平方和载入			旋转平方和载入	
	合计	方差的%	累积（%）	合计	方差的%	累积（%）	合计	方差的%
ct1	8.001	47.064	47.064	8.001	47.064	47.064	4.972	29.245
ct10	2.493	14.662	61.726	2.493	14.662	61.726	3.158	18.579
ct15	1.314	7.727	69.453	1.314	7.727	69.453	2.504	14.732
ct16	1.183	6.958	76.412	1.183	6.958	76.412	2.355	13.855
ct17	0.567	3.337	79.749					
ct18	0.455	2.675	82.424					
ct21	0.386	2.269	84.693					
cc4	0.369	2.168	86.860					
cc8	0.322	1.894	88.754					

续表

成分	初始特征值			提取平方和载入			旋转平方和载入	
	合计	方差的%	累积（%）	合计	方差的%	累积（%）	合计	方差的%
cc9	0.314	1.845	90.600					
cp1	0.297	1.750	92.350					
cp2	0.260	1.532	93.882					
cp5	0.251	1.474	95.356					
cm1	0.222	1.305	96.661					
cm2	0.205	1.207	97.868					
cm5	0.189	1.113	98.981					
cm10	0.173	1.019	100.000					

从表 4.4 的统计分析再次可以看出，在第 3 章问卷设计的基础上，再次对协同统计数据分析，结果显示协同量表的 17 个题目被划归为 4 个因子，解释了总体变异的 76.412%，与原构思一致，从图 4.4 也可直观地看出。

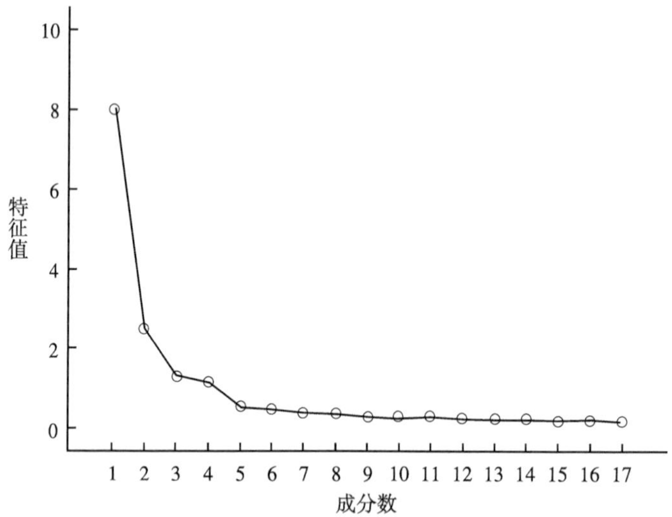

图 4.4　高校科技创新团队协同测度调查问卷因子碎石图

再对协同统计数据进行旋转成分矩阵分析，如表 4.5 所示。

表 4.5　协同旋转成分矩阵分析表（一）

因子	原始成分（Component）			
	1	2	3	4
ct1	0.835	−0.253	0.204	0.049
ct10	0.807	−0.255	0.197	0.185
ct15	0.804	−0.318	0.207	0.095
ct16	0.803	−0.197	0.149	0.178
ct17	0.754	−0.361	0.223	0.052
ct18	0.745	0.116	−0.470	0.024
ct21	0.736	−0.144	0.038	0.144
cc4	0.731	0.125	−0.480	0.044
cc8	0.721	−0.184	0.302	0.181
cc9	0.720	0.152	−0.425	0.154
cp1	0.711	0.031	0.022	−0.552
cp2	0.710	0.139	−0.072	−0.496
cp5	0.676	0.195	−0.422	0.243
cm1	0.311	0.822	0.239	0.105
cm2	0.342	0.797	0.191	0.109
cm5	0.265	0.777	0.318	0.131
cm10	0.609	0.114	0.123	−0.611

提取方法：主成分。
旋转法：具有 Kaiser 标准化的正交旋转法。
a. 旋转在 5 次迭代后收敛。

对原始成分矩阵进行进一步转换，如表 4.6 所示。

表 4.6　协同旋转成分矩阵分析表（二）

成分	1	2	3	4
1	0.719	0.521	0.201	0.413
2	−0.422	0.175	0.885	0.083
3	0.457	−0.806	0.374	0.038
4	0.308	0.220	0.189	−0.906

提取方法：主成分。
旋转法：具有 Kaiser 标准化的正交旋转法。

2）高校科技创新团队效能。据前文有关设定与探索性因子的分析结论，高校科技创新团队效能可以从 3 个维度进行分析并计算其因子得分，如表 4.7 所示。

表 4.7　效能量表的探索性因子分析

测量条款	因子载荷
ep1 我们团队能及时把握创新机遇	0.820
ep2 我们团队经常产生创意或新点子	0.796
ep3 我们团队执行任务的能力较强	0.820
ep4 我们团队能按时完成计划要求	0.814
ep5 我们团队能较好地实现预定目标	0.771
ep6 我们团队科技创新成果效率和转化程度都很高	0.769
eP7 我们团队科技成果的技术含量很高	0.782
ep8 我们团队整合资源信息的成效很好	0.694
ep9 我们团队适应环境变化的能力很强	0.493
ee2 我们团队能够有效地处理好突发事件	0.841
ee3 我们团队有家庭般的温暖	0.822
ee4 我很珍惜在团队的机会，任何时候都为团队努力	0.800
ee5 我们团队的研究方向前景广阔	0.782
ee6 我们团队有能力应对创新过程中的风险	0.797
ee7 我们团队都能很好地完成工作任务并实现相互承诺	0.664
eb1 科研项目越来越需要集众多同伴的智慧	0.838
eb2 我们团队总能相互协作开展研究	0.826
eb3 同伴具有完成任务的相关知识	0.765
eb4 我非常了解同伴的专长且信任他们	0.638
eb5 我们团队很少对已提交的科研成果进行返工	0.476
KMO	0.929
Bartlett 球形检验近似卡方值（Approx.Chi-Square）	14071.286
自由度 df	190
Bartlett 球形检验显著性概率 sig.	0.000

分析结果显示，样本 KMO 为 0.929，远远大于 0.9 的最高要求，表示非常适合因子分析。Bartlett 球形检验近似卡方值为 14071.286，自由度 df 为 190，显著性概率 sig.为 $0.000<0.001$，表示在显著水平 α 为 0.001 的条件下，相关系数矩阵与单位矩阵有显著差异，接着对统计数据做总方差分析，如表 4.8 所示。

表 4.8　效能量表解释的总方差

成分	初始特征值			提取平方和载入			旋转平方和载入	
	合计	方差的%	累积（%）	合计	方差的%	累积（%）	合计	方差的%
1	8.168	40.838	40.838	8.168	40.838	40.838	6.682	33.410
2	4.716	23.580	64.418	4.716	23.580	64.418	4.733	23.667

续表

成分	初始特征值			提取平方和载入			旋转平方和载入	
	合计	方差的%	累积（%）	合计	方差的%	累积（%）	合计	方差的%
3	2.125	10.623	75.041	2.125	10.623	75.041	3.593	17.964
4	0.656	3.280	78.321					
5	0.568	2.840	81.161					
6	0.472	2.360	83.521					
7	0.427	2.137	85.658					
8	0.390	1.948	87.606					
9	0.333	1.665	89.271					
10	0.293	1.465	90.736					
11	0.275	1.373	92.110					
12	0.251	1.256	93.365					
13	0.213	1.063	94.428					
14	0.206	1.030	95.458					
15	0.181	0.903	96.361					
16	0.176	0.878	97.239					
17	0.160	0.800	98.038					
18	0.142	0.708	98.747					
19	0.131	0.655	99.402					
20	0.120	0.598	100.000					

从表 4.8 的统计分析可以再次看出，在第 3 章问卷设计的基础上，再次对效能统计数据分析显示，量表的 20 个题目被划归为 3 个因子，解释了总体变异的 75.041%，与原构思一致，从图 4.5 也可直观地看出。

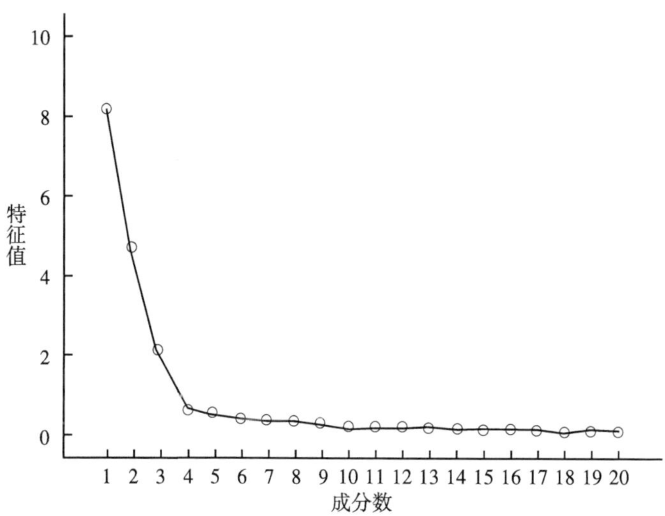

图 4.5　高校科技创新团队效能测度调查问卷因子碎石图

再对团队效能统计数据进行旋转成分矩阵分析，如表 4.9 所示。

表 4.9 效能旋转成分矩阵分析表（一）

因　子	原始成分（Component）		
	1	2	3
ep1	0.843	–0.192	–0.186
ep2	0.840	–0.277	–0.180
ep3	0.829	–0.339	–0.135
ep4	0.826	–0.189	–0.227
ep5	0.818	–0.256	–0.247
ep6	0.816	–0.329	–0.212
eP7	0.810	–0.279	–0.195
ep8	0.774	–0.219	–0.216
ep9	0.649	–0.212	–0.166
ee2	0.642	0.146	0.576
ee3	0.609	0.148	0.495
ee4	0.546	0.124	0.403
ee5	0.250	0.869	–0.156
ee6	0.318	0.835	–0.154
ee7	0.274	0.833	–0.179
eb1	0.340	0.811	–0.156
eb2	0.314	0.810	–0.164
eb3	0.264	0.747	–0.191
eb4	0.614	0.109	0.661
eb5	0.627	0.140	0.652

再对效能统计数据进行旋转成分矩阵分析，如表 4.10 所示。

表 4.10 效能旋转成分矩阵分析表（二）

因　子	原始成分（Component）		
	1	2	3
ep1	0.889	–0.037	0.170
ep2	0.878	0.041	0.150
ep3	0.876	0.008	0.216
ep4	0.870	–0.065	0.241
ep5	0.858	0.003	0.188
ep6	0.852	0.099	0.180
eP7	0.851	0.089	0.224
ep8	0.815	0.055	0.160

续表

因子	原始成分（Component）		
	1	2	3
ep9	0.687	0.016	0.144
ee2	-0.037	0.911	0.100
ee3	0.032	0.897	0.129
ee4	0.007	0.890	0.086
ee5	0.059	0.880	0.136
ee6	0.042	0.876	0.116
ee7	0.033	0.812	0.060
eb1	0.203	0.106	0.886
eb2	0.200	0.071	0.883
eb3	0.245	0.136	0.829
eb4	0.250	0.152	0.743
eb5	0.245	0.140	0.630

对原始成分矩阵进行进一步转换，得到结果如表 4.11 所示。

表 4.11 团队效能成分转换矩阵表

成分	1	2	3
1	0.836	0.254	0.486
2	-0.357	0.925	0.130
3	-0.416	-0.282	0.865

提取方法：主成分。
旋转法：具有 Kaiser 标准化的正交旋转法。

4.2.2.2 量表验证性因子分析

从以上探索性因子分析可知，本章开发的两个量表都具有比较好的信度和效度。为进一步验证其科学性，再对其进行验证性因子分析，主要是用来明确判断先前构建的因子模型是否与当前的研究数据拟合，检验量表的构建效度。下面结合正式调研并利用预处理后的数据，对高校科技创新团队成员对团队目标认同度、成员间信息沟通、成员相互协作承诺与成员间交互行为的四维拟合模型进行检验和判断，如表 4.12 所示。

结果显示，各项测量指标的 C.R.值均大于 1.96，通过了显著性检验；各项的载荷系数都大于 0.5。高校科技创新团队成员间信息沟通与成员间交互行为之间的协方差为 0.474，C.R.值为 7.674，通过了显著性检验。高校科技创新团队成员

表 4.12 成员对团队目标的认同、成员间信息沟通、成员相互协作承诺与成员间交互行为的四维假设模型拟合指数

拟合指数	绝对拟合指数				相对拟合指数		
	χ^2	df	χ^2/df	RMSEA	NFI	TLI	CFI
拟合结果	536.045	113	4.744	0.07	0.944	0.946	0.955

间信息沟通与成员间交互行为之间的相关性为 0.329。高校科技创新团队成员相互协作承诺与成员间交互行为之间的协方差为 0.597，C.R.值为 12.661，通过了显著性检验。高校科技创新团队成员相互协作承诺与成员间交互行为之间的相关性为 0.641。高校科技创新团队成员间信息沟通与成员相互协作承诺之间的协方差为 0.435，C.R.值为 7.121，通过了显著性检验。高校科技创新团队成员间信息沟通与成员相互协作承诺之间的相关性为 0.308。高校科技创新团队成员对团队目标认同度与成员间交互行为的协方差为 0.548，C.R.值为 13.281，通过了显著性检验；高校科技创新团队成员对团队目标认同度与成员间交互行为之间的相关性为 0.656。高校科技创新团队成员对团队目标的认同度与信息沟通的协方差为 0.174，C.R.值为 3.44，通过了显著性检验；高校科技创新团队成员对团队目标认同度与成员间信息沟通之间的相关性为 0.137。高校科技创新团队成员对目标认同度与成员相互协作承诺之间的协方差为 0.534，C.R.值为 13.03，通过了显著性检验；高校科技创新团队成员对目标认同度与成员相互协作承诺间的相关性为 0.654，具体如图 4.6 所示。

4.2.2.3 研究变量在人口统计变量上的差异分析

在研究变量（自变量和应变量）关系时，人口统计变量往往可能对自变量以外的变量产生显著性影响，进而最终影响变量间的作用关系。为了更精确地揭示自变量对应变量的作用机理，在分析前往往先考察人口统计变量的影响，以排除它对主要研究变量间关系的干扰，使其在可控范围内。本书人口特征包括性别、年龄、教育程度、职称、角色、所属专业、所在学校类别和依托平台 8 个方面。若在单因素方差分析中发现组间存在显著性差异，本书将通过方差齐性检验来判别样本方差的一致性，最终确定下一步分析该采取何种比较方法。为研究变量在人口统计变量上的差异，下面将从 8 个方面对 3 个变量逐一进行分析。

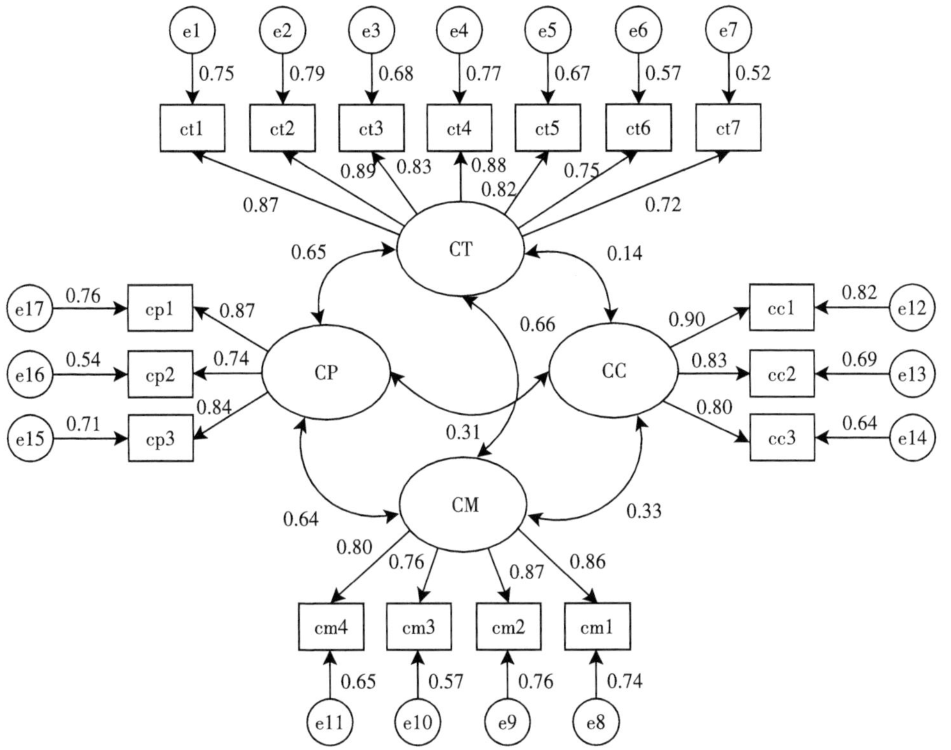

图 4.6　成员对团队目标认同度、成员间信息沟通、成员相互承诺与成员间的交互行为的四维拟合模型

（1）性别的影响差异分析。为考察性别是否会对团队业绩效能、自我功效感和行为结果等研究变量产生以及产生什么程度的影响，笔者先对性别进行了单因素方差分析。为了更好地开展本次研究，共选取了 763 个样本（其中男性样本组 433 人，女性样本组 330 人）容量，单因素方差分析结果如表 4.13 所示。

表 4.13　高校科技创新团队成员性别方差分析结果

变　量		偏差平方和	自由度	均　方	方差检验		方差齐性检验	
					F 值	显著度	Levene 值	显著度
业绩效能	组间	1.293	1	1.293	1.294	0.256	1.808	0.179
	组内	760.707	761	1.000				
	总数	762.000	762					
自我功效感	组间	1.127	1	1.127	1.127	0.289	4.713	0.030
	组内	760.873	761	1.000				
	总数	762.000	762					

续表

变量		偏差平方和	自由度	均方	方差检验		方差齐性检验	
					F值	显著度	Levene值	显著度
行为结果	组间	10.911	1	10.911	11.055	0.001	5.528	0.019
	组内	751.089	761	0.987				
	总数	762.000	762					

表 4.13 的方差分析结果显示，性别对高校科技创新团队业绩效能、自我功效感等变量的显著性水平全部大于 0.01，也就是没有显著影响。性别对团队行为结果变量具有 0.01 水平上的显著影响。调查研究也证明了此结论，一般说来，男性对行为结果较为看重，而绝大部分女性对此没有男性表现得那么强烈，认为只要完成团队交给的任务即可，而男性为了满足社会地位、家庭等需要，对行为结果较为重视。

高校科技创新团队的业绩效能、自我功效感和行为结果方差齐性检验显著性水平全部大于 0.01，各变量满足性别上的方差齐性。因此，性别除了对科技创新团队的行为结果有影响，对业绩效能和自我功效感变量没有显著影响。

（2）年龄的影响差异分析。为了进一步考察年龄是否会对团队业绩效能、自我功效感和行为结果等研究变量产生显著影响，笔者对年龄进行了单因素方差分析。本次研究样本总量仍为 763 个（其中 30 岁及以下样本组为 110 人，31~40 岁样本组为 373 人，41~50 岁样本组为 212 人，50 岁以上样本组 68 人），其单因素方差分析结果如表 4.14 所示。

表 4.14 高校科技创新团队成员年龄方差分析结果

变量		偏差平方和	自由度	均方	方差检验		方差齐性检验	
					F值	显著度	Levene值	显著度
业绩效能	组间	3.810	3	1.270	1.271	0.283	0.442	0.723
	组内	758.190	759	0.999				
	总数	762.000	762					
自我功效感	组间	8.512	3	2.837	2.858	0.036	0.593	0.620
	组内	753.488	759	0.993				
	总数	762.000	762					
行为结果	组间	10.911	3	1.622	1.626	0.182	0.136	0.938
	组内	751.089	759	0.998				
	总数	762.000	762					

表 4.14 的方差分析结果显示，年龄对高校科技创新团队业绩效能、自我功效感和行为结果变量没有显著影响，显著性水平全部大于 0.01；科技创新团队的业绩效能、自我功效感和行为结果方差齐性检验显著性水平全部大于 0.01，各变量满足年龄上的方差齐性。因此，年龄对科技创新团队的业绩效能、自我功效感和行为结果均没有显著影响。

（3）教育程度的影响差异分析。为了考察受教育程度对团队业绩效能、自我功效感和行为结果等研究变量是否会产生显著影响，笔者对教育程度进行了单因素方差分析。763 个样本总量中，博士样本组为 496 人，硕士样本组为 260 人，本科及以下样本组为 7 人，单因素方差分析结果如表 4.15 所示。

表 4.15　高校科技创新团队成员受教育程度方差分析结果

变　量		偏差平方和	自由度	均　方	方差检验		方差齐性检验	
					F 值	显著度	Levene 值	显著度
业绩效能	组间	0.124	2	0.062	0.062	0.940	0.747	0.474
	组内	761.876	760	1.002				
	总数	762.000	762					
自我功效感	组间	2.140	2	1.070	1.070	0.343	1.932	0.146
	组内	759.860	760	1.000				
	总数	762.000	762					
行为结果	组间	10.911	2	1.437	1.439	0.238	1.657	0.188
	组内	751.089	760	0.999				
	总数	762.000	762					

表 4.15 的方差分析结果显示，受教育程度对高校科技创新团队业绩效能、自我功效感和行为结果变量没有显著影响，显著性水平全部大于 0.01；科技创新团队的业绩效能、自我功效感和行为结果方差齐性检验显著性水平全部大于 0.01，各变量满足受教育程度上的方差齐性。因此，受教育程度对科技创新团队的业绩效能、自我功效感和行为结果没有显著影响，但不同的受教育程度对团队效能的影响还是有细微的区别，采用 LSD 多重比较法，如表 4.16 所示。

如表 4.16 所示，科技创新团队业绩效能的 LSD 结果显示：学历层次越高，对业绩效能的显著性越大，自我功效感为硕士略高于本科和博士，行为结果也是学历层次越高越显著。这与现实调研情况完全吻合。在高校科技创新团队中，学历层次高的教师更注重团队交给的研究任务，也对研究结果比较看重，有强烈的

表 4.16　高校科技创新团队成员受教育程度对因变量的多重比较检验

因变量	多重比较法	(I) 教育程度	(J) 教育程度	均值差（I–J）	标准误	显著性
业绩效能	LSD	本科	硕士	–0.12721909	0.38349119	0.740
			博士	–0.13263979	0.38109179	0.728
		硕士	本科	0.12721909	0.38349119	0.740
			博士	–0.00542070	0.07666000	0.944
		博士	本科	0.13263979	0.38109179	0.728
			硕士	0.00542070	0.07666000	0.944
自我功效感	LSD	本科	硕士	–0.50044649	0.38298327	0.192
			博士	–0.43736354	0.38058705	0.251
		硕士	本科	0.50044649	0.38298327	0.192
			博士	0.06308294	0.07655847	0.410
		博士	本科	0.43736354	0.38058705	0.251
			硕士	–0.06308294	0.07655847	0.410
行为结果	LSD	本科	硕士	–0.21699357	0.38279824	0.571
			博士	–0.33259821	0.38040317	0.382
		硕士	本科	0.21699357	0.38279824	0.571
			博士	–0.11560464	0.07652148	0.131
		博士	本科	0.33259821	0.38040317	0.382
			硕士	0.11560464	0.07652148	0.131

知识产权保护意识；而硕士学历的老师处于学历层次中间，对能进入团队研究深感荣幸，向比自己学历高的老师学习先进的研究方法和手段，向比自己学历低的老师学习思想和内容。

（4）职称的影响差异分析。为了考察职称对团队业绩效能、自我功效感和行为结果等研究变量是否会产生显著影响，笔者采取同样的方法对职称进行了单因素方差分析。在 763 个样本总量中，教授或相当样本组为 193 人，副教授或相当样本组为 314 人，讲师及以下样本组为 256 人。单因素方差分析结果如表 4.17 所示。

表 4.17　高校科技创新团队成员职称方差分析结果

变　量		偏差平方和	自由度	均　方	方差检验		方差齐性检验	
					F 值	显著度	Levene 值	显著度
业绩效能	组间	5.259	2	2.629	2.641	0.072	1.380	0.252
	组内	756.741	760	0.996				
	总数	762.000	762					

续表

变 量		偏差平方和	自由度	均 方	方差检验		方差齐性检验	
					F 值	显著度	Levene 值	显著度
团队功效感	组间	3.836	2	1.9181	1.923	0.147	0.890	0.411
	组内	758.164	760	0.998				
	总数	762.000	762					
行为结果	组间	0.085	2	0.043	0.042	0.958	0.957	0.384
	组内	761.915	760	1.003				
	总数	762.000	762					

表 4.17 的方差分析结果显示，团队成员的职称对高校科技创新团队业绩效能、自我功效感和行为结果变量没有显著影响，显著性水平全部大于 0.01；科技创新团队的业绩效能、自我功效感和行为结果方差齐性检验显著性水平全部大于 0.01，各变量满足职称上的方差齐性。据此可以看出，职称对科技创新团队的业绩效能、自我功效感和行为结果没有显著影响，但不同职称的教师对团队效能的影响还有细微的区别，采用 LSD 多重比较法，如表 4.18 所示。

表 4.18 高校科技创新团队成员职称对因变量的多重比较检验

因变量	多重比较法	(I) 职称	(J) 职称	均值差 (I-J)	标准误	显著性
业绩效能	LSD	讲师及以下	副教授或相当	-0.17292967*	0.08402712	0.040
			教授或相当	-0.18026011	0.09512428	0.058
		副教授或相当	讲师及以下	0.17292967*	0.08402712	0.040
			教授或相当	-0.00733044	0.09126985	0.936
		教授或相当	讲师及以下	0.18026011	0.09512428	0.058
			副教授或相当	0.00733044	0.09126985	0.936
自我功效感	LSD	讲师及以下	副教授或相当	-0.15159508	0.08410606	0.072
			教授或相当	-0.01924756	0.09521365	0.840
		副教授或相当	讲师及以下	0.15159508	0.08410606	0.072
			教授或相当	0.13234752	0.09135560	0.148
		教授或相当	讲师及以下	0.01924756	0.09521365	0.840
			副教授或相当	-0.13234752	0.09135560	0.148
行为结果	LSD	讲师及以下	副教授或相当	-0.02092934	0.08431388	0.804
			教授或相当	0.00118642	0.09544891	0.990
		副教授或相当	讲师及以下	0.02092934	0.08431388	0.804
			教授或相当	0.02211576	0.09158133	0.809
		教授或相当	讲师及以下	-0.00118642	0.09544891	0.990
			副教授或相当	-0.02211576	0.09158133	0.809

注：*. 平均差的显著性水平为 0.05。

如表 4.18 所示，科技创新团队任务效能的 LSD 结果显示：职称越高的教师，一般是团队学术带头人或团队领导或者是研究骨干，他们对项目负有主要责任，因此业绩效能的显著性越高；自我功效感为副教授及相当略高于其他职称，这与现实调研情况完全吻合。在高校科技创新团队中，副高职称的教师一般为团队研究的中层，他们在现代科学工具上比年轻教师要逊色，在对外学术声誉上要比教授弱，因此他们强烈渴望能得到团队成员的帮助与合作，充分发挥自己承上启下的作用。正是因为这种心理和关系，副教授们对自己在团队中共同研究的行为结果表示满意；而教授们作为主要负责人，不断渴望攀登科学高峰，希望自己的科技研究成果能不断上层次、上水平；年轻教师有股“初生牛犊不怕虎”的精神，不断向现实挑战，因此，他们对行为结果也不是很满足。

（5）角色的影响差异分析。为了考察角色对团队业绩效能、自我功效感和行为结果等研究变量是否会产生显著影响，笔者对角色进行了单因素方差分析。在 763 个研究样本的总量中，团队领导样本组为 152 人，研究骨干样本组为 510 人，研究生样本组为 101 人，单因素方差分析结果如表 4.19 所示。

表 4.19 高校科技创新团队成员角色方差分析结果

变量		偏差平方和	自由度	均方	方差检验		方差齐性检验	
					F 值	显著度	Levene 值	显著度
业绩效能	组间	3.317	2	1.658	1.661	0.191	2.974	0.052
	组内	758.683	760	0.998				
	总数	762.000	762					
自我功效感	组间	5.454	2	2.727	2.740	0.065	0.216	0.806
	组内	756.546	760	0.995				
	总数	762.000	762					
行为结果	组间	3.337	2	1.668	1.671	0.189	0.790	0.454
	组内	758.663	760	0.998				
	总数	762.000	762					

表 4.19 的方差分析结果显示，团队成员的角色对高校科技创新团队业绩效能、自我功效感和行为结果变量没有显著影响，显著性水平全部大于 0.01；科技创新团队的任务业绩效能、自我功效感和行为结果方差齐性检验显著性水平全部大于 0.01，各变量满足角色上的方差齐性。依此可以看出，角色对科技创新团队的业绩效能、自我功效感和行为结果没有显著影响。但不同角色的团队成员对团

队效能的影响还有细微差异，采用 LSD 多重比较法，如表 4.20 所示。

表 4.20　高校科技创新团队成员角色对因变量的多重比较检验

因变量	多重比较法	(I) 角色	(J) 角色	均值差 (I–J)	标准误	显著性
业绩效能	LSD	研究生	研究骨干	−0.17803547	0.11498924	0.122
			团队领导	−0.20274529	0.11240057	0.072
		研究骨干	研究生	0.17803547	0.11498924	0.122
			团队领导	−0.02470982	0.07803036	0.752
		团队领导	研究生	0.20274529	0.11240057	0.072
			研究骨干	0.02470982	0.07803036	0.752
团队功效感	LSD	研究生	研究骨干	−0.24859269*	0.11482713	0.031
			团队领导	−0.25019786*	0.11224210	0.026
		研究骨干	研究生	0.24859269*	0.11482713	0.031
			团队领导	−0.00160518	0.07792035	0.984
		团队领导	研究生	0.25019786*	0.11224210	0.026
			研究骨干	0.00160518	0.07792035	0.984
行为结果	LSD	研究生	研究骨干	0.17747642	0.11498771	0.123
			团队领导	0.06168128	0.11239906	0.583
		研究骨干	研究生	−0.17747642	0.11498771	0.123
			团队领导	−0.11579514	0.07802931	0.138
		团队领导	研究生	−0.06168128	0.11239906	0.583
			研究骨干	0.11579514	0.07802931	0.138

注：*. 平均差的显著性水平为 0.05。

如表 4.20 所示，科技创新团队业绩效能的 LSD 结果显示：团队领导相比研究骨干和研究生对团队的业绩效能更为关注，这是他们作为团队领导肩负的责任，既要完成学校和上级部门交给的科技研发任务，同时还要负责整个团队成员的研发方向、内部管理、成员全面的生活质量，因此他们对团队的业绩效能关注度更高。在团队成员自我功效感方面，作为团队领导最希望整个团队充分发挥“1+1>2”的效果，而研究生却表现得不是那么明显，因为他们参加团队进行研究主要是跟随导师或项目组完成阶段性的研究任务，严格意义上讲，他们算不上团队的真正成员，所以他们的自我功效感表现不是十分敏感。在行为结果上可以看出研究生比团队领导和研究骨干表现得更为显著，是因为他们明白参加团队研究一方面决定他们的将来（主要包括研究方向的确定、学术论文的论据和素材，更重要的是他们将来的发展），而作为研究骨干，他们主要关心的是项目完成情况，对项目完成后的事情（如结题、成果转化、知识产权保护等）关心不多，所以显得不是十分显著，而这些恰恰是团队领导关注的事。

（6）所属专业及所在学校类型的影响差异分析。从统计数据来看，团队成员所学或所研究专业对团队效能没有什么显著影响，只是不同的学科背景，使他们的关注点略有异同。理工科背景的团队成员，他们对团队的业绩效能相对较为关注，对团队成员自我功效和行为结果的关注则略少；而文科和管理学背景的团队成员则对自我功效感、团队结果则相对更为关注，这与我们调查和实地走访的结论基本吻合。对于不同层次学校的科技创新团队对效能的看法基本上大同小异，只是团队处于不同的周期阶段，对团队效能的注重点有所不同，作为“985”、“211”高校的科技创新团队，由于它们研究的科技含量更高，成果应用的领域更为广泛和重要，他们对行为的结果尤为重视，相比之下，一般高校或刚组建不久的创新团队，由于它们还处于起步阶段，还需要到处找项目，因此它们十分注重项目任务的完成情况，这也是在研究领域占有一席之地的需要。

（7）依托平台的影响差异分析。为了考察依托平台是否会对团队业绩效能、自我功效感和行为结果等研究变量产生显著影响，笔者对角色进行了单因素方差分析。763 个研究样本总量中，国家级平台样本组为 83 人，省（部）级样本组为 356 人，校级样本组为 200 人，院级样本组为 106 人，其他样本组为 18 人，单因素方差分析结果如表 4.21 所示。

表 4.21 高校科技创新团队成员依托平台方差分析结果

变量		偏差平方和	自由度	均方	方差检验		方差齐性检验	
					F 值	显著度	Levene 值	显著度
业绩效能	组间	2.335	4	0.584	0.582	0.676	2.391	0.049
	组内	759.665	758	1.002				
	总数	762.000	762					
自我功效感	组间	13.239	4	3.310	3.351	0.010	1.426	0.224
	组内	748.761	758	0.988				
	总数	762.000	762					
行为结果	组间	7.279	4	1.820	1.828	0.122	2.397	0.049
	组内	754.721	758	0.996				
	总数	762.000	762					

表 4.21 的方差分析结果显示，团队成员科技创新所依托的平台对高校科技创新团队业绩效能、行为结果变量没有显著影响，显著性水平全部大于 0.01；而

成员所依托的科研平台对团队成员自我功效感在 0.01 水平上有显著影响，需要进一步做多重比较验证。科技创新团队所依托的科研平台对团队成员自我功效感方差齐性检验比较显著，采用 LSD 多重比较法，结果如表 4.22 所示。

表 4.22　高校科技创新团队成员依托平台对因变量的多重比较检验

因变量	多重比较法	（I）平台	（J）平台	均值差（I–J）	标准误	显著性
业绩效能业绩效能	LSD	国家级	省（部）级	−0.03661901	0.12202387	0.764
			校级	−0.05397186	0.13071209	0.680
			院级	0.10260840	0.14672885	0.485
			其他	−0.16516257	0.26029269	0.526
		省（部）级	国家级	0.03661901	0.12202387	0.764
			校级	−0.01735285	0.08846551	0.845
			院级	0.13922741	0.11076936	0.209
			其他	−0.12854356	0.24185281	0.595
		校级	国家级	0.05397186	0.13071209	0.680
			省（部）级	0.01735285	0.08846551	0.845
			院级	0.15658026	0.12027334	0.193
			其他	−0.11119071	0.24635058	0.652
		院级	国家级	−0.10260840	0.14672885	0.485
			省（部）级	−0.13922741	0.11076936	0.209
			校级	−0.15658026	0.12027334	0.193
			其他	−0.26777097	0.25521033	0.294
		其他	国家级	0.16516257	0.26029269	0.526
			省（部）级	0.12854356	0.24185281	0.595
			校级	0.11119071	0.24635058	0.652
			院级	0.26777097	0.25521033	0.294
团队功效感	LSD	国家级	省（部）级	−0.36286364*	0.12114493	0.003
			校级	−0.22618932	0.12977057	0.082
			院级	−0.21882946	0.14567196	0.133
			其他	0.17931009	0.25841780	0.488
		省（部）级	国家级	0.36286364*	0.12114493	0.003
			校级	0.13667432	0.08782829	0.120
			院级	0.14403419	0.10997149	0.191
			其他	0.54217374*	0.24011074	0.024
		校级	国家级	0.22618932	0.12977057	0.082
			省（部）级	−0.13667432	0.08782829	0.120
			院级	0.00735987	0.11940701	0.951
			其他	0.40549942	0.24457611	0.098

续表

因变量	多重比较法	(I) 平台	(J) 平台	均值差(I–J)	标准误	显著性
团队功效感	LSD	院级	国家级	0.21882946	0.14567196	0.133
			省(部)级	–0.14403419	0.10997149	0.191
			校级	–0.00735987	0.11940701	0.951
			其他	0.39813955	0.25337204	0.117
		其他	国家级	–0.17931009	0.25841780	0.488
			省(部)级	–0.54217374*	0.24011074	0.024
			校级	–0.40549942	0.24457611	0.098
			院级	–0.39813955	0.25337204	0.117
行为结果	LSD	国家级	省(部)级	–0.15291170	0.12162611	0.209
			校级	0.06385391	0.13028601	0.624
			院级	0.02865941	0.14625056	0.845
			其他	–0.10796672	0.25944422	0.677
		省(部)级	国家级	0.15291170	0.12162611	0.209
			校级	0.21676562*	0.08817714	0.014
			院级	0.18157111	0.11040828	0.100
			其他	0.04494498	0.24106444	0.852
		校级	国家级	–0.06385391	0.13028601	0.624
			省(部)级	–0.21676562*	0.08817714	0.014
			院级	–0.03519451	0.11988128	0.769
			其他	–0.17182064	0.24554755	0.484
		院级	国家级	–0.02865941	0.14625056	0.845
			省(部)级	–0.18157111	0.11040828	0.100
			校级	0.03519451	0.11988128	0.769
			其他	–0.13662613	0.25437842	0.591
		其他	国家级	0.10796672	0.25944422	0.677
			省(部)级	–0.04494498	0.24106444	0.852
			校级	0.17182064	0.24554755	0.484
			院级	0.13662613	0.25437842	0.591

从表 4.22 可以看出，科技创新团队成员自我功效感的 LSD 结果显示：国家级科技创新团队对团队成员自我功效感没有其他平台团队样本显著，主要原因是国家级科技创新团队中的成员，由于他们选拔的条件比较高，每位成员都在某一领域有着较高的学术造诣，也在学界有一定的学术影响，因此他们有着自己独立科技创新的能力，也有自己独到的想法，所以在自我功效感方面没有其他较低平台成员那么强烈。省（部）级平台的科技创新团队对团队成员自我功效感较其他

平台的成员较为显著，主要是因为生存的环境和空间不同，一般说来，这些团队高校对其都寄予了厚望，希望他们多出成果，出高质量的成果，以冲击国家级创新平台，在这种情况下，从学校到团队领导及其成员都希望发挥合力，以实现知识的共享和共生溢出，所以他们对团队功效感较为关注，反映也较为明显。而其他科技创新团队包括自发组建的团队或兴趣小组，由于它们还是非正式组织，在团队成员自我功效方面显得比其他平台的团队弱。

4.2.2.4　变量的相关性分析

变量间的相关系数及其显著性可以用来判断变量间的相关关系，进一步为回归分析奠定了基础；同时，利用各个量表维度内部因子的相关系数可再次判断量表的质量。

（1）各变量内部维度间相关性分析。为确保研究的科学性和量表开发的可行性，本书再次对高校科技创新团队协同量表和效能量表中各维度间关系的相关性系数进行验证。

表 4.23　高校科技创新团队协同各维度间的相关性

			Estimate （相关系数）
成员对团队目标认同度	—	成员间信息沟通	0.000
成员对团队目标认同度	—	成员相互协作承诺	0.000
成员对团队目标认同度	—	成员间的交互行为	0.000
成员间信息沟通	—	成员相互协作承诺	0.000
成员间信息沟通	—	成员间的交互行为	0.000
成员相互协作承诺	—	成员间的交互行为	0.000

表 4.23 表明高校科技创新团队协同各维度间的相关性分别为：成员对团队目标认同度维度与成员间信息沟通维度、成员相互协作承诺维度和成员间交互行为维度之间的相关性系数均为 0.000；成员间信息沟通维度与成员相互协作承诺维度、成员间交互行为维度之间的相关性系数也均为 0.000；成员相互协作承诺

表 4.24　高校科技创新团队效能各维度间的相关性

			Estimate （相关系数）
业绩效能		自我功效感	0.000**
业绩效能	—	行为结果	0.000**
自我功效感	—	行为结果	0.000**

注：** 表示在 0.01 水平（双侧）上显著相关。

与成员间交互行为之间的相关性系数为 0.000。

表 4.24 描述了高校科技创新团队效能各维度间的相关性，业绩效能维度与团队成员自我功效感维度、行为结果维度的相关系数均为 0.000**，自我功效感与行为结果的相关系数也是 0.000**。

从表 4.23、表 4.24 可知，高校科技创新团队协同和高校科技创新团队效能两因子测量量表均具有较好的构建效度。

（2）不同变量间的相关性分析。主要分析高校科技创新团队协同度与效能两个变量共 7 个维度之间的相关性。表 4.25 描述的是成员对团队目标认同度与团队效能之间的相关性，可以看出团队成员对团队目标认同度与业绩效能、自我功效感、行为结果之间的相关性系数分别为 0.341、0.283、0.074。

表 4.25　成员对团队目标认同度与高校科技创新团队效能各维度间的相关性

			Estimate（相关系数）
成员对团队目标的认同度	—	业绩效能	0.341
	—	自我功效感	0.283
	—	行为结果	0.074

表 4.26 描述的是成员间的信息沟通与团队效能之间的相关性，可以看出团队成员与业绩效能、自我功效感、行为结果之间的相关性系数分别为 0.207、0.206、0.204。

表 4.26　成员间信息沟通与高校科技创新团队效能各维度间的相关性

			Estimate（相关系数）
成员间信息沟通	—	业绩效能	0.207
	—	自我功效感	0.206
	—	行为结果	0.204

表 4.27 描述的是成员相互协作承诺与团队效能之间的相关性，可以看出团队成员与业绩效能、自我功效感、行为结果之间的相关性系数分别为 0.249、−0.018、0.342。

表 4.27　成员相互协作承诺与高校科技创新团队效能各维度间的相关性

			Estimate （相关系数）
成员相互协作承诺	—	业绩效能	0.249
	—	自我功效感	-0.018
	—	行为结果	0.342

表 4.28 描述的是成员间交互行为与团队效能之间的相关性，可以看出团队成员与业绩效能、自我功效感、行为结果之间的相关性系数分别为 0.136、0.158、0.090。

表 4.28　成员间的交互行为与高校科技创新团队效能各维度间的相关性

			Estimate（相关系数）
成员间的交互行为	—	业绩效能	0.136
	—	自我功效感	0.158
	—	行为结果	0.090

从各变量间的相关性分析可以看出，高校科技创新团队协同与团队效能间存在着显著的相关性。具体来说，成员对团队目标的认同度与业绩效能和成员相互协作承诺与行为结果的相关系数都达到了 0.3 以上，反映了成员对团队目标认同度和成员相互协作承诺对团队效能的预测作用强于其他因子，也说明了成员对团队目标认同度和成员相互协作承诺在整个协同系统中的基础和前提作用。成员相互协作承诺与自我功效感相关性非常不明显，也验证了前文关于高校科技创新团队协同来源的假设，充分说明了团队成员个体因素的积极作用和对团队效能影响的重要意义。

4.2.3　构建高校科技创新团队协同对效能影响路径假设模型

从相关分析的结果可以看出，高校科技创新团队协同与效能的关系包含多于一个因变量的研究模型，需要进一步使用回归分析分别建立模型。从现有方法来看，结构方程模型与相关软件能够分析多个因变量的回归模型。本研究团队效能存在 3 个维度，因此采用结构方程模型分析方法对整个研究模型中各变量之间的假定关系进行分析和检验。在此基础上，进一步使用结构方程对模型的拟合性进行路径分析，变量间的关联模式是否与数据相拟合及拟合程度决定了路径分析的准确性。本书属于产生模型分析，基于 4.2.2 的相关分析结果，对 4.1.2 研究假设与框架进行修正。基于修正后的研究假设提出高校科技创新团队协同作用团队效能的假设路径，如表 4.29 所示。依据路径假设，使用相关软件构建出本书两个主要研究变量之间的作用路径假设模型，如图 4.7 所示。

表 4.29　高校科技创新团队协同作用团队效能的路径假设

原假设	相关性检验	路径假设
假设 1：高校科技创新团队成员对团队目标认同度与团队效能存在相关关系。	成立	—
假设 1a：高校科技创新团队成员对团队目标认同度与业绩效能呈正相关。	成立	CT→EP
假设 1b：高校科技创新团队成员对团队目标认同度与自我功效感呈正相关。	成立	CT→EE
假设 1c：高校科技创新团队成员对团队目标认同度与行为结果呈正相关。	成立	CT→EB
假设 2：高校科技创新成员间信息沟通与团队效能存在相关关系。	成立	—
假设 2a：高校科技创新团队成员间信息沟通与业绩效能呈正相关。	成立	CC→EP
假设 2b：高校科技创新团队成员间信息沟通与自我功效感呈正相关。	成立	CC→EE
假设 2c：高校科技创新团队成员间信息沟通与行为结果呈正相关。	成立	—
假设 3：高校科技创新成员协作承诺与团队效能存在相关关系。	成立	—
假设 3a：高校科技创新团队成员协作承诺与业绩效能呈正相关。	成立	CP→EP
假设 3b：高校科技创新团队成员协作承诺与自我功效感呈正相关。	不成立	CP→EE
假设 3c：高校科技创新团队成员协作承诺与行为结果呈正相关。	成立	CP→EB
假设 4：高校科技创新成员间交互行为与团队效能存在相关关系。	成立	—
假设 4a：高校科技创新团队成员间交互行为承诺与业绩效能呈正相关。	成立	CM→EP
假设 4b：高校科技创新团队成员间交互行为与自我功效感呈正相关。	成立	CM→EE
假设 4c：高校科技创新团队成员间交互行为与行为结果呈正相关。	成立	CM→EB

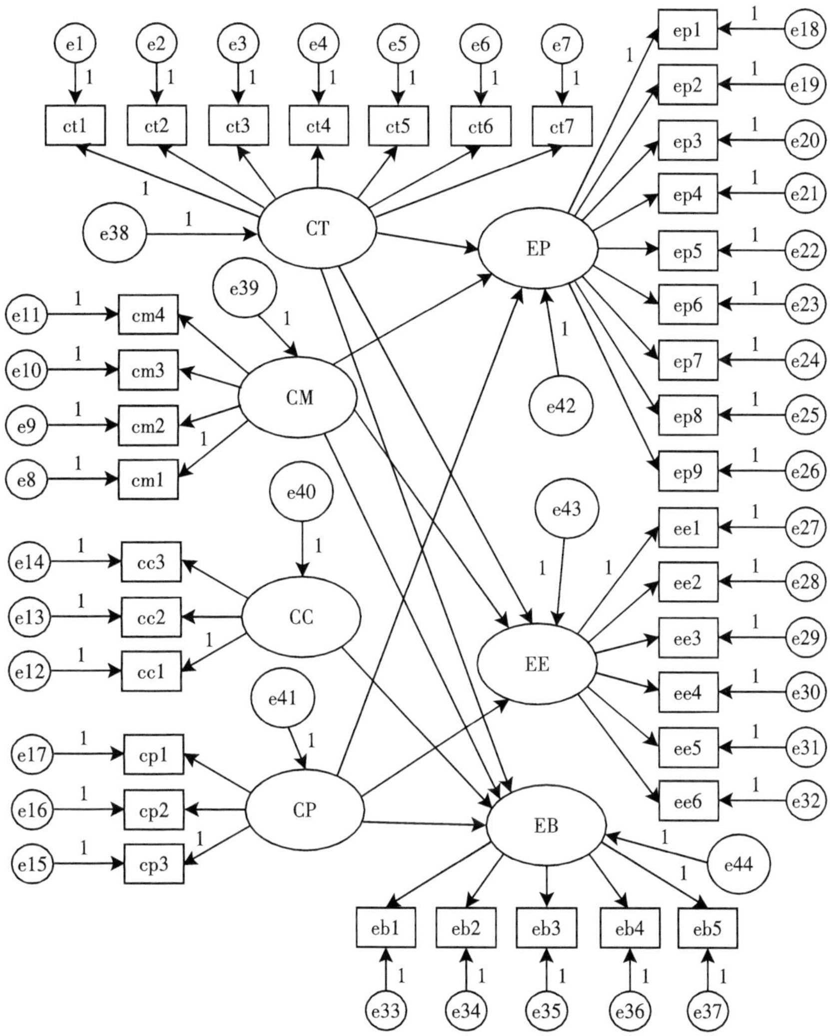

图 4.7　高校科技创新团队协同与团队效能作用路径假设模型（A.M.）

4.3 高校科技创新团队协同对效能影响路径拟合与效应分析

4.3.1 高校科技创新团队协同对效能影响的路径拟合研究

使用结构方程模型（SEM）进行多变量分析的前提是要求观察变量来源于一个多元正态分布（JMVN）的总体且服从正态分布。由 4.1.2 的分析可知，本书构建的模型各变量全部符合正态分布要求。再采用极大似然估计方法，使用 AMOS18.0 执行后的假设模型 A.M.拟合效果良好，各项指标值如表 4.30 所示。

表 4.30 假设模型 A.M.拟合指数

拟合指数	绝对拟合指数				相对拟合指数		
	χ^2	df	χ^2/df	RMSEA	NFI	TLI	CFI
拟合结果	2918.04	618	4.722	0.07	0.883	0.898	0.905

假设模型 A.M.中的路径系数如表 4.31 所示。

表 4.31 假设模型 A.M.的路径系数

路径假设	CT→EP	CM→EP	CC→EP	CP→EP	CP→EE	CP→EB	CT→EE	CM→EE	CC→EB	CT→EB	CM→EB
Est.	0.557	0.195	0.316	0.085	0.09	0.022	0.272	0.175	0.232	0.124	0.218
S.E.	0.056	0.049	0.034	0.052	0.038	0.033	0.04	0.035	0.025	0.035	0.033
C.R.	9.964	3.999	9.424	1.646	2.402	0.657	6.842	4.954	9.404	3.508	6.527
P	***	***	***	0.1	0.016	0.511	***	***	***	***	***

从表 4.31 可以得出，假设路径“CP→EP”和假设路径“CP→EB”未能通过检验。其中高校科技创新团队协同中的相互承诺对业绩效能影响（CP→EP）的路径系数（Est.）为 0.085，其 C.R.值为 1.646，相应的 P 值为 0.1，表明该路径系数为 0 的概率达到 10%，大于 1%的显著水平，则没有足够的理由认为其在 99%的置信水平下与 0 存在显著性差异，不能拒绝原假设，需要在模型修正过程中删除此条路径。高校科技创新团队成员相互协作承诺对团队行为结果影响（CP→

EB）的路径系数为 0.022，其 C.R.值为 0.657，相应的 P 值为 0.511，没有通过显著性检验，不能拒绝原假设，需要删除此条路径。一般删减路径或变量的做法容易提高模型的拟合效果，当然在删除相关路径过程中，对有实际意义的变量进行了保留。

表 4.32　假设模型 C.A.M.1 拟合指数

拟合指数	绝对拟合指数				相对拟合指数		
	χ^2	df	χ^2/df	RMSEA	NFI	TLI	CFI
拟合结果	2919.693	620	4.709	0.07	0.883	0.898	0.905

在删除路径“CP→EB”时，经过多次验证得出修正假设模型 1（C.A.M.1），拟合效果仍不理想，所有拟合结果基本没有变化，各项指标值如表 4.32 所示。如表 4.33 所示，C.A.M.1 与 A.M.相比，删除了“CP→EP”和“CP→EB”两条路径，仍存在成员相互协作承诺对自我功效感影响（CP→EE）的路径不理想，高校科技创新团队成员相互协作承诺对自我功效感影响（CP→EE）的路径系数为 0.092，其 C.R.值为 2.453，相应的 P 值为 0.014，没有通过显著性检验，不能拒绝原假设，需要删除此条路径。

表 4.33　假设模型 C.A.M.1 的路径系数

路径 假设	CT→EP	CM→EP	CC→EP	CP→EE	CT→EE	CM→EE	CC→EB	CT→EB	CM→EB
Est.	0.594	0.217	0.323	0.092	0.271	0.175	0.233	0.133	0.224
S.E.	0.056	0.049	0.034	0.038	0.04	0.035	0.025	0.035	0.034
C.R.	10.567	4.444	9.621	2.453	6.822	4.931	9.469	3.765	6.681
P	***	***	***	0.014	***	***	***	***	***

再次对路径“CP→EE”进行删除，并经过多次验证得出修正假设模型 2（C.A.M.2），拟合效果仍不够理想，所有拟合结果除了 RMSEA 减少 0.013，相对拟合系数均得到了提高。各项指标值如表 4.34 所示。如表 4.35 所示，C.A.M.2 与 C.A.M.1 相比，删除了“CP→EE”这一路径，增加了高校科技创新团队成员相互协作承诺对成员间交互行为（CP→CM）、成员对团队目标认同度（CP→CT）、成员间信息沟通（CP→CC）以及自我功效感对团队行为结果（EE→EP）4 条路径，虽然各项拟合指标变化微小，但是总体模型中增加了 3 条路径，修正的拟合模型 2 在向理想模型发展。

表 4.34　假设模型 C.A.M.2.拟合指数

拟合指数	绝对拟合指数				相对拟合指数		
	χ^2	df	χ^2/df	RMSEA	NFI	TLI	CFI
拟合结果	2156.3	617	3.495	0.057	0.913	0.931	0.936

表 4.35　假设模型 C.A.M.2 的路径系数

路径假设	CP→CM	CP→CT	CT→EE	CM→EE	CP→CC	CT→EP	CM→EP	CM→EB	CC→EP	CC→EB	EE→EP	CT→EB
Est.	0.707	0.617	0.308	0.205	0.488	0.671	0.27	0.224	0.32	0.233	−0.284	0.116
S.E.	0.039	0.034	0.053	0.047	0.061	0.075	0.068	0.045	0.035	0.026	0.053	0.047
C.R.	17.982	18.16	5.861	4.388	7.946	8.994	3.983	5.021	9.024	8.97	−5.317	2.489
P	***	***	***	***	***	***	***	***	***	***	***	0.013

在 C.A.M.2 中，“CP→CM”的路径系数为 0.707，其 C.R.值为 17.982，相应的 $P<0.001$，可见高校科技创新团队相互承诺通过交互行为间接影响团队效能；“CP→CT”的路径系数为 0.617，其 C.R.值为 18.16，相应的 $P<0.001$，可见高校科技创新团队成员相互承诺通过成员对团队目标认同度间接影响团队效能；“CP→CC”的路径系数为 0.488，其 C.R.值为 7.946，相应的 $P<0.001$，可见高校科技创新团队成员相互承诺通过成员间信息沟通间接影响团队效能。另外，从表 4.35 可以得出，假设路径“CT→EB”未能通过检验。其中高校科技创新团队成员对团队目标认同度对团队行为结果影响（CT→EB）的路径系数为 0.116，其 C.R.值为 2.489，相应的 P 值为 0.013，没能通过显著性检验，也不能拒绝原假设，需要删除此条路径。

表 4.36　假设模型 C.A.M.3.拟合指数

拟合指数	绝对拟合指数				相对拟合指数		
	χ^2	df	χ^2/df	RMSEA	NFI	TLI	CFI
拟合结果	2151.176	617	3.487	0.057	0.913	0.932	0.937

在删除路径“CT→EB”时，经过多次验证得出修正假设模型 3（C.A.M.3），拟合效果较为理想，各项拟合结果基本在可以接受范围内，如表 4.36 所示。C.A.M.3 与 C.A.M.2 相比，删除了“CT→EB”这条路径，增加了自我功效感对团队行为结果（EE→EB）影响这条路径，各项指标均有变化，且越来越好，修正的拟合模型 3 在向理想的模型发展。

表 4.37　假设模型 C.A.M.3 的路径系数

路径假设	CP→CM	CP→CT	CT→EE	CM→EE	CP→CC	CT→EP	CM→EP	CM→EB	CC→EP	CC→EB	EE→EP	EE→EB
Est.	0.708	0.618	0.311	0.2	0.49	0.66	0.274	0.248	0.319	0.231	−0.276	0.113
S.E.	0.039	0.034	0.053	0.047	0.061	0.075	0.068	0.038	0.035	0.026	0.053	0.034
C.R.	18.007	18.173	5.893	4.281	7.976	8.847	4.052	6.52	9.006	8.97	−5.162	3.335
P	***	***	***	***	***	***	***	***	***	***	***	***

在 C.A.M.3 中“EE→EB”的路径系数为 0.113，其 C.R.值为 3.335，相应的 P<0.001，可见高校科技创新团队成员自我功效感通过团队行为结果来间接影响团队效能。

表 4.38　假设模型 C.A.M.4.拟合指数

拟合指数	绝对拟合指数				相对拟合指数		
	χ^2	df	χ^2/df	RMSEA	NFI	TLI	CFI
拟合结果	2097.542	616	3.405	0.056	0.916	0.934	0.939

与 C.A.M.3 相比，C.A.M.4 增加了“EB→EP”这一路径，各项指标也有所变化，具体如表 4.39 所示。

表 4.39　假设模型 C.A.M.4 的路径系数

路径假设	CP→CM	CP→CT	CT→EE	CM→EE	CP→CC	CM→EB	CC→EB	EE→EB	CT→EP	CM→EP	CC→EP	EE→EP	EB→EP
Est.	0.708	0.618	0.311	0.200	0.491	0.245	0.226	0.119	0.640	0.166	0.203	−0.325	0.458
S.E.	0.039	0.034	0.053	0.047	0.062	0.038	0.026	0.034	0.072	0.066	0.037	0.052	0.066
C.R.	18.012	18.181	5.898	4.276	7.979	6.429	8.805	3.465	8.886	2.505	5.525	−6.237	6.975
P	***	***	***	***	***	***	***	***	***	0.012	***	***	***

在 C.A.M.4 中，“CM→EP”的路径系数为 0.166，其 C.R.值为 2.505，相应的 P 值为 0.012，这表明该路径系数为 0 的概率达到 1.2%，大于 1%的显著水平，显著性检验没有通过，不能拒绝原假设，需要进一步修正拟合模型。

表 4.40　假设模型 C.A.M.5.拟合指数

拟合指数	绝对拟合指数				相对拟合指数		
	χ^2	df	χ^2/df	RMSEA	NFI	TLI	CFI
拟合结果	2087.87	616	3.389	0.056	0.916	0.934	0.939

在删除路径"CM→EP"时，经过多次验证得出修正模型5（C.A.M.5），拟合效果理想，各项拟合结果在可接受范围内，如表4.40所示。如表4.41所示，C.A.M.5与C.A.M.4相比，删除了"CM→EP"这一路径，增加了高校科技创新团队成员间信息沟通对成员间交互行为"CC→CM"这条影响路径，绝对拟合度均有变化，且越来越好，相对拟合指数变化不大，修正的拟合模型5（C.A.M.5）在向理想模型发展。

表4.41 假设模型C.A.M.5的路径系数

路径假设	CP→CC	CP→CM	CP→CT	CC→CM	CT→EE	CM→EE	CM→EB	CC→EB	EE→EB	CT→EP	CC→EP	EE→EP	EB→EP
Est.	0.466	0.660	0.620	0.091	0.313	0.198	0.244	0.223	0.119	0.737	0.221	-0.307	0.489
S.E.	0.062	0.040	0.034	0.023	0.053	0.047	0.039	0.026	0.034	0.061	0.037	0.052	0.065
C.R.	7.539	16.428	18.21	3.997	5.939	4.222	6.33	8.618	3.479	11.987	6.037	-5.939	7.498
P	***	***	***	***	***	***	***	***	***	***	***	***	***

C.A.M.5中，"EB→EP"的路径系数为0.489，其C.R.值为7.498，相应的P<0.001，可见高校科技创新团队行为结果通过自我功效感间接影响团队的业绩效能。在C.A.M.5中增加"CT→CM"这1条路径，绝对拟合度均有变化，且越来越好，相对拟合指数变化不大，修正的拟合模型6（C.A.M.6）在向理想模型发展。

表4.42 假设模型C.A.M.6.拟合指数

拟合指数	绝对拟合指数				相对拟合指数		
	χ^2	df	χ^2/df	RMSEA	NFI	TLI	CFI
拟合结果	1985.386	615	3.228	0.054	0.92	0.939	0.943

表4.43 假设模型C.A.M.6的路径系数

路径假设	CP→CT	CP→CC	CC→CM	CP→CM	CT→CM	CT→EE	CM→EE	CC→EB	EE→EB	CM→EB	EE→EP	EB→EP	CT→EP	CC→EP
Est.	0.588	0.464	0.118	0.307	0.497	0.306	0.197	0.221	0.116	0.248	-0.311	0.482	0.744	0.223
S.E.	0.034	0.062	0.021	0.046	0.049	0.056	0.05	0.026	0.034	0.039	0.052	0.065	0.062	0.037
C.R.	17.291	7.525	5.52	6.61	10.223	5.461	3.926	8.582	3.383	6.367	-6.005	7.399	12.08	6.116
P	***	***	***	***	***	***	***	***	***	***	***	***	***	***

C.A.M.6中，"CT→CM"的路径系数为0.497，其C.R.值为10.233，相应的P<0.001，可见高校科技创新团队成员对团队目标认同度通过成员间交互行为间接影响团队的业绩效能。C.A.M.6中的具体路径系数如表4.43所示，路径系数的

绝对值均大于 0.05（|Min|=0.116），其 C.R.绝对值大于 3（|Min |=3.383），相应的 P 值均小于 0.001。此后，我们还对 C.A.M.6 进行了临界比率、残差变量修正，拟合指数相近，只有当拟合模型修正累积到一定程度，相关拟合指数才有明显提高，相应的拟合模型已经非常复杂，失去了实际意义。因此，我们选择了相对简洁、具有实际意义且能较好拟合数据的 C.A.M.6 作为进一步分析的路径模型，拟合结果如图 4.8 所示。

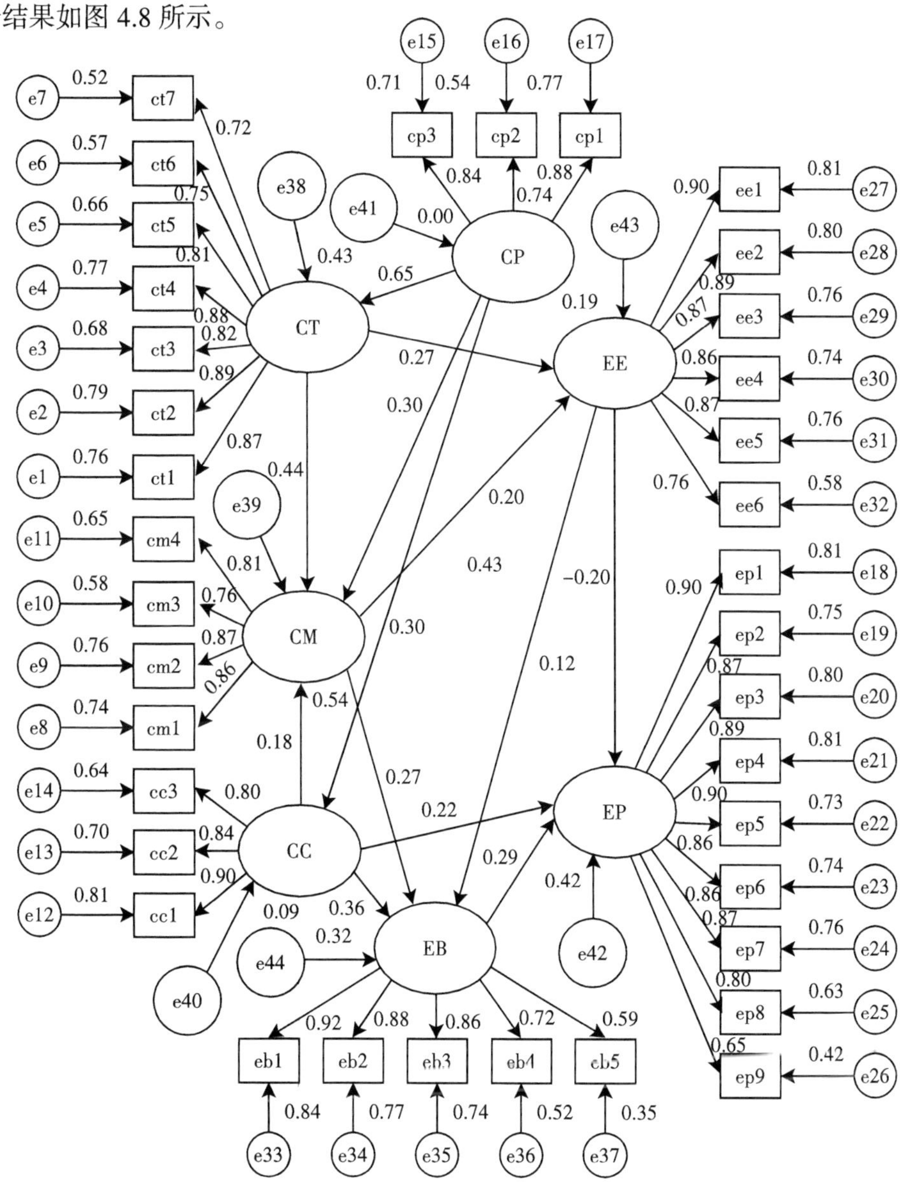

图 4.8　高校科技创新团队协同与团队效能作用路径拟合模型（C.A.M.6）

4.3.2 高校科技创新团队协同对效能影响的效应分析

（1）假设检验结果汇总。综合前文研究分析以及各模型假设检验结果，对前文提出的假设检验结果进行进一步汇总（见表 4.28）。结果表明在 16 个假设中，15 个得到了支持，1 个没有得到支持。由假设检验结论可知，高校科技创新团队协同对团队效能的正向预测作用得到了证实。实证检验发现高校科技创新团队协作对自我功效感具有负面影响，主要原因可能是高校科技创新团队管理机制不够完善、缺乏对成员和团队效能的评价体系；同时，知识共享保障机制不健全，致使团队成员不能够充分交流、融合，影响实现信息交融、提升的目标。

（2）变量影响效应分析。在本研究的初始假设中，团队协同同时具备自变量与因变量的双重身份，而团队成员对目标认同度、成员间信息沟通、成员相互协作承诺和成员间交互行为作为自变量不受其他变量的影响，为外源变量，其变异量由不属于路径模型的其他变量所决定。外源变量之间可能具有相关，也可能相互独立，但它们的关系不影响路径模型内的因果关系。效能为纯变量，其变异量完全由路径模型中其他变量的线性组合所决定，为内生变量。值得引起注意的是，协同变量同时具有双重身份，由路径模型中的团队成员对目标的认同、成员间的信息沟通、成员相互协作承诺和成员间交互行为 3 个变量所决定，也可属于内生变量。

从上述对高校科技创新团队效能模型的描述，结合 I-P-O 模型，各变量间的关系也非常清晰，其结构呈现出 X→Y→Z，X 对 Z 的影响除了可以直接看出，也可以通过 Y 的中介效应来进行发挥。在这种路径分析中，间接效应（Y）是必须要考虑的，在某种情况下可能还是关注的焦点和重点，其影响力的大小可以取决于 X→Y→Z 两个标准化系数乘积得到，即路径系数或结构系数，具体如表 4.44、表 4.45、表 4.46 所示。

表 4.44 路径系数标准化总效果

	成员相互协作承诺（CP）	成员间信息沟通（CC）	成员对团队目标认同度（CT）	成员间交互行为（CM）	自我功效感（EE）	行为结果（EB）
成员间信息沟通（CC）	0.301	0	0	0	0	0
成员对团队目标认同度（CT）	0.652	0	0	0	0	0

续表

	成员相互协作承诺（CP）	成员间信息沟通（CC）	成员对团队目标认同度（CT）	成员间交互行为（CM）	自我功效感（EE）	行为结果（EB）
成员间交互行为（CM）	0.636	0.177	0.436	0	0	0
自我功效感（EE）	0.304	0.035	0.358	0.199	0	0
行为结果（EB）	0.316	0.41	0.161	0.292	0.124	0
业绩效能（EP）	0.379	0.335	0.405	0.046	–0.166	0.295

表 4.45 路径系数标准化直接效果

	成员相互协作承诺（CP）	成员间信息沟通（CC）	成员对团队目标认同度（CT）	成员间交互行为（CM）	自我功效感（EE）	行为结果（EB）
成员间信息沟通（CC）	0.301	0	0	0	0	0
成员对团队目标认同度（CT）	0.652	0	0	0	0	0
成员间交互行为（CM）	0.299	0.177	0.436	0	0	0
自我功效感（EE）	0	0	0.272	0.199	0	0
行为结果（EB）	0	0.358	0	0.267	0.124	0
业绩效能（EP）	0	0.221	0.43	0	–0.202	0.295

表 4.46 路径系数标准化间接效果

	成员相互协作承诺（CP）	成员间信息沟通（CC）	成员对团队目标认同度（CT）	成员间交互行为（CM）	自我功效感（EE）
成员间信息沟通（CC）	0	0	0	0	0
成员对团队目标的认同度（CT）	0	0	0	0	0
成员间交互行为（CM）	0.338	0	0	0	0
自我功效感（EE）	0.304	0.035	0.087	0	0
行为结果（EB）	0.316	0.052	0.161	0.025	0
业绩效能（EP）	0.379	0.114	–0.025	0.046	0.037

从图 4.5 和表 4.44、表 4.45、表 4.46 关于变量的路径模型及系数图来看，成员相互协作承诺与成员间交互行为影响较大，在很大程度上影响了团队成员对团队目标认同度，而自我功效感与团队业绩效能影响不显著，甚至还有负面影响。

从直接影响效果来看，成员相互协作承诺与对成员对团队目标认同度的影响较为显著，从而再一次证明了自我功效感对团队业绩效能负面影响的假设，成员相互协作承诺却间接影响着团队的业绩效能。

4.4 高校科技创新团队协同增效作用路径分析

4.4.1 高校科技创新团队协同内部作用路径

从图 4.5 的 C.A.M.6 模型结果可以得出高校科技创新团队协同内部作用关系（见图 4.6）。“4C” 表示高校科技创新团队协同的 4 个主要方面：“CT” 表示创新团队成员对团队目标的认同；“CC” 表示创新团队成员间信息沟通；“CP” 表示创新团队成员相互协作承诺；“CM” 表示创新团队成员间交互行为。“4C” 间的相互关系共有 5 组，分别是：团队成员对目标认同度对成员间的交互行为直接影响效应为 0.436；成员相互协作承诺与成员对团队目标认同度的直接效应为 0.652、与成员间交互行为的直接效应为 0.299、与成员间信息沟通直接影响效应为 0.301；成员间信息沟通对成员间交互行为的直接影响效应为 0.177。由图 4.9 可以看出，创新团队协同内部除了成员间交互行为与其他 3 个维度没有直接效应，成员相互承诺对成员对团队目标的认同度直接作用效应最大，超过了 0.6。

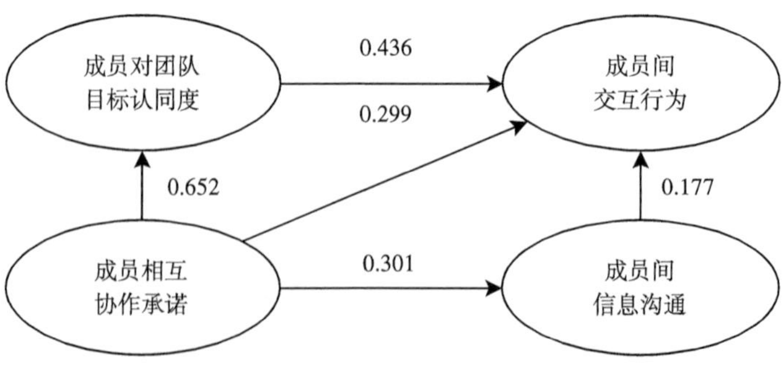

图 4.9 高校科技创新团队协同内部作用机理关系

4.4.2　高校科技创新团队效能内部作用路径

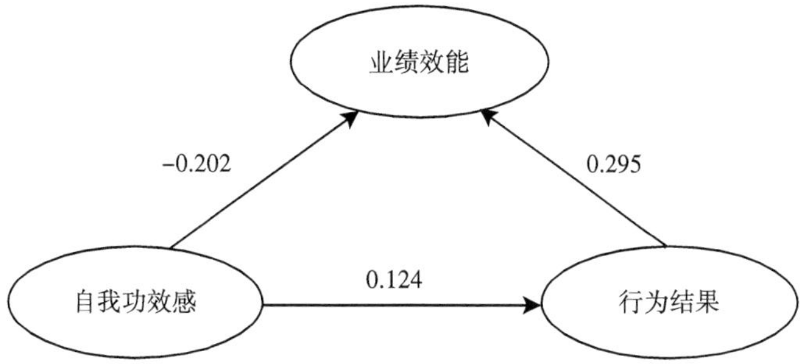

图 4.10　高校科技创新团队效能内部作用机理关系

从图 4.5 的 C.A.M.6 模型结果可以得出高校科技创新团队效能内部作用关系（见图 4.10）。“3E”表示高校科技创新团队效能的 3 个主要方面：“EP”表示创新团队业绩效能；“EE”表示创新团队成员自我功效感；“EB”表示创新团队行为结果。“3E”间的相互关系共有 3 组，分别是：团队成员自我功效感对团队行为结果的直接影响效应为 0.124，对业绩效能的直接影响为-0.202；团队行为结果对业绩效能的直接影响效应为 0.295。由图 4.10 可以看出，创新团队效能内部业绩效能对其他两个维度没能产生直接影响效应，团队成员自我功效感对业绩效能产生负面影响效应。

4.4.3　高校科技创新团队协同作用团队效能路径

将图 4.5 的 C.A.M.6 模型结果有关高校科技创新团队协同与效能的关系进行梳理，得出两者的机理图（见图 4.8）。团队成员对团队目标认同度对团队业绩效能具有直接影响效应（0.124），同时也有间接负面影响效应（-0.025），对自我功效感既具有直接效应（0.430），又有间接效应（0.087）；成员间交互行为对团队行为结果既有直接影响效应（0.267），又有间接影响效应（0.025），对业绩效能的间接影响效应为 0.046；成员间信息沟通对团队业绩效能和行为结果既有直接影响效应（0.221、0.358），又有间接影响效应（0.114、0.052），而对团队成员自我功效感只有间接影响效应（0.035）；成员相互协作承诺对团队效能的 3 个维度（业绩效能、成员自我功效感和行为结果）均只有间接影响效应，分别为 0.379、0.304 和 0.316。

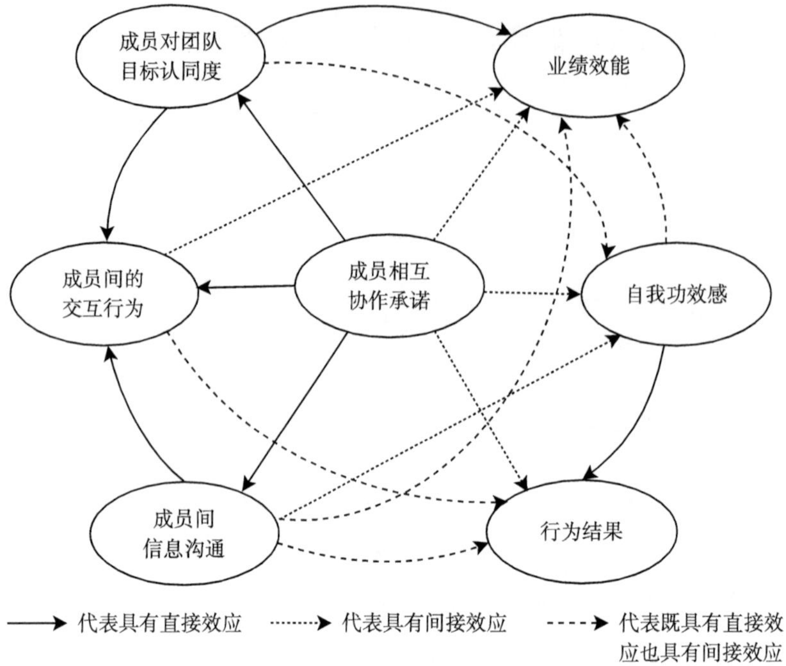

图 4.11　高校科技创新团队协同作用效能机理关系模型

4.5　本章小结

本章在有关文献研究和第 3 章高校科技创新团队测试量表开发的基础上，根据研究需要提出了理论假设和研究框架。接着，在北京、上海等 6 省市部分高校进行正式调查，共获得有效问卷 763 份。根据相关分析的要求，再次运用了 SPSS19.0 分析工具和结构方程的有关方法对高校科技创新团队协同、效能各自维度和相互间的关系进行了拟合和路径分析，并对两者的相互影响机理进行了详细分析。研究结果显示，高校科技创新团队协同的 4 个因子（成员对团队目标认同度、成员间信息沟通、成员相互协作承诺和成员间交互行为）对高校科技创新团队效能 3 个因子（业绩效能、自我功效感和行为结果）大部分都存在正向影响。协同各因子与自我功效感作用不显著，起着负向影响作用。

第5章　高校科技创新团队动态协同增效机理研究

前文通过调查问卷及统计学方法讨论了高校科技创新团队效能的内涵，从静态时间节点探明了团队协同对效能影响机理及各变量间的路径关系、作用效应的大小。由于高校科技创新团队本身就是一个动态发展的过程，其成员也不是固定不变的。面板数据分析的结果只能从概况上反映团队协同对效能的影响机理。为了更全面地反映高校科技创新团队协同对效能影响机理，本章在第4章研究的基础上，考虑到时间的因素，试探性地从动态角度，进一步定量地分析高校科技创新团队的协同作用以及效能各因素间的关系，构建协同效能与各因素的数理模型，分析协同系统状况，以期深化对高校科技创新团队效能提升的协同机制。

5.1　高校科技创新团队动态协同增效的作用路径

管理学中的激励理论认为人的行为发生遵循“需要—心理紧张—动机—行为—目的—需求满足/消除紧张—新的需要”的过程。团队个体成员研发动力的提高主要看其行为的激发程度，也是团队效能提升的前提和基础。在很大程度上，高校科技创新团队效能是团队成员协同研发的过程，也是共同提高的结果。团队成员为了实现其自身价值，通过学校和团队以政策和规定的形式给予了其某种信号，从而唤起教师个体的研发动机和动力，多个教师的动力综合而成一股凝聚力，从而形成团队研发的合力，即协同。这种协同需要通过团队效能导向，在遵守学校和团队战略目标的前提下，强调成员个人的目标和兴趣，通过提供不同的研究项目和环境，供成员进行有针对性的选择，从而提供团队成员研发的兴趣、合作的意愿和完成任务、提高效能的积极性，即形成了“学校和团队战略目标定位→成员依兴趣选择→协同研发的意愿→共同研发行为→团队效能的提高→新的目标产生”行为发生机制，具体如图 5.1 所示。

图 5.1 高校科技创新团队协同研发行为发生路径图

图 5.1 所示的高校科技创新团队成员协同研发行为发生路径，隐含着几个假设：只要战略目标与成员兴趣相吻合，且成员均有研发的强烈欲望和追求知识的互补，就会产生协作的意愿和行为，结果是团队的效能也会提高。但在现实中，很多看起来符合预期的行为并不能产生理想的效果，只有“协作意愿→协同→共享行为→效能”成为一个整合的系统，才能真正实现协同到效能的转换。这种传输是一个系统的过程，结合前文关于高校科技创新团队效能结构的研究，将协同—效能转换路径进行整合，新的系统就是我们所谓的高校科技创新团队协同—效能转换系统，具体如图 5.2 所示。

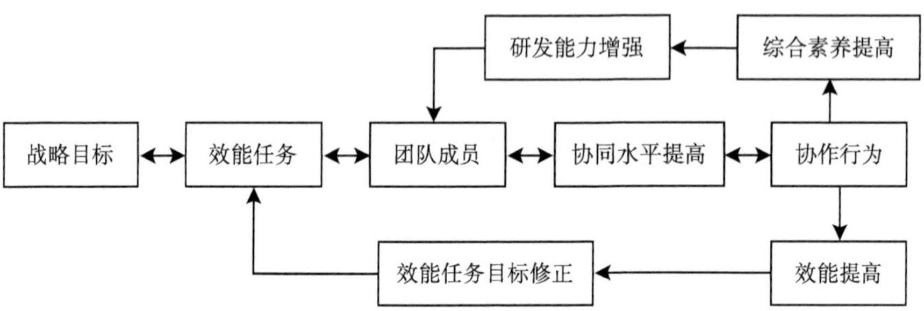

图 5.2 高校科技创新团队协同—效能转换系统

图 5.2 是一个闭合的循环系统，使团队效能与团队协作行为实现良性循环，并互为反馈，包含了 3 个层面的系统自组织。①学校层面的矢量修正，即学校制定良好的政策来鼓励教师开展科技创新活动和研究，创造良好的科研环境与氛围并塑造科技创新的典范来改进和修正教师的行为，并能够通过学校的政策予以正激励，从而使广大教师向学校的科技创新投入更多的精力，这样就实现了两者的良性互动，保持着团队效能的不断提高；②协同与效能结果之间的良性反馈，根据团队成员效能指标的产出情况，并与原效能任务进行对比，发现问题和存在的

不足，从而采取有针对性的措施进行修正；③团队成员个体效能在参加团队先后效能的纵向比。团队成员在完成团队交给的效能任务的同时，其知识、技能、研究方法和手段等素养正常情况下会发生全面提高，并且通过认知感受促进其他素养的提高，改进工作方式、方法，提高岗位胜任能力。整个模型反映和实现了科技创新团队作为一个自组织的自我净化和提高功能，实现了管理“效率”和“效益”的双提高，以及管理中战略和执行正确性的基本要求，实现了行为与目标的有机协同、整体与个体的共同提高。

基于以上分析，高校科技创新团队协同—效能转换过程系统可以描述为：高校和团队以其自身的发展战略为总引擎，借助于明确的效能和先进的团队文化以及团队成员自身求知和自我价值实现的渴望，通过先进的人力资源管理制度和手段来实现对团队成员行为的导向和驱动，最终实现学校战略、团队目标和个人目标协同发展的互推系统。在整个效能系统中，团队成员个体间及其与团队和学校间要实现有效互动，协同最为关键，图 5.2 正是说明了团队成员协同系统，这将彻底改变传统的绩效评价将人与环境、人与组织及人与人之间割裂的弊端，实现了对效能影响因素的系统考量。

5.2　高校科技创新团队的内部协同机理

第 4 章分析了高校科技创新团队协同影响因素和效能影响因素之间的关系，然而，高校科技创新团队从组建到解散往往要经历 3~8 年的长期建设过程，团队成员的协同在这样一个长期过程中随时间改变而缓慢发展，其每个因子也都随之而变化，并在相互依赖和相互影响中渐渐改变。为更好地评价团队的协同情况，必须分析时间变量对它们的影响，即需要刻画协同各影响因素随时间变化的规律，建立成员对团队目标认同度、成员间信息沟通、成员相互协作承诺、成员间交互行为的动态演化过程动态模型，进一步说明它们是如何随着时间而推移，从而得到团队总协同的数学模型。

以下记时间变量为 t，设成员对团队目标认同度量为 X_1，成员间信息沟通量为 X_2，成员相互协作承诺为 X_3，成员间交互行为为 X_4，团队的协同为 X，这些量都是对各因子采用某种评分制进行计算，并实行归一化处理，最后采用百分制进行量化得到，如业绩效能可统一折算成科研分。于是这些量都是时间 t 的函数，即：

$$\begin{cases} X_1 = X_1(t) \\ X_2 = X_2(t) \\ X_3 = X_3(t) \\ X_4 = X_4(t) \\ X = X(t) \end{cases} \tag{5.1}$$

又由第 4 章分析可知，这些量受到众多因素的影响，除了已分析的因素之外，还有很多微小因素的影响，这些影响对各因子的干扰大多是不确定的且不能预知的。我们可以采用随机扰动来刻画。由概率论的大数定律和中心极限理论知道，大量的微小扰动总体上服从正态分布，考虑到时间的变化，于是这些不确定的干扰过程是一系列有独立增量的正态过程即布朗运动或维纳过程。

5.2.1 成员对团队目标认同度分析

成员对团队目标认同度包括对团队目标、愿景、制度、资源等全方位的认知过程，是一个长期发展过程，其发展随时间改变而改变，在能感知到的因素外，还有不确定因素干扰，呈动态演化状态，可以建立其随时间发展的动态模型。

令 t_0 为团队建立的初始时刻，T 为团队的到期时刻，即解散时刻（$0 \leqslant T \leqslant \infty$），$X_1(t)$ 表示 t 时刻团队的目标认同度总量，则在 $[t, t+\Delta t)$ 内，$X_1(t)$ 的增长率为：

$$\frac{X_1(t+\Delta t) - X_1(t)}{X_1(t)} \tag{5.2}$$

随着团队的发展，团队成员对目标认同度越来越高，最终达到饱和一致。因此，可用阻滞增长模型来刻画。另外，由前文分析可知，影响目标认同度的关键因素有目标一致性、市场前景、目标可实现、团队目标稳定性、规章制度、资源整合、支持力度等众多更小的因素，因此，我们做如下假设：

（1）团队目标认同度总量的固有增长率 r_1 为常数。

（2）团队目标认同度总量有最大容量限制 M。

（3）各微小因素影响之间是相互独立的。

于是，根据假设（1），可知：

$$\frac{X_1(t+\Delta t)-X_1(t)}{X_1(t)}=r_1\Delta t \tag{5.3}$$

令 $\Delta t\to 0$，得：

$$dX_1(t)=r_1X_1(t)dt$$

根据假设（2），令 M_1 为资源的最大容量，其阻滞因子为：$1-\frac{X_1}{M_1}$，于是模型化为：

$$dX_1(t)=r_1X_1(t)(1-\frac{X_1(t)}{M_1})dt，\text{或：}$$

$$\frac{X_1(t+\Delta t)-X_1(t)}{X_1(t)}=r_1(1-\frac{X_1(t)}{M_1})\Delta t \tag{5.4}$$

再由假设（3）及中心极限定理，各微小因素对总量的影响可用正态分布来刻画，令 σ_1 为其波动率，于是有：

$$\frac{X_1(t+\Delta t)-X_1(t)}{X_1(t)}=r_1(1-\frac{X_1(t)}{M_1})\Delta t+\sigma_1\Delta W \tag{5.5}$$

其中，ΔW 服从正态分布 N（0，t），从而，令 $\Delta t\to 0$，即得：

$$dX_1(t)=r_1(1-\frac{X_1(t)}{M_1})X_1(t)dt+\sigma_1 dW_t \tag{5.6}$$

其中，W_t 是标准布朗运动，其满足下面关系：

$W(0)=0$；

$\{W(t),\ t\geqslant 0\}$ 有独立的平稳增量；

对每个 $t>0$，$W(t)$ 服从正态分布 N（0，t）；

（正态增量）$W(t)-W(s)\sim N(0,\ t-s)$，即 $W(t)-W(s)$ 服从均值为 0，方差为 t-s 的正态分布，当 $s=0$ 时，$W(t)-W(0)\sim N(0,\ t)$；

（独立增量）$W(t)-W(s)$ 独立于过程的过去状态 $\{W(u),\ 0\leqslant u\leqslant s\}$；

（路径的连续性）$W_t, t\geqslant 0$ 是 t 的连续函数。

将认同量进行量纲处理后，不妨设 $X_1(0)=1$，$M_1=100$，$t_0=0$，$T=1$，于是得到单独的目标认同量的模型为：

$$\left\{\begin{aligned}&dX_1(t)=r_1(1-\frac{X_1(t)}{M_1})X_1(t)dt+\sigma_1 dW_t\\&X(0)=1\end{aligned}\right\} \tag{5.7}$$

给定适当参数，利用式（5.7）可计算出其总量的发展路径。其算法如下：

```
clear; clc; close all;
n=10000;
X_1=zeros (1, n);
X_1(1)=1;
r_1=0.8;
M_1=100;
sigma_1=0.3;
T=10;
delta_t=T/(n-1);
for i=2: n
   X_1(i)=X_1(i-1)+r_1*(1-X_1(i-1)/M_1)*X_1(i-1)*delta_t+...
        sigma_1*X_1(i-1)*randn*sqrt(delta_t);
end
plot (linspace (0, T, n), X_1, 'linewidth', 2)
title ('团队认同度总量发展过程');
xlabel ('时间 t')
ylabel ('团队认同度总量 X_1(t)')
```

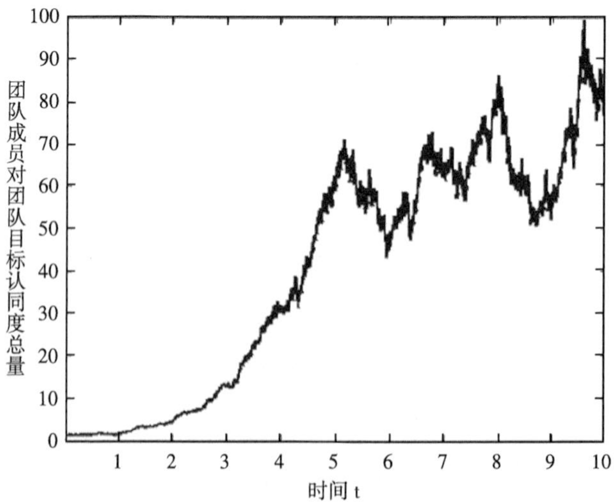

图 5.3 成员对团队目标认同度总量的发展变化（未考虑相关性）

考虑成员间信息沟通、成员相互协作承诺、成员间交互行为对成员对团队目标认同度的相关性，其影响因素分别用布朗运动 W_1，W_2，W_3，W_4 来刻画，于是：

$$\begin{cases} dX_1(t) = r_1\left(1 - \dfrac{X_1(t)}{M_1}\right)X_1(t)dt + X_1(t)(\sigma_{11}dW_{1t} + \sigma_{12}dW_{2t} + \sigma_{13}dW_{3t} + \sigma_{14}dW_{4t}) \\ X_1(0) = 1 \end{cases} \tag{5.8}$$

式（5.8）中，W_{1t}，W_{2t}，W_{3t}，W_{4t} 都是标准维纳过程，它们之间相互独立，即 $W = (W_{1t} + W_{2t} + W_{3t} + W_{4t})$ 构成一个四维的标准布朗运动。

类似于上述方法，利用数值方法模拟其运动路径。从图 5.4 中可以看出，成员对团队目标认同度量有一个渐进递增的趋势，团队初建时期发展较快，到了后期随着成员对团队目标认同度的进一步提高，异议较少，也就呈现出较为稳定的状态，变化较小。但随着团队成员对团队环境的熟悉和自己的快速成长，常坚持个人见解，对团队目标的理解与团队领导等会产生偏差，也就呈现出经常性的波动。

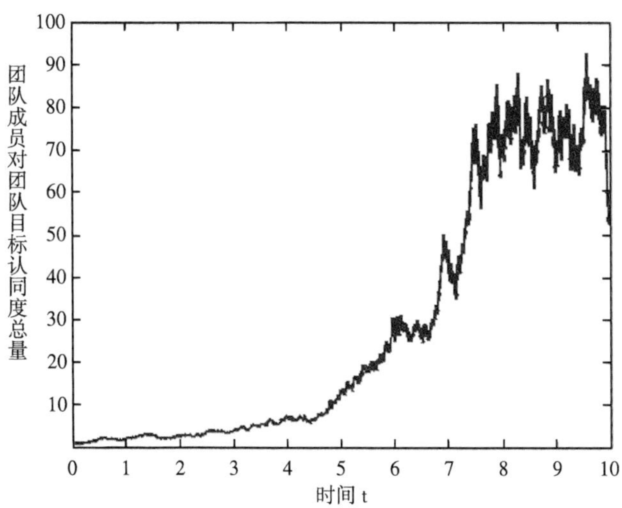

图 5.4　成员对团队目标认同度总量的发展变化（考虑相关性）

5.2.2　成员间信息沟通分析

团队成员间随着相互交流和相处时间的变化，以及团队的沟通氛围，使得团队成员间信息沟通成为一个复杂、渐进的过程，在除了沟通意识、沟通氛围和沟通频率等其他不确定因素的干扰情况下，会呈现出动态发展状态。对团队成员信息沟通程度进行归一化处理并线性化，令 $X_2(t)$ 表示时刻 t 的信息沟通程度，0 表示完全不沟通，100 表示完全沟通，基于第 4 章的分析，成员间信息沟通程度受到沟通意识、沟通氛围、沟通频率等因素的影响，类似地，对成员间信息沟通量作如下假设：

（1）成员间信息沟通量 $X_2(t)$ 的固有增长率为常数。

（2）影响因素导致成员间沟通量 $X_2(t)$ 的变化率服从正态分布。

（3）波动率为常数。

在时间段 [t，t+Δt) 内，信息沟通量 $X_2(t)$ 的增长率为：

$$\frac{X_2(t+\Delta t)-X_2(t)}{X_2(t)} \tag{5.9}$$

由假设（1）可知：

$$\frac{X_2(t+\Delta t)-X_2(t)}{X_2(t)}=r_2\Delta t \tag{5.10}$$

由假设（2）可知：

$$\frac{X_2(t+\Delta t)-X_2(t)}{X_2(t)}=r_2\Delta t+\sigma_2\Delta W_{2t} \tag{5.11}$$

再由成员对团队目标认同度、成员间信息沟通、成员相互协作承诺、成员间交互行为的影响，即有：

$$\frac{X_2(t+\Delta t)-X_2(t)}{X_2(t)}=r_2\Delta t+\sigma_{21}\Delta W_{1t}+\sigma_{22}\Delta W_{2t}+\sigma_{23}\Delta W_{3t}+\sigma_{24}\Delta W_{4t} \tag{5.12}$$

令 Δ→0，得：

$$\begin{cases} dX_2(t)=r_2X_2dt+X_2(t)(\sigma_{21}dW_{1t}+\sigma_{22}dW_{2t}+\sigma_{23}dW_{3t}+\sigma_{24}dW_{4t}) \\ X_2(t)=x_{20} \end{cases} \tag{5.13}$$

求解这个方程，得：

$X_2(t)=$

$$x_{20}\exp\left\{\left(r_2-\frac{1}{2}\delta_{21}^2-\frac{1}{2}\delta_{22}^2-\frac{1}{2}\delta_{23}^2-\frac{1}{2}\delta_{24}^2\right)t+\delta_{21}W_{1t}+\delta_{22}W_{2t}+\delta_{23}W_{3t}+\delta_{24}W_{4t}\right.$$

取适当的参数，并利用离散化方法，可计算出其发展路径，其计算方法如下：

```
clear; clc; close all;
n=10000;
```

```
X_2=zeros (1, n);
X_2(1)=1;
r_2=0.5;
sigma_21=0.3;
sigma_22=0.4;
sigma_23=0.2;
sigma_24=0.5;
T=10;
delta_t = T/(n-1);
for i = 2: n
X_2(i)=X_2(i-1)+r_2*X_2(i-1)*delta_t+X_2(i-1) *(...
        sigma_21 * sqrt(delta_t) * randn + sigma_22 * sqrt(delta_t) * randn +...
        sigma_23 * sqrt(delta_t) * randn + sigma_24 * sqrt(delta_t) * randn);
end
plot (linspace (0, T, n), X_2, 'linewidth', 2)
title ('成员间信息沟通发展过程');
xlabel ('时间 t')
ylabel ('成员间信息沟通总量 X_2 (t)')
```

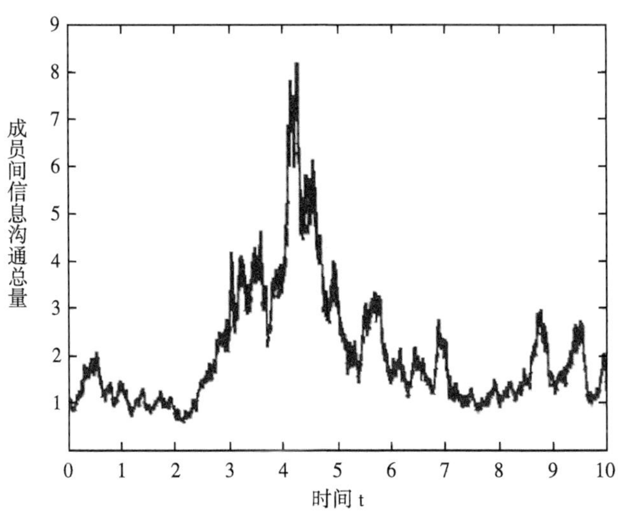

图 5.5　成员间信息沟通量的发展变化

图 5.5 反映了成员间信息沟通在团队建设初期是一个缓慢而艰难的过程，随着团队的发展，团队成员间相互沟通频次增加，相互信任水平不断提高，沟通会取得量的突破和质的飞跃。

5.2.3 成员相互协作承诺分析

成员相互协作承诺是团队协作的前提和重要保证，由于高校科技创新团队成员协作对象——知识和信息的无形特征，需要相互间履行承诺，信守团队规章制度，相互间开展无私合作，这将是一个长期而曲折的发展过程。其发展随相互间沟通、了解的时间改变而改变，同样呈现出动态演化过程。团队成员相互协作承诺主要体现在情感承诺、规范承诺、机会承诺 3 个方面。

（1）团队成员间的情感承诺大致有完全不信任、不信任、信任、完全信任等几个状况，且各个状况间会进行随机转化，其也受到大量微小因素的影响，为此假设相互情感承诺程度 A(t) 服从布朗运动过程。

$dA(t) = r_{31}dt + \sigma'_{31}\,dW_{3t}$

同样对情感承诺程度进行量化处理后，可设 A(0)=1。

于是，$A(t)=r_{31}t+\delta'_{31}W_{3t}$。

情感承诺程度的发展过程大致如图 5.6 所示。模拟方法为：

```
clear; clc; close all;
n=10000;
A=zeros (1, n);
A(1)=1;
r_31=5;
sigma_31=12;
T=10;
delta_t=T/(n-1);
for i=2: n
    A(i)=A(i-1)+r_31*delta_t+sigma_31*sqrt(delta_t)*randn;
end
plot (linspace (0, T, n), A, 'linewidth', 2);
title ('团队成员情感承诺发展过程');
```

xlabel（'时间 t'）；

ylabel（'团队成员情感承诺 A（t）'）。

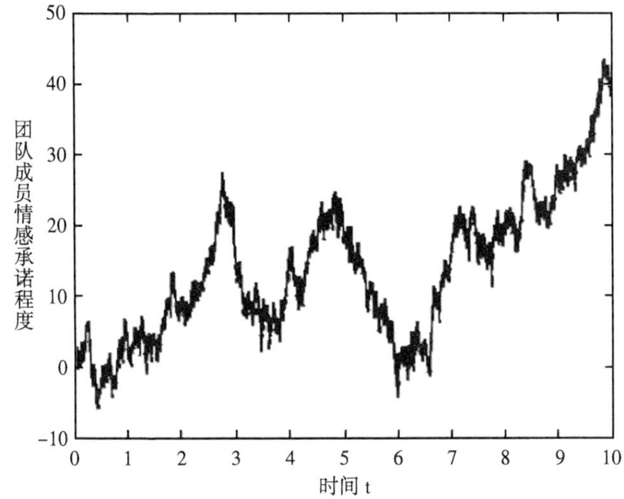

图 5.6　团队成员情感承诺量的发展变化

（2）团队成员规范承诺是一个累积递增的稳定过程，令 B(t) 为时刻 t 的规范承诺程度，其服从一个几何布朗运动。

$$\begin{cases}\dfrac{dB(t)}{B(t)} = r_{32}dt + \sigma'_{32}W_{3t}\\ B(0) = B_0\end{cases}$$

解之，得：

$$B(t) = B_0\exp\left\{(r_{32} - \frac{1}{2}\delta'^{\,2}_{32})t + \delta'_{32}W_{3t}\right. \tag{5.14}$$

此模型的数值方法为：

```
clear; clc; close all;
n=10000;
B=zeros (1, n);
B(1)=1;
r_32=0.45;
sigma_32=0.2;
T=10;
```

```
delta_t=T/(n-1);
for i=2: n
    B(i)=B(i-1)+B(i-1)*(r_32*delta_t+sigma_32*sqrt(delta_t)*randn);
end
plot (linspace (0, T, n), B, 'linewidth', 2);
title ('团队成员规范承诺发展过程');
xlabel ('时间 t');
ylabel ('团队成员规范承诺 B (t)')。
```

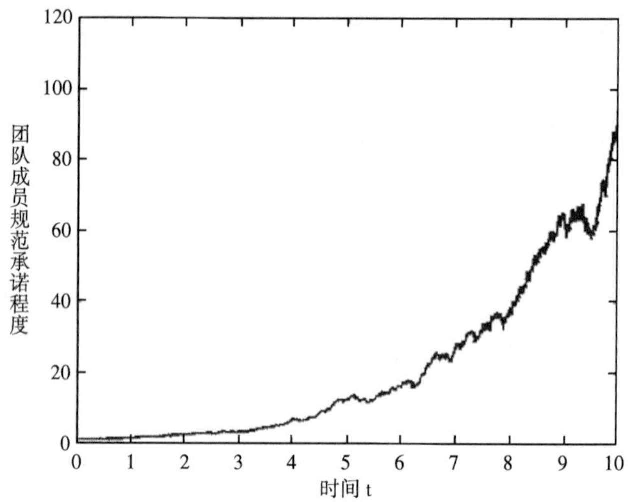

图 5.7　团队成员规范承诺量的发展变化

从图 5.7 可以看出，团队成员规范承诺在团队发展过程中会有些小的波动，但整体是渐进稳定增长的。

(3) 机会承诺也是一个不断稳定增长的过程，同样可用几何布朗运动来刻画，令 t 时刻机会承诺度为 C(t)，于是有：

$$\begin{cases} \dfrac{dC(t)}{C(t)} = r_{33}dt + \sigma'_{33}dW_{3t} \\ C(0) = C_0 \end{cases}$$

$$C(t) = c_0 \exp\left\{(r_{33} - \frac{1}{2}\delta'^{\,2}_{33})t + \delta'_{33}W_{3t}\right. \tag{5.15}$$

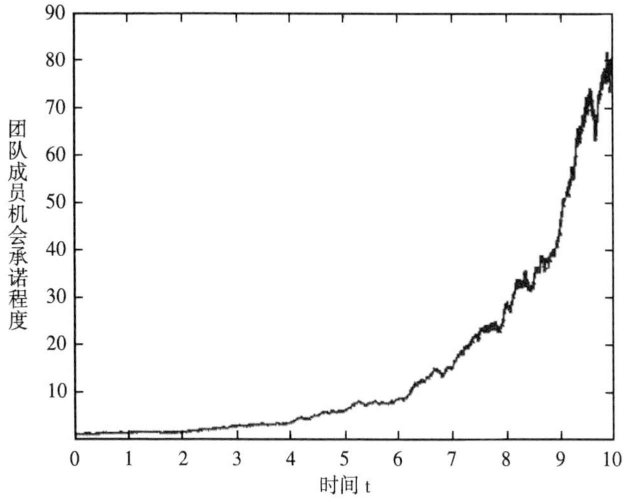

图 5.8　团队成员机会承诺量的发展变化

（4）结合情感承诺、规范承诺、机会承诺情况，可得团队成员相互协作承诺量应满足如下条件：

$$\begin{cases} dX_3(t) = (r_3' + r_3 X_3(t))dt + (\sigma_3' + \sigma_3 X_3(t))dW_{3t} \\ X_3(0) = 1 \end{cases} \tag{5.16}$$

再考虑团队成员对目标认同度、成员间信息沟通、成员间交互行为之间的相互影响，类似前文的讨论，可知其数学模型为：

$$\begin{cases} dX_3(t) = (r_3' + r_3 X_3(t))dt + (\sigma_{33}' + \sigma_{33} X_3(t))dW_{3t} + X_3(t)(\sigma_{31}' dW_{1t} + \sigma_{32} dW_{2t} + \sigma_{34} dW_{4t}) \\ X_3(0) = 1 \end{cases} \tag{5.17}$$

对模型进行离散，计算方法如下：

```
clear; clc; close all;
n=10000;
X_3=zeros (1, n);
X_3(1)=1;
r_3=0.2;
r_3_p=2;
sigma_31=0.3;
```

```
sigma_32 = 0.2;
sigma_33 = 0.1;
sigma_33_p = 0.2;
sigma_34 = 0.1;
T = 10;
delta_t = T/(n-1);
for i = 2: n
   X_3(i) = X_3(i-1) + (r_3_p + r_3 * X_3(i-1)) * delta_t + ...
       (sigma_33_p + sigma_33 * X_3(i-1)) * sqrt(delta_t) * randn + ...
       X_3(i-1) * (sigma_31 * sqrt(delta_t) * randn + ...
       sigma_32 * sqrt(delta_t) * randn + sigma_34 * sqrt(delta_t) * randn);
end
plot (linspace (0, T, n), X_3, 'linewidth', 2)
title ('团队成员相互协作承诺发展过程');
xlabel ('时间 t')
ylabel ('团队成员相互协作承诺量 X_2 (t)')
```

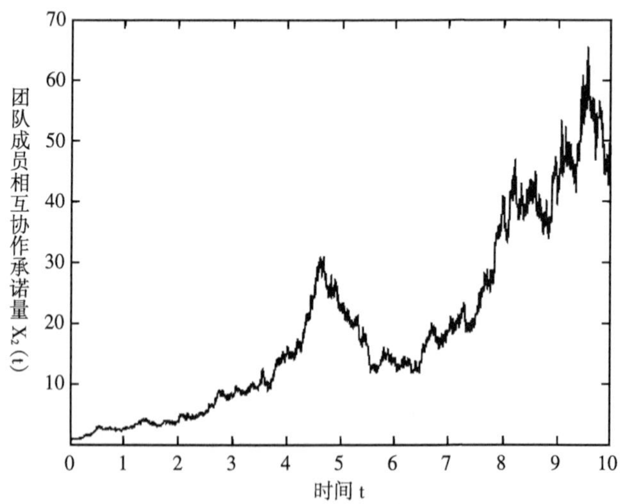

图 5.9 团队成员相互协作承诺的发展变化

由图 5.9 可以看出，在团队发展过程中，成员相互协作承诺总体上呈渐进发展态势，但在不同生命周期阶段也会呈现波动发展。在团队组建初期，成员相互间了解不深，大家能够谨慎按照团队章程来规范自己的行为，相互间信守诺言，遵守规章制度。到了震荡期，成员对其他成员的了解进一步加深，团队政策或执行过程中的不公往往会导致相互协作承诺水平下降，只要团队领导及时发现并采取切实可行的干预措施，也会出现新一轮的快速提高。

5.2.4 成员间交互行为分析

成员间交互行为受到相互促进意识、主动交换、共享行为、冲突处理等因素的影响，类似前文的数学模型，可建立如下动态演化、发展模型：

$$\begin{cases} dX_4(t) = r_4 X_4(t)dt + X_4(t)(\sigma_{41} dW_{1t} + \sigma_{42} dW_{2t} + \sigma_{43} dW_{3t} + \sigma_{44} dW_{4t}) \\ X_4(0) = 1 \end{cases} \tag{5.18}$$

于是有：

$$X_4(t) =$$

$$\exp\left\{(r_4 - \frac{1}{2}\delta_{41}{}^2 - \frac{1}{2}\delta_{42}{}^2 - \frac{1}{2}\delta_{43}{}^2 - \frac{1}{2}\delta_{44}{}^2)t + \delta_{41} W_{1t} + \delta_{42} W_{2t} + \delta_{43} W_{3t} + \delta_{44} W_{4t}\right. \tag{5.19}$$

这样，结合权重与数值计算，可得到团队的协同。

式（5.18）、式（5.19）中，$X_4(t)$ 表示时刻 t 的交互程度，r_4 表示增长率，σ_{41}，σ_{42}，σ_{43}，σ_{44} 表示波动率，其中发展轨迹如图 5.10 所示。

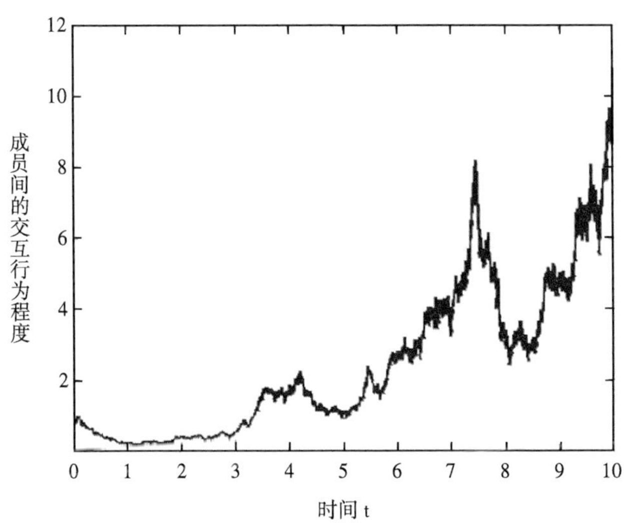

图 5.10　团队成员间交互行为情况的发展变化

从图 5.10 可以看出，成员间交互行为随时间变化逐步提高。当团队发展到紧密协作时，相互间的交互行为水平也最高，此时也是团队成果产出最多的时期。当然，也会出现成员间高度一致性，在某种程度上影响新思维和不同意见的提出，交互行为效果就会呈下降趋势，需要团队及时采取措施，保持高水平发展。

5.2.5 团队动态协同模型

为了从整体上对高校科技创新团队的协同作一个衡量与评价，需要建立一个团队协同模型。由第 4 章的回归分析可知，团队协同 X 与其 4 个因子的关系可近似地表示为：

$$X(t)=w_1X_1(t)+w_2X_2(t)+w_3X_3(t)+w_4X_4(t) \tag{5.20}$$

式（5.20）中，w_1，w_2，w_3，w_4 为各个因子的权重，根据因子的相互影响及层次分析法可确定。

$X(t)$通过方程 $\begin{cases} dX_1(t)=r_1\left(1-\dfrac{X_1(t)}{M_1}\right)X_1(t)dt+\sigma_1 dW_t \\ X(0)=1 \end{cases}$ 确定，并可通过数值计算得到。$X_2(t)$ 由 $X_2(t)=x_{20}\exp\left\{\left(r_2-\frac{1}{2}\delta_{21}^2-\frac{1}{2}\delta_{22}^2-\frac{1}{2}\delta_{23}^2-\frac{1}{2}\delta_{24}^2\right)t+\delta_{21}W_{1t}+\delta_{22}W_{2t}+\delta_{23}W_{3t}+\delta_{24}W_{4t}\right.$ 决定。

$X_3(t)$可由式（5.21）求解：

$$\begin{cases} dX_3(t)=(r_3'+r_3X_3(t))dt+(\sigma_{33}'+\sigma_{33}X_3(t))dW_{3t}+X_3(t)(\sigma_{31}dW_{1t}+\sigma_{32}dW_{2t}+\sigma_{34}dW_{4t}) \\ X_3(0)=1 \end{cases} \tag{5.21}$$

$X_4(t)$为：

$$X_4(t)=\exp\left\{\left(r_4-\frac{1}{2}\delta_{41}{}^2-\frac{1}{2}\delta_{42}{}^2-\frac{1}{2}\delta_{43}{}^2-\frac{1}{2}\delta_{44}{}^2\right)t+\delta_{41}W_{1t}+\delta_{42}W_{2t}+\delta_{43}W_{3t}+\delta_{44}W_{4t}\right. \tag{5.22}$$

这样，结合权重与数值计算，可得到团队的协同。

为进一步直观揭示科技创新团队协同情况，采取了机构咨询、专家访谈、团队抽样调查等方法，对各因子权重进行了确定，如表 5.1 所示。

表 5.1　不同类型高校科技创新团队协同影响因子权重

高校类型	协同影响因子权重				备　注
	成员对团队目标认同度（w_1）	成员间信息沟通（w_2）	成员相互协作承诺（w_3）	成员间交互行为（w_4）	
研究型（A）	0.35	0.14	0.30	0.21	
教学研究型（B）	0.33	0.20	0.27	0.20	
教学型（C）	0.37	0.25	0.22	0.16	
职业型（D）	0.41	0.28	0.19	0.12	

根据表 5.1 数据，结合本章前面的动态趋势图，可以刻画出不同类型高校科技创新团队的协同发展与演化动态趋势图，如图 5.11 所示。

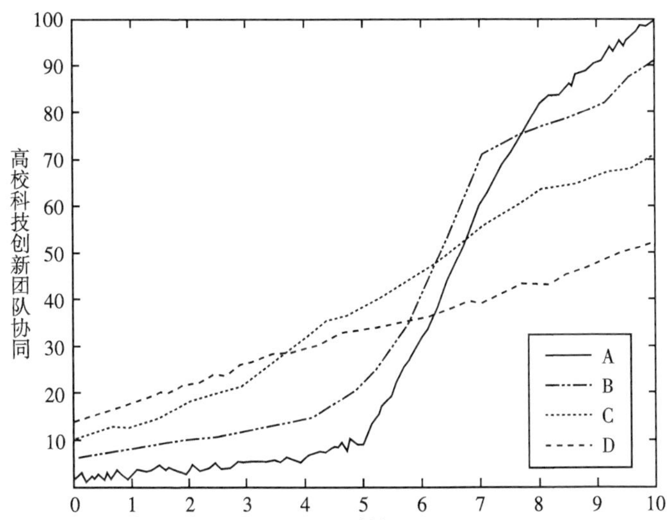

图 5.11　高校科技创新团队协同情况的发展变化

从图 5.11 中可以看出，不同类型的高校，由于其科技研发的定位、依托的科研平台差异以及团队成员承担的角色和功能不同，决定了他们协同的差异。从研究结果来看，研究型高校科技创新团队（一般都有国家级工程中心或实验室等平台）比较注重成员对团队目标认同度和相互间协作承诺，这是由于这些高校科技创新团队从事的研发均为国家高新科技或具有世界前沿的重大项目，其要求成员对研究的目标有高度的认识，因其科技含量高、涉及领域宽，需要相互间紧密合作，信守协作承诺，保守研发秘密。而对于教学研究型高校，由于其科技创新团队成员要承担一些教学工作任务，他们除了要对研究任务有清晰的认识和赞同外，其他各因素基本比例基本平衡，这也是由他们教学科研任务基本持平的目标决定的。至于教学型和职业型高校科技创新团队组建团队的难度更大，依托平台少、低，科研环境相对较弱，基本上是靠科研兴趣或行政隶属关系组建起来的，因此，对团队目标的认同感比较高，由于科研条件有限，他们更注重相互间的信息交流与沟通，履行相互间的承诺，但共同研讨的意识和时间相对有限。

5.3 高校科技创新团队动态协同增效机理

第 3 章表明，高校科技创新团队效能由业绩效能、自我功效感和行为结果 3 个因子组成，而这 3 个因子又依赖于团队协同的 4 个因子。此时，我们可以建立高校科技队效能每个因子对协同的模型，并考虑时间和随机干扰的影响。令 U_1 表示团队的业绩效能，U_2 表示团队的自我功效感，U_3 表示团队的行为结果，U 表示团队总效能，于是它们都是 X_1，X_2，X_3，X_4 和 t 的函数，即：

$$\begin{cases} U_1 = U_1(X_1, X_2, X_3, X_4, t) \\ U_2 = U_2(X_1, X_2, X_3, X_4, t) \\ U_3 = U_3(X_1, X_2, X_3, X_4, t) \\ U = U(X_1, X_2, X_3, X_4, t) \end{cases} \tag{5.23}$$

由第 4 章 4.1.1 的假设可知，高校科技创新团队协同各影响因子与协同影响因子间存在一定的关系，以及最终的相关关系研究结果，绘制高校科技创新团队效能各影响因子模型，从而构建出科技创新团队的效能模型。

5.3.1 业绩效能分析

由第 3 章、第 4 章的研究、分析可知，团队的业绩效能可由目标实现程度、创新机会、任务计划执行进度情况、创新能力、环境适应、科技成果研发情况、团队执行力、科技成果技术含量、资源获取能力等方面来度量，其依赖于协同量的变化发展过程，即业绩效能 U_1 是随着成员对团队目标认同度 X_1、成员间信息沟通 X_2、成员相互协作承诺 X_3、成员间交互行为 X_4 的变化而改变的，即有：

$$U_{1t} = U_1(X_1, X_2, X_3, X_4, t) \tag{5.24}$$

在时间段［t，t+Δt）上，业绩效能的变化为：

$$U_{1t+\Delta t}-U_{1t}=\Delta U_1\approx dU_1 \tag{5.25}$$

根据 IPO 公式有：

$$\begin{aligned}dU_1=&\frac{\partial U_1}{\partial t}dt+\frac{\partial U_1}{\partial x_1}dX_1+\frac{\partial U_1}{\partial x_2}dX_2+\frac{\partial U_1}{\partial x_3}dX_3+\frac{\partial U_1}{\partial x_4}dX_4+\frac{1}{2}\Big[\frac{\partial^2U_1}{\partial x_1^2}(dX_1)^2+\\&\frac{\partial^2U_1}{\partial x_2^2}(dX_2)^2+\frac{\partial^2U_1}{\partial x_3^2}(dX_3)^2+\frac{\partial^2U_1}{\partial x_4^2}(dX_4)^2+2\frac{\partial^2U_1}{\partial x_1\partial x_2}(dX_1dX_2)+\\&2\frac{\partial^2U_1}{\partial x_1\partial x_3}(dX_1dX_3)+2\frac{\partial^2U_1}{\partial x_1\partial x_4}(dX_1dX_4)+2\frac{\partial^2U_1}{\partial x_2\partial x_3}(dX_2dX_3)+\\&2\frac{\partial^2U_1}{\partial x_2\partial x_4}(dX_2dX_4)+2\frac{\partial^2U_1}{\partial x_3\partial x_4}(dX_3dX_4)\Big],\\=&\frac{\partial U_1}{\partial t}dt+\Big[\frac{\partial U_1}{\partial x_1}r_1\Big(1-\frac{X_1}{M_1}\Big)X_1+\frac{\partial U_1}{\partial x_2}r_2X_2+\frac{\partial U_1}{\partial x_3}(r_3'+r_3X_3)+\frac{\partial U_1}{\partial x_4}r_4X_4\Big]dt+\\&\Big(\frac{1}{2}\frac{\partial^2U_1}{\partial x_1^2}X_1^2(\sigma_{11}^2+\sigma_{12}^2+\sigma_{13}^2+\sigma_{14}^2)+\frac{1}{2}\frac{\partial^2U_1}{\partial x_2^2}X_2^2(\sigma_{21}^2+\sigma_{22}^2+\sigma_{23}^2+\sigma_{24}^2)+\\&\frac{1}{2}\frac{\partial^2U_1}{\partial x_3^2}(X_3^2\sigma_{31}^2+X_3^2\sigma_{32}^2+(\sigma_{33}'+X_3\sigma_{33})^2+X_3^2\sigma_{34}^2)+\frac{1}{2}\frac{\partial^2U_1}{\partial x_4^2}X_4^2(\sigma_{41}^2+\sigma_{42}^2+\\&\sigma_{43}^2+\sigma_{44}^2)+\frac{\partial^2U_1}{\partial x_1x_2}X_1X_2(\sigma_{11}\sigma_{21}+\sigma_{12}\sigma_{22}+\sigma_{13}\sigma_{23}+\sigma_{14}\sigma_{24})+\\&\frac{\partial^2U_1}{\partial x_1\partial x_3}(X_1X_3\sigma_{11}\sigma_{31}+X_1X_3\sigma_{12}\sigma_{32})+X_1(\sigma_{33}'+\sigma_{33}X_3)\sigma_{13}+X_1X_3\sigma_{14}\sigma_{34})+\\&\frac{\partial^2U_1}{\partial x_1\partial x_4}X_1X_4(\sigma_{11}\sigma_{41}+\sigma_{12}\sigma_{42}+\sigma_{13}\sigma_{43}+\sigma_{14}\sigma_{44})+\\&\frac{\partial^2U_1}{\partial x_2\partial x_3}(X_2X_3\sigma_{11}\sigma_{31}+X_2X_3\sigma_{12}\sigma_{32}+X_2(\sigma_{33}'+\sigma_{33}X_3)\sigma_{23}+X_2X_3\sigma_{14}\sigma_{34})+\\&\frac{\partial^2U_1}{\partial x_2\partial x_4}X_2X_4(\sigma_{21}\sigma_{41}+\sigma_{22}\sigma_{42}+\sigma_{23}\sigma_{43}+\sigma_{24}\sigma_{44})+\\&\frac{\partial^2U_1}{\partial x_3\partial x_4}[X_3X_4\sigma_{31}\sigma_{41}+X_3X_4\sigma_{32}\sigma_{42}+X_4(\sigma_{33}'+\sigma_{33}X_3)\sigma_{43}+\\&X_3X_4\sigma_{31}\sigma_{44})]dt+\text{随机项}\end{aligned} \tag{5.26}$$

根据第 4 章的拟合模型有：$\Delta U_1=(\alpha_1X_1+\alpha_2X_2+\alpha_3X_3+\alpha_4X_4)\Delta t$。

令 $\Delta t\to 0$，将式（5.26）分别代入 $dU_1=(\alpha_1X_1+\alpha_2X_2+\alpha_3X_3+\alpha_4X_4)dt$，可得

方程：

$$\frac{\partial U_1}{\partial t}+\frac{\partial U_1}{\partial x_1}r_1(1-\frac{x_1}{M_1})X_1+\frac{\partial U_1}{\partial x_2}r_2X_2+\frac{\partial U_1}{\partial x_3}(r_3'+r_3x_3)+\frac{\partial U_1}{\partial x_4}r_4X_4+$$

$$(\frac{1}{2}\frac{\partial^2U_1}{\partial x_1^2}x_1^2(\sigma_{11}^2+\sigma_{12}^2+\sigma_{13}^2+\sigma_{14}^2)+\frac{1}{2}\frac{\partial^2U_1}{\partial x_2^2}X_2^2(\sigma_{21}^2+\sigma_{22}^2+\sigma_{23}^2+\sigma_{24}^2)+$$

$$\frac{1}{2}\frac{\partial^2U_1}{\partial x_3^2}(X_3^2\sigma_{31}^2+X_3^2\sigma_{32}^2+(\sigma_{33}'+X_3\sigma_{33})^2+X_3^2\sigma_{34}^2)+\frac{1}{2}\frac{\partial^2U_1}{\partial x_4^2}$$

$$X_4^2(\sigma_{41}^2+\sigma_{42}^2+\sigma_{43}^2+\sigma_{44}^2)+$$

$$\frac{\partial^2U_1}{\partial x_1\partial x_2}X_1X_2(\sigma_{11}\sigma_{21}+\sigma_{12}\sigma_{22}+\sigma_{13}\sigma_{23}+\sigma_{14}\sigma_{24})+$$

$$\frac{\partial^2U_1}{\partial x_1\partial x_3}(X_1X_3\sigma_{11}\sigma_{31}+X_1X_3\sigma_{12}\sigma_{32})+X_1(\sigma_{33}'+\sigma_{33}X_3)\sigma_{13}+X_1X_3\sigma_{14}\sigma_{34})+$$

$$\frac{\partial^2U_1}{\partial x_1x_4}X_1X_4(\sigma_{11}\sigma_{41}+\sigma_{12}\sigma_{42}+\sigma_{13}\sigma_{43}+\sigma_{14}\sigma_{44})+$$

$$\frac{\partial^2U_1}{\partial x_2x_4}X_2X_4(\sigma_{21}\sigma_{41}+\sigma_{22}\sigma_{42}+\sigma_{23}\sigma_{43}+\sigma_{24}\sigma_{44})+$$

$$\frac{\partial^2U_1}{\partial x_3\partial x_4}(X_3X_4\sigma_{31}\sigma_{41}+X_3X_4\sigma_{32}\sigma_{42}+X_4(\sigma_{33}'+\sigma_{33}X_3)\sigma_{43}+X_3X_4\sigma_{34}\sigma_{44})+$$

随机项

$$=\alpha_1X_1+\alpha_2X_2+\alpha_3X_3+\alpha_4X_4 \tag{5.27}$$

并取条件数学期望 $E=E(|X_1(t)=x_1, X_2(t)=x_2, X_3(t)=x_3, X_4(t)=x_4)$，于是得 $U_1=U_1(x_1, x_2, x_3, x_4, t)$ 应满足如下方程：

$$\frac{\partial U_1}{\partial t}+\frac{\partial U_1}{\partial x_1}r_1(1-\frac{x_1}{M_1})x_1+\frac{\partial U_1}{\partial x_2}r_2x_2+\frac{\partial U_1}{\partial x_3}(r_3'+r_3x_3)+\frac{\partial U_1}{\partial x_4}r_4x_4+$$

$$(\frac{1}{2}\frac{\partial^2U_1}{\partial x_1^2}x_1^2(\sigma_{11}^2+\sigma_{12}^2+\sigma_{13}^2+\sigma_{14}^2)+\frac{1}{2}\frac{\partial^2U_1}{\partial x_2^2}x_2^2(\sigma_{21}^2+\sigma_{22}^2+\sigma_{23}^2+\sigma_{24}^2)+$$

$$\frac{1}{2}\frac{\partial^2U_1}{\partial x_3^2}(x_3^2\sigma_{31}^2+x_3^2\sigma_{32}^2+(\sigma_{33}'+x_3\sigma_{33})^2+x_3^2\sigma_{34}^2)+\frac{1}{2}\frac{\partial^2U_1}{\partial x_4^2}x_4^2$$

$$(\sigma_{41}^2+\sigma_{42}^2+\sigma_{43}^2+\sigma_{44}^2)+\frac{\partial^2U_1}{\partial x_1\partial x_2}x_1x_2(\sigma_{11}\sigma_{21}+\sigma_{12}\sigma_{22}+\sigma_{13}\sigma_{23}+\sigma_{14}\sigma_{24})+$$

$$\frac{\partial^2U_1}{\partial x_1\partial x_3}(x_1x_3\sigma_{11}\sigma_{31}+x_1x_3\sigma_{12}\sigma_{32})+x_1(\sigma_{33}'+\sigma_{33}x_3)\sigma_{13}+x_1x_3\sigma_{14}\sigma_{34})+$$

$$\frac{\partial^2U_1}{\partial x_1\partial x_4}x_1x_4(\sigma_{11}\sigma_{41}+\sigma_{12}\sigma_{42}+\sigma_{13}\sigma_{43}+\sigma_{14}\sigma_{44})+$$

$$\frac{\partial^2 U_1}{\partial x_2 \partial x_3}(x_2x_3\sigma_{11}\sigma_{31}+x_2x_3\sigma_{12}\sigma_{32})+x_2(\sigma'_{33}+\sigma_{33}x_3)\sigma_{23}+x_2x_3\sigma_{14}\sigma_{34})+$$
$$\frac{\partial^2 U_1}{\partial x_2 \partial x_4}x_2x_4(\sigma_{21}\sigma_{41}+\sigma_{22}\sigma_{42}+\sigma_{23}\sigma_{43}+\sigma_{24}\sigma_{44})+$$
$$\frac{\partial^2 U_1}{\partial x_3 \partial x_4}(x_3x_4\sigma_{31}\sigma_{41}+x_3x_4\sigma_{32}\sigma_{42}+x_4(\sigma'_{33}+\sigma_{33}x_3)\sigma_{43}+x_3x_4\sigma_{34}\sigma_{44})=$$
$$\alpha_1x_1+\alpha_2x_2+\alpha_3x_3+\alpha_4x_4 \tag{5.28}$$

从式（5.28）可以看出这是一类线性抛物型方程，当高校科技创新团队协同各要素给定适当的初边值条件后，可利用概率分析的方法求出上面方程的解，即可以得出高校科技创新团队的业绩效能。

5.3.2 自我功效感分析

自我功效感可由自我工作能力状况、对团队的心理预期、发展前景、归属感、因态度而采取的行动、成员对团队认知等来衡量，受到成员对团队目标认同度、成员间信息沟通、成员相互协作承诺、成员间交互行为等因素的影响，类似上一节的分析，可令 U_2 表示团队的自我功效感的量，则 $U_2=U_2(X_1, X_2, X_3, X_4, t)$。

再由第 4 章的拟合模型可设：$dU_2=(\beta X_1+\beta_2X_2+\beta_3X_3+\beta_4X_4)dt$。

于是 U_2 满足如下偏微分方程：

$$\frac{\partial U_2}{\partial t}+\frac{\partial U_2}{\partial x_1}r_1(1-\frac{x_1}{M_1})x_1+\frac{\partial U_2}{\partial x_2}r_2x_2+\frac{\partial U_2}{\partial x_3}(r'_3+r_3x_3)+\frac{\partial U_2}{\partial x_4}r_4x_4+$$
$$(\frac{1}{2}\frac{\partial^2 U_2}{\partial x_1^2}x_1^2(\sigma_{11}^2+\sigma_{12}^2+\sigma_{13}^2+\sigma_{14}^2)+\frac{1}{2}\frac{\partial^2 U_2}{\partial x_2^2}x_2^2(\sigma_{21}^2+\sigma_{22}^2+\sigma_{23}^2+\sigma_{24}^2)+$$
$$\frac{1}{2}\frac{\partial^2 U_2}{\partial x_3^2}(x_3^2\sigma_{31}^2+x_3^2\sigma_{32}^2+(\sigma'_{33}+x_3\sigma_{33})^2+x_3^2\sigma_{34}^2)+\frac{1}{2}\frac{\partial^2 U_2}{\partial x_4^2}x_4^2$$
$$(\sigma_{41}^2+\sigma_{42}^2+\sigma_{43}^2+\sigma_{44}^2)+\frac{\partial^2 U_2}{\partial x_1 \partial x_2}x_1x_2(\sigma_{11}\sigma_{21}+\sigma_{12}\sigma_{22}+\sigma_{13}\sigma_{23}+\sigma_{14}\sigma_{24})+$$
$$\frac{\partial^2 U_2}{\partial x_1 \partial x_3}(x_1x_3\sigma_{11}\sigma_{31}+x_1x_3\sigma_{12}\sigma_{32})+x_1(\sigma'_{33}+\sigma_{33}x_3)\sigma_{13}+x_1x_3\sigma_{14}\sigma_{34})+$$
$$\frac{\partial^2 U_2}{\partial x_1 \partial x_4}x_1x_4(\sigma_{11}\sigma_{41}+\sigma_{12}\sigma_{42}+\sigma_{13}\sigma_{43}+\sigma_{14}\sigma_{44})+$$
$$\frac{\partial^2 U_2}{\partial x_2 \partial x_3}(x_2x_3\sigma_{11}\sigma_{31}+x_2x_3\sigma_{12}\sigma_{32})+x_2(\sigma'_{33}+\sigma_{33}x_3)\sigma_{23}+x_2x_3\sigma_{14}\sigma_{34})+$$

$$\frac{\partial^2 U_2}{\partial x_2 \partial x_4} x_2 x_4 (\sigma_{21}\sigma_{41} + \sigma_{22}\sigma_{42} + \sigma_{23}\sigma_{43} + \sigma_{24}\sigma_{44}) +$$

$$\frac{\partial^2 U_2}{\partial x_3 \partial x_4} (x_3 x_4 \sigma_{31}\sigma_{41} + x_3 x_4 \sigma_{32}\sigma_{42} + x_4(\sigma'_{33} + \sigma_{33} x_3)\sigma_{43} + x_3 x_4 \sigma_{34}\sigma_{44}) =$$

$$\beta_1 x_1 + \beta_2 x_2 + \beta_3 x_3 + \beta_4 x_4 \tag{5.29}$$

从式（5.29）可以看出，通过对自我功效感的各影响因子进行适当赋值，并将其代入以上方程，即可得出团队成员自我功效感情况，进而可以分析其对团队整体效能的影响。

5.3.3 行为结果分析

团队的行为结果可由团队协调性、相互依赖程度、同伴具备完成任务的品质等来衡量，受到成员对团队目标认同度、成员间信息沟通、成员相互协作承诺、成员间交互行为等因素的影响，类似上一节的分析，可令 U_3 表示团队行为结果的量，则有：

$$U_3 = U_3(X_1, X_2, X_3, X_4, t) \tag{5.30}$$

再由第 4 章的拟合模型可设：$dU_3 = (\gamma_1 X_1 + \gamma_2 X_2 + \gamma_3 X_3 + \gamma_4 X_4)dt$。

于是 U_3 满足如下偏微分方程：

$$\frac{\partial U_3}{\partial t} + \frac{\partial U_3}{\partial x_1} r_1 (1 - \frac{x_1}{M_1}) x_1 + \frac{\partial U_3}{\partial x_2} r_2 x_2 + \frac{\partial U_3}{\partial x_3} (r'_3 + r_3 x_3) + \frac{\partial U_3}{\partial x_4} r_4 x_4 +$$

$$(\frac{1}{2}\frac{\partial^2 U_3}{\partial x_1^2} x_1^2 (\sigma_{11}^2 + \sigma_{12}^2 + \sigma_{13}^2 + \sigma_{14}^2) + \frac{1}{2}\frac{\partial^2 U_3}{\partial x_2^2} x_2^2 (\sigma_{21}^2 + \sigma_{22}^2 + \sigma_{23}^2 + \sigma_{24}^2)$$

$$\frac{1}{2}\frac{\partial^2 U_3}{\partial x_3^2} (x_3^2 \sigma_{31}^2 + x_3^2 \sigma_{32}^2 + (\sigma'_{33} + x_3 \sigma_{33})^2 + x_3^2 \sigma_{34}^2) + \frac{1}{2}\frac{\partial^2 U_3}{\partial x_4^2} x_4^2$$

$$(\sigma_{41}^2 + \sigma_{42}^2 + \sigma_{43}^2 + \sigma_{44}^2) + \frac{\partial^2 U_3}{\partial x_1 \partial x_2} x_1 x_2 (\sigma_{11}\sigma_{21} + \sigma_{12}\sigma_{22} + \sigma_{13}\sigma_{23} + \sigma_{14}\sigma_{24}) +$$

$$\frac{\partial^2 U_3}{\partial x_1 \partial x_3} (x_1 x_3 \sigma_{11}\sigma_{31} + x_1 x_3 \sigma_{12}\sigma_{32}) + x_1(\sigma'_{33} + \sigma_{33} x_3)\sigma_{13} + x_1 x_3 \sigma_{14}\sigma_{34}) +$$

$$\frac{\partial^2 U_3}{\partial x_1 \partial x_4} x_1 x_4 (\sigma_{11}\sigma_{41} + \sigma_{12}\sigma_{42} + \sigma_{13}\sigma_{43} + \sigma_{14}\sigma_{44}) +$$

$$\frac{\partial^2 U_3}{\partial x_2 \partial x_3} (x_2 x_3 \sigma_{11}\sigma_{31} + x_2 x_3 \sigma_{12}\sigma_{32}) + x_2(\sigma'_{33} + \sigma_{33} x_3)\sigma_{23} + x_2 x_3 \sigma_{14}\sigma_{34}) +$$

$$\frac{\partial^2 U_3}{\partial x_2 \partial x_4} x_2 x_4 (\sigma_{21}\sigma_{41} + \sigma_{22}\sigma_{42} + \sigma_{23}\sigma_{43} + \sigma_{24}\sigma_{44}) +$$

$$\frac{\partial^2 U_3}{\partial x_3 \partial x_4}(x_3x_4\sigma_{31}\sigma_{41}+x_3x_4\sigma_{32}\sigma_{42}+x_4(\sigma'_{33}+\sigma_{33}x_3)\sigma_{43}+x_3x_4\sigma_{34}\sigma_{44})=$$

$$\gamma_1x_1+\gamma_2x_2+\gamma_3x_3+\gamma_4x_4 \quad (5.31)$$

其计算方法与业绩效能和自我功效感相同，进而从量的角度来刻画高校科技创新团队行为结果。

5.3.4 高校科技创新团队动态协同增效模型

高校科技创新团队的总效能 V 是由业绩效能 U_1，自我功效感 U_2，行为结果 3 个因子组成，并随时间而变化。因此，高校科技创新团队效能可表示为：

$$V(X_1, X_2, X_3, X_4, t)=w'_1U_1(X_1, X_2, X_3, X_4, t)+$$

$$w'_2U_2(X_1, X_2, X_3, X_4, t)+w'_3U_3(X_1, X_2, X_3, X_4, t) \quad (5.32)$$

式（5.32）中，U_1，U_2，U_3 根据前面的模型可以计算出，w'_1，w'_2，w'_3 为各个因子的权重，可根据实际情况，采用层次分析法、主成分分析法或 TOPSIS 等方法计算出各因子对高校科技创新团队效能贡献率。当然，作为一个团队，它是由个体成员组成的，团队效能的各个因子是由每个成员的各个因子所组成的，可以从个体和集体两个层面对团队效能进行分别研究。

5.3.4.1 高校科技创新团队成员个体和团队协同增效模型

记 $t=0$ 为初始时刻，即团队创建时间。个人科研效能的直接表现形式是其科研成果，包括任务完成情况（论文、论著数量与质量、科研项目的级别与数量、专利、发明、著作、获奖情况等），自我功效感（包括个体整体工作能力的提高、对团队的心理预期和认知并采取的行为态度、发展前景的预测），行为结果（团队协调性、相互依赖程度、同伴完成任务的品质、团队信任、相互间耦合度），甚至可以包括教学质量的提高、教研活动的情况等。当前，很多高校都会对科研进行量化考核，通过各种方式折算成“科研分”，以此作为对个体科研效能考核的重要依据，甚至是唯一依据。

科技创新是一个不断累积的过程。因此，对效能的合理定义不仅包括个人的全部科技成果，还应包含其创新和研发能力、潜力等，而不是某一年的成果，即个人效能 $u(t)$ 是［0，t］时段内科技创新成果之和的量化，其中 $u(0)=u^0$ 表示团队创建时个人的全部科技创新成果，于是：

个人效能=个人全部科技创新成果×量化因子 (5.33)

式中量化因子体现了科技创新的权重，也是量纲转换的系数，特别地，当量化因子 = 1 时，个人效能即为个人所有年份的科技创新成果之和。

显然，个体的效能总是随着时间的增加而增长，即 $u(t)$ 是时间 t 的单调增加函数。

根据定义，无团队情形下的总效能 $\underline{u}(t)=\sum_{i=1}^{n}\underline{u}_i(t)$，团队协同下的总效能 $\bar{u}(t)=\sum_{i=1}^{n}\bar{u}_i(t)$ 也是 t 的单调增加函数，于是，总效能总是增加的。

协同效能 $U(t)=\bar{u}(t)-\underline{u}(t)$ 是两个单调增加函数之差，是有界变差函数，下面对其做进一步分析。

归纳起来，影响个人效能的因素大致有三种类型：

$$个人效能\begin{cases}学校因素\to行为结果\\团队因素\to业绩效能\\个人因素\to自我功效感\end{cases}$$

假定有无团队的情形下，学校因素的影响是不变的，团队协同作用仅仅通过团队因素起作用，即个人因素在有无团队时都不变。

设 a_i 为学校因素对个人效能的增长率，b_i 为团队因素对个人效能的增长率，c_i 为个人因素对个人效能的增长率。当增长率为正时，因素起促进作用；反之，因素起不利作用。考虑资源、环境等外部因素对个人科技创新的制约作用，科技创新成果会受到约束，呈现出效能的阈值，记 M_i 为成员 i 在无团队时的效能阈值（即最大效能）。

（1）无团队情形下的个人效能模型。无团队（即 $b_i=0$）时。由于阈值的阻滞作用，当效能等于阈值时，效能不再增长，因此考虑 t 到 $t+\Delta t$ 效能的增量，显然有：

$$\begin{aligned}&效能的增量=\underline{u}_i(t+\Delta t)-\underline{u}_i(t)\\&学校因素对效能的增量=a_i\underline{u}_i(t)\\&个人因素对效能的增量=c_i\underline{u}_i(t)\end{aligned}\tag{5.34}$$

于是 $\underline{u}_i(t+\Delta t)-\underline{u}_i(t)=(a_i\underline{u}_i+c_i\underline{u}_i)(1-\frac{\underline{u}_i}{M_i})$，其中因子 $1-\frac{\underline{u}_i}{M_i}=\frac{M_i-\underline{u}_i}{M_i}$ 体现了资源对科技创新效能的阻滞作用，阻滞率与尚未实现的科技创新成果部分的

比例$\frac{M-\underline{u}_i}{M_i}$成正比。

令 $\Delta t \to 0$ 得：

$$\begin{cases} \frac{d\underline{u}_i}{dt} = (a_i + c_i)\underline{u}_i(1 - \frac{\underline{u}_i}{M_i}) \\ \underline{u}_i(0) = \underline{u}_i^0 \end{cases} \tag{5.35}$$

式（5.35）中，u_i^0 为 $t=0$ 时个人的效能或叫初始效能，式（5.35）是 Logistic 方程，表明个人效能服从 Logistic 模型，解微分方程得：

$$u_i(t) = \frac{M_i}{1 + (\frac{M_i}{u_i^0} - 1)e^{-(a_i+c_i)t}} \tag{5.36}$$

（2）团队协同下的个人效能模型。团队协同下表明个人的环境、资源有所改变，部分克服了资源的阻滞作用。因此，$\frac{du_i}{dt} = (a_i + c_i)\underline{u}_i(1 - \frac{\underline{u}_i}{M_i})$的因子 $1 - \frac{\underline{u}_i}{M}$ 应由 $1 - \frac{\underline{u}_i}{M} + b_i$ 代替，于是，相应的模型为：

$$\begin{cases} \frac{d\underline{u}_i}{dt} = (a_i + c_i)\underline{u}_i(1 - \frac{\underline{u}_i}{M} + b_i) \\ \underline{u}_i(0) = u_i^0 \end{cases} \tag{5.37}$$

求解得：

$$\bar{u}_i(t) = \frac{(1+b_i)M_i}{1 + (\frac{(1+b_i)M_i}{u_i^0} - 1)e^{-(a_i+c_i)(1+b_i)t}} \tag{5.38}$$

特别地，$b_i=0$ 时即得方程式（5.36），也就是相当于无团队的效能模型。

（3）团队协同的效能模型。由前文可知，个人的协同效能为：

$$\begin{aligned} U_i(t) &= \bar{u}(t) - \underline{u}(t)i \\ &= \frac{(1+b_i)M_i}{1 + (\frac{(1+b_i)M_i}{u_i^0} - 1)e^{-(a_i+c_i)(1+b_i)t}} - \frac{M_i}{1 + (\frac{M_i}{u_i^0} - 1)e^{-(a_i+c_i)t}} \end{aligned} \tag{5.39}$$

从而，团队的协同效能为：

$$U(t)=\sum_{i=1}^{n}U_i(t)$$

$$=\sum_{i=1}^{n}\left[\frac{(1+b_i)M_i}{1+\left(\frac{(1+b_i)M_i}{u_i^0}-1\right)e^{-(a_i+c_i)(1+b_i)t}}-\frac{M_i}{1+\left(\frac{M_i}{u_i^0}-1\right)e^{-(a_i+c_i)t}}\right] \tag{5.40}$$

显然，当 $b_i>0$ 时，有 $U_i(t)>0$，即个人的协同效能为正，团队对个人的效能增加起促进作用；当 $b_i<0$ 时，有 $U_i(t)<0$，这里显然与 b_i 的含义一致。

$U_i(t)>0$ 时，是 b_i 所满足的条件。特别地，若 $b_i>0$（$i=1, 2, \cdots, n$），则 $U(t)>0$，即团队对每个成员起到有利作用，则团队协同总效能为正，表明创建团队有利；反之，创建团队不利，这是由于当 $b_i<0$（$i=1, 2, \cdots, n$）时，有 $U(t)<0$。

5.3.4.2 高校科技创新团队效能模型

设科技创新团队成员数为 n，u_i（$i=1, 2, 3, \cdots, n$）为成员 i 的个人效能，则团队整体的效能 u 为：

$$u=\sum_{i=1}^{n}u_i=u_1+u_2+\cdots+u_n \tag{5.41}$$

令 $\underline{u_i}$ 为无团队情况下的个人效能（$i=1, 2, 3, \cdots, n$）。

$\overline{u_i}$ 为在创新团队协同下的个人效能（$i=1, 2, 3, \cdots, n$）。

于是无团队情形下的"团队"总效能为：

$$\underline{u}=\sum_{i=1}^{n}\underline{u_i}=\underline{u_1}+\underline{u_2}+\cdots+\underline{u_n} \tag{5.42}$$

在团队情形下的团队总效能为：

$$\overline{u}=\sum_{i=1}^{n}\overline{u_i}=\overline{u_1}+\overline{u_2}+\cdots+\overline{u_n} \tag{5.43}$$

记 $U_i=\overline{u_i}-\underline{u_i}$，它是个人效能的增量，体现了团队协同的作用，称之为团队成员的个人协同效能。

显然，$U_i>0$ 时，表示团队协同下成员 i 的正收益，表明了团队对个人起促进作用；反之，$U_i<0$ 时，表示团队对个人起阻滞作用。

记 U 为团队的协同效能，于是有：

$$U=\sum_{i=1}^{n}U_i=U_1+U_2+\cdots+U_n$$

$$=(\overline{u_1}-\underline{u_1})+(\overline{u_2}-\underline{u_2})+\cdots+(\overline{u_n}-\underline{u_n})(\overline{u_1}+\overline{u_2}+\cdots+\overline{u_n})-(\underline{u_1}+\underline{u_2}+\cdots+\underline{u_n})$$

$$=\overline{u}-\underline{u} \tag{5.44}$$

由式（5.44）可知，U 为团队协同下与无团队情形下的总效能之差，它表明了团队协同的作用，是个人协同效能的“合力”。当 $U>0$ 时，表明团队的总效能增加，团队比非团队作用更好，对学校整体科研成果有利，应继续鼓励团队发展并追加资助；反之，当 $U<0$ 时，团队起不利作用，类似于物理学中力的作用，存在反作用力。此时，学校应分析其中存在的问题及原因，更换成员或撤销成员，以使得整体大于部分之和（撤销全部成员即解散团队）。

令 U_{1i}（$i=1$，2，…，n）表示团队中第 i 个成员的业绩效能，U_{2i}（$i=1$，2，…，n）表示团队中第 i 个成员的自我功效感，U_{3i}（$i=1$，2，…，n）表示团队中第 i 个成员的行为结果，综上可得到高校科技创新团队效能模型为：

$$V=w_1'(U_{11}+U_{12}+\cdots+U_{1n})+w_2'(U_{21}+U_{22}+\cdots+U_{2n})+w_3'(U_{31}+U_{32}+\cdots+U_{3n}) \tag{5.45}$$

5.4 本章小结

本章基于前文研究的结果，根据高校科技创新团队协作作用团队效能的相关作用路径，从定性和定量两个层面分别建立了协同、效能研发行为发生的路径、转换系统以及团队成员对团队目标认同度、成员间信息沟通、成员相互协作承诺、成员间交互行为和团队业绩效能、自我功效感、行为结果模型，并进行了机理分析。在此基础上，还建立了高校科技创新团队协同和团队效能测度模型，分析了相互间促进或阻滞作用机理，从而为提升团队效能的进一步研究提供了一种新的构思。

第 6 章　D 高校科技创新团队协同增效案例研究

本章选取了国内某高校（D）5 个科技创新团队进行研究，其中涉及工学、理学、文学和经济管理学四大学科，采用了半结构化访谈分别对 5 个团队领导及其成员进行了访谈，从团队协同状况、效能水平等方面分析归纳了它们可持续发展的原因，以验证前文的研究结论。

6.1　D 高校科技创新团队基本特征描述

6.1.1　团队基本情况

D 高校是江西一所省部共建特色本科院校，有专任教师 1700 余人，其中高级职称 530 余人，博士 200 余人，兼职博士生导师 15 人，中国工程院双聘院士 2 人、“井冈学者”1 人、省部级学科带头人 40 人，省部级突出贡献专家 4 人，享受国务院特殊津贴 28 人，全国优秀教师 4 人，新世纪百千万人才工程 27 人。“国防科技创新团队”1 个、“省级科技创新团队”4 个、“校级科技创新团队”8 个，基本上形成了一批以领军人才为核心，以科研骨干为主体，专业人才和科研辅助人员相配套，优势互补、团队协作的创新研究群体。本书选取了 5 个创新团队的资料进行分析。

（1）现代质谱实验研究创新团队（团队 A）。该团队成立于 2007 年，规模为 7 人，研究方向为质谱学基础和现代质谱仪器研发及应用，主要依托国家博士后培养基地和省重点实验室平台建设。通过近年的发展，已逐步进入成熟阶段，能够稳定、高效产出高质量的科研成果，并能够培养海内外优秀博士研究生。近年来，该团队先后承担了国家杰出青年基金项目 1 项，国家自然科学基金 2 项，国家科技部国际科技合作项目 1 项，省科技支撑项目 1 项，科研经费总计 1000 多万元，科研成果获省自然科学奖一等奖 1 项，团队带头人获省“五四”奖章 1 项，公开发表学术论文 90 余篇（含 20 篇 SCI 收录），编著教材 2 部。

（2）水文地球化学与金属资源溶浸开采技术创新团队（团队 B）。该团队成立于 2002 年，团队规模为 10 人，研究方向为铀矿微生物地浸开采技术与应用。作为该校特色团队，科技实力雄厚，研究资料丰富、氛围浓厚。该团队目前已经进入成熟期，成为参与国际交流的重要平台，成果丰硕。近 3 年科研项目近 50 项，经费达 3740 万元，承担了国家 863 计划 1 项、973 计划 1 项，国家自然科学基金 7 项，省部级项目 22 项，横向课题 20 项。公开发表学术论文 120 多篇（包括 SCI 30 篇、EI 21 篇），获省部级政府科技成果一等奖 1 项，与英国皇家学院国际技术合作 1 项。

（3）应用化学科技创新团队（团队 C）。该团队成立于 2004 年，团队规模为 6 人，研究方向为铀矿分析方法技术。该团队特色明显，研究方向固定，综合了 D 高校的特色，研究开发化学技术在铀矿勘探与开发中的应用，已进入成熟期。近 3 年科研经费达 720 万元，973 子项目 1 项，国家级项目 5 项，省级项目 24 项，出版专著 5 部，公开发表学术论文 89 篇（含 SCI 23 篇），获省部级政府科技成果二等奖 1 次，2010 年团队带头人罗教授开发的铀分析新方法为世界首创，获国家专利 3 项。

（4）地质资源与可持续发展科技创新团队（团队 D）。该团队成立于 2007 年，团队规模为 8 人，研究方向为铀矿山资源开发与环境经济、地质旅游资源开发与管理。该团队立足 D 高校的地质特色，将经济、管理与地质资源经济管理有机结合，形成了自己的特色。依托省人文社科重点研究基地平台进行研究，还处于成长期。近 3 年科研经费达 650 万元，科研项目 33 项（包括国家自然科学基金 4 项、国家社会科学基金 3 项，省部级项目 15 项），公开发表学术论文 56 篇（含 SCI 5 篇、CSSCI 8 篇、ISTP 15 篇），获省部级人文社科一等奖 1 次，二等奖 2 次，三等奖 1 次，出版专著 4 部。

（5）中国文艺批评科技创新团队（团队 E）。该团队成立于 2004 年，团队规模为 5 人，主要立足于地方文化进行特色研究，其重点研究方向为临川文化和江西戏剧，进一步研究其继承和发扬，依托省人文社科重点研究基地平台，处于成长期。近 3 年承担了国家社科基金项目 3 项，省部级项目 12 项，其他课题 8 项，科研经费 45 万元，出版系列专著 8 部，公开发表学术论文 41 篇（含新华文摘转摘 1 篇、CSSCI 11 篇），获省社会科学优秀成果二等奖 1 次。

6.1.2　结果与分析

（1）团队结构。5 个团队均由 1 名团队领导（也是学科带头人）、研究骨干和极个别研究生组成，他们技能互补、分工明确，角色搭配合理。整个团队拥有合理的学缘结构、专业结构和职称结构，科研实力相对雄厚，具体如表 6.1 所示。

表 6.1　A、B、C、D、E 5 个团队基本情况

单位：%

团队	职称			学历			年龄		
	正高	副高	中级	博士	硕士	本科	40 岁以下	40~50 岁	50 岁以上
A	42.9	14.2	42.9	57.1	28.7	14.2	71.3	28.7	
B	40	20	30	50	40	10	40	60	
C	50	50		100			50	50	
D	62.5	37.5		87.5	12.5		37.5	50	12.5
E	20	80		60	30	20	40	40	20

（2）团队成员协同过程。

1）成员对团队目标认同度。各团队均制定了明确的、鼓舞人心的、超前的战略愿景，且市场潜力巨大。基本上都是依托重点实验室、重点研究基地平台，方便收集信息，对外交流广泛，成员基本上比较年轻，对加入团队的期望较高，团队都有自己的学术道德规范。学校每年都给予了创新团队不同的资金、设备和人力支持，实行了周期为 3 年的考核制度，还给团队成员双倍津贴的鼓励。

2）成员间信息沟通。各团队都能意识到沟通的重要性，也采取了较多的措施。每学期开学时，由团队成员共同制定本学期的工作计划、布置科研任务；学期中、学期末都会召开总结会，检查科研任务完成情况，总结阶段工作经验；每 2~3 周召开一次学术研讨会，每次会议至少有 1 人进行主题报告、学术沙龙；每次讨论会团队成员都要与其他成员分享参会心得及学术资讯；每学期举行 2 次聚餐活动，期间均可进行一些自由交流，这种制度化、常规化的团队沟通机制有效提高了团队的沟通效率。

3）成员相互协作承诺。各团队为了实现相互承诺和提高学术道德水平，均从心理层面进行了教育和约束，从领导到成员均能相互坦诚交往，给予充分信任，鼓励联合研发，对于合作完成的科研项目和碰撞性思维坚持最先为主，后者配合原则，这样有效地解决了创新团队知识、信息无形拥有而难以界定的困惑。

4）成员间交互行为。成员互相频繁交流，共享新知识、信息和技术是团队进一步创新的保证，以上团队均采取的措施是：要求全体团队成员本着谦虚、谨慎、好学的态度，树立终生学习的意识；同时，各团队均在学术例会上制定了先共享信息的奖励政策，并遵守学术道德规范，鼓励更多的团队成员主动与其他成员共享知识和信息，其他成员也采用头脑风暴方式对别人提出的问题进行质疑，无论恰当与否，均要求成员先记下，再思考，以期有新的启发，这样起到了知识激荡、碰撞和耦合的效果。

6.2 D 高校科技创新团队协同增效数据来源及处理

为对 D 高校 A、B、C、D、E 5 个创新团队的协同增效情况进行进一步测试和分析，同时考虑到计算的方便，本书仅选择了 2012 年各团队考核数据进行分析，采用了专家评判、成员无记名打分法（非常差为 1 分，很差为 2 分，差为 3 分，一般为 4 分，好为 5 分，很好为 6 分，非常好为 7 分），最终采用德尔菲法进行了汇总。

6.2.1 指标确认

根据第 3 章中关于团队协同维度的研究成果，将各指标体系赋予具体的值，具体如下：

（1）成员对团队目标认同度（t）中，愿景赞同、市场反应、信息收集与利用、目标期望、团队学术规范、资源整合和学校支持分别为 t1、t2、t3、t4、t5、t6 和 t7。

（2）成员信息沟通（c）中，沟通意识、内部沟通氛围和交流频率分别为 c1、c2 和 c3。

（3）成员相互协作承诺（p）中，相互信任、合作规范和彼此衔接情况分别为 p1、p2 和 p3。

（4）成员间交互行为（m），相互学习意识、知识共享、主动交换和问题曝光看法分别为 m1、m2、m3 和 m4。

用 1~7 分来表示 5 个团队 2012 年的协同数据，采用加权平均法计算各指标具体数值，如表 6.2 所示。

表 6.2　A、B、C、D、E 5 个团队 2012 年协同情况

协同情况 团队	成员对团队目标认同度（t）							信息沟通（c）			相互协作承诺（p）			交互行为（m）			
	t1	t2	t3	t4	t5	t6	t7	c1	c2	c3	p1	p2	p3	m1	m2	m3	m4
A	6.8	6.7	6.6	7	6.8	7	7	6.5	6.7	7	7	7	6.5	7	7	6.8	7
B	7	6.5	5.8	6.8	6.5	5.3	5.6	7	7	7	6.8	7	6.4	5.4	5.3	6.5	6.8
C	6.6	6.4	6.4	6.5	6.8	6.5	6.4	5.7	5.6	5.4	6.6	7	6.5	5.5	5.6	6.6	6.9
D	6.2	5.2	5.9	5.2	5.8	5.4	4.3	5.6	5.4	6.2	6.5	5.6	5.7	6.6	6.8	5.7	6.1
E	5.9	4.8	6.4	5.4	6.4	4.6	4.2	5.8	6.3	5.3	5.9	5.8	5.6	5.1	6.5	5.4	6.2

6.2.2 数据处理

采用无量纲化对表 6.2 进行处理，处理后如表 6.3 所示。

表 6.3　A、B、C、D、E 5 个团队 2012 年协同无量纲化后的情况

协同情况 团队	成员对团队目标认同度（t）							信息沟通（c）			相互协作承诺（p）			交互行为（m）			
	t1	t2	t3	t4	t5	t6	t7	c1	c2	c3	p1	p2	p3	m1	m2	m3	m4
A	6.8	6.7	6.6	7	6.8	7	7	6.5	6.7	7	7	7	6.5	7	7	6.8	7
B	7	6.5	5.8	6.8	6.5	5.3	5.6	7	7	7	6.8	7	6.4	5.4	5.3	6.5	6.8
C	6.6	6.4	6.4	6.5	6.8	6.5	6.4	5.7	5.6	5.4	6.6	7	6.5	5.5	5.6	6.6	6.9
D	6.2	5.2	5.9	5.2	5.8	5.4	4.3	5.6	5.4	6.2	6.5	5.6	5.7	6.6	6.8	5.7	6.1
E	5.9	4.8	6.4	5.4	6.4	4.6	4.2	5.8	6.3	5.3	5.9	5.8	5.6	5.1	6.5	5.4	6.2

采取了层次分析法对团队效能 3 个维度（业绩效能、自我功效感和行为结果）进行了权重赋予，并利用第 5 章的团队效能模型，得出 5 个团队 2012 年的效能情况，如表 6.4 所示。

表 6.4 A、B、C、D、E 5 个团队 2012 年协同效能情况

团队＼效能	业绩效能（EP）	自我功能感（EE）	行为结果（EB）	排名
A	84	85	86	2
B	93	95	97	1
C	73	75	74	3
D	64	62	60	4
E	41	42	43	5

从表 6.4 可以看出，2012 年该校科技创新团队总效能顺序分别为 B、A、C、D、E。

6.2.3 协同增效趋势图

采用同样的方法，对该校 A、B、C、D、E 5 个团队近 5 年的数据进行收集，最终绘成协同效能趋势图，如图 6.1 所示。

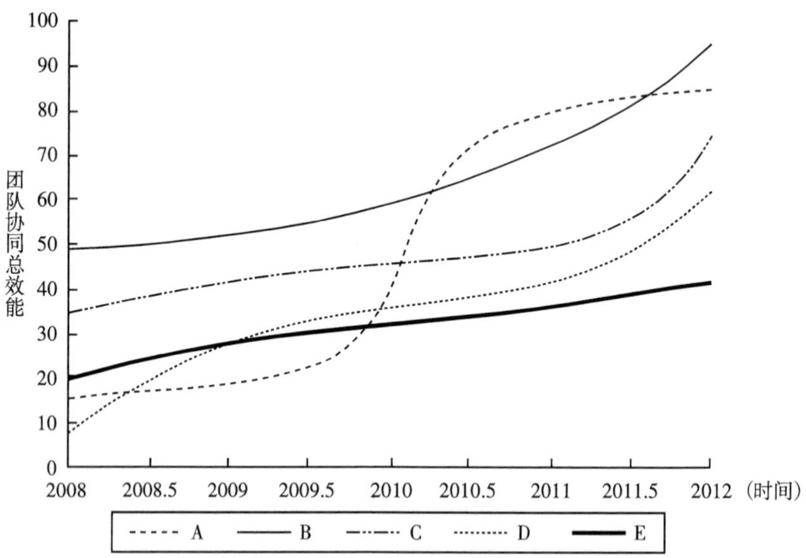

图 6.1 A、B、C、D、E 5 个团队 2008~2012 年效能

```
clear; clc; close all;
t=2008: 2012;
A=[16, 19, 40, 80, 85];
B=[49, 52, 60, 72, 95];
```

```
C=[35, 42, 46, 50, 75];
D=[8, 28, 36, 42, 62];
E=[20, 28, 32, 36, 42];
hold on
f1=plot_curve (t, A, '--r', 'linewidth', 2);
f2=plot_curve (t, B, '-', 'linewidth', 2);
f3=plot_curve (t, C, '-.', 'linewidth', 3);
f4=plot_curve (t, D, ':', 'linewidth', 3);
f5=plot_curve (t, E, '-', 'linewidth', 4);
legend ('A', 'B', 'C', 'D', 'E')
xlabel ('时间');
ylabel ('团队协同总效能');
axis square
```

6.3　D 高校科技创新团队协同增效比较研究

从以上描述及数据收集和趋势分析可以看出，团队在协同和效能方面存在着差异。

6.3.1　D 高校科技创新团队协同比较

（1）成员对目标认同度与团队效能的关系比较研究。从研究和实践调研均可看出，团队目标认同度对团队目标效能存在显著的积极影响。团队成员能够有自我不足的认知，且能够意识到团队的力量，表明 D 高校团队领导和学校有关部门经过多次深入调查充分了解了成员归属和自我价值实现的需求；团队有催人奋进的愿景，而且目标明确，吸引力较强，团队成员能深刻感受到团队成同间互补性较强的学术背景、知识结构且合理化建议常被采纳，说明了该校科技创新团队制度较为合理，管理也比较民主，成员的“主人翁”感受较强。以上反映了团队成员作为高级知识分子和人才，其需要与一般教师的需求层次和水平存在差异性，这也是科技创新团队管理与一般教师管理不同的差异性所在。由于理工科新科技创新团队目标相对比较稳定、具体，而文科团队目标随着社会变化而变化的频率更快，时效性更明显，其成员对团队目标认同度对效能影响没有理工科团队显著，但两者均对团队效能产生影响。

（2）信息沟通对团队效能影响。从研究中可以看出，信息沟通对团队效能结果不能产生直接影响，但其会通过共享心智模型产生间接影响，即团队成员信息沟通对团队行为结果不能产生直接影响。若团队部分成员搞小集体就会对行为结果产生负面影响。因此，它通过对团队业绩效能和自我功效感产生的直接影响从而对团队的行为结果产生间接影响。团队成员能主动将自己的研究成果提交团队内部会议，以头脑风暴、相互批驳的方式对其进行内部审核，说明团队的内部知识共享机制较为完善，成员间的沟通渠道通畅，也说明该校近 10 年来对学校内部科技研发管理体制的改革初见成效。如该校规定严格的学术道德规范和信息共享机制，要求尊重首创，凡谁最先提出的创新点子或想法，在该项目中其就是项目主持人，其他项目必须积极配合其进行研究，并毫无遮掩地对其研究成果进行“批评”，尽力找出研究中存在的不足。当然，团队成员对团队提供的对外学术交流满意度还不够高，这也在某种程度上说明了 D 高校团队还需要加强与国际著名的学术交流机构和会议进行更为充分的联系，为团队成员提供更多对外学术交流的机会，提高研究的前瞻性，提升科技创新的质量和层次。

（3）团队协作承诺对效能的影响。无论是什么学科的团队，团队协作承诺均会对团队效能产生直接显著影响，这也是团队得以生存、维持和发展的重要制度和基础保障。主要是从心理视角来考量团队真正协同能力和水平，成员彼此间相互信任水平较高为相互间亲密合作提供了前提和基础。在不同成员关联的任务之间每天进行的彼此规划进度监督得分较低，也充分说明了该校科技创新团队作为一种扁平化的组织与科技创新成员科技创新的相对独立性间的矛盾和不足，也在一定程度上说明了该校团队成员的相互协作承诺水平也不够高。团队成员为了自己研究项目的需要，经常独自研究，不能机械地按照时间进行相互间的规划和督促。无论是文科还是理工科，全体成员都会严格遵守学术道德规范，本着对自己学术地位、别人成果的尊重和团队知识产权及学校声誉负责任的态度都能严格遵守学术道德规范，尤其是理工科，实践数据和结论来之不易，绝不能随意复制和剽窃。文科信息传播快，只有维护好协作承诺，才能维持正常的创新秩序。

（4）团队交互行为对团队效能的影响。从 5 个团队研究可以看出，大多数成员都能够切身体会到团队成员间相互协作研发和学习的重要性，正如彼得·圣吉《第五项修炼》中的要求，这也正体现了高校组建科技创新团队的初衷和迫切要求体现。从社会交换理论的角度来看，团队成员在学校及团队的规章制度要求下，都能按照学校学术道德规范的要求，共享彼此间的专长和专门学术创新能力及方法和手段。但从实际调查情况来看，该校团队成员对自己视线难以见到或学到的知识，相互间共享还有点欠缺，说明团队成员间对自己不成熟想法相互间交流还存在不足，对将自己的问题和错误公开暴露出来的意识不到位。也进一步说明了高校科技创新团队成员作为知识分子的本性还是根深蒂固，许多高级知识分子特别是本书中的高校中高级知识分子，他们作为教师中的佼佼者，是学校其他老师学习的榜样和羡慕的对象，认为自己理应是该学科领域的专家，不能轻易承认不足，否则“面子”上过不去，也难以为人师表。需要学校加强对“百家争鸣、百花齐放”学术研究方针的进一步贯彻和宣传。相互间主动耦合、协调，互补余缺是完成高质量科技研发任务的重要前提，团队成员必须在遵守相互协作承诺的前提下，才能主动交换自己的思想和信息，供其他成员批判、吸收，相互间达到激荡、溢出，发生知识的转移和扩散，从而产生新的思想火花和创新思维。

从以上分析可以看出，实证进一步验证了研究假设的正确性；同时，也从实践层面进一步提示了现阶段高校科技创新团队存在的问题及发展趋势。

6.3.2　D 高校科技创新团队效能比较

团队效能不仅考虑了团队的生存问题（即业绩效能），更重要的是考虑了其持续发展问题。从业绩效能、自我功效感和行为结果看，该校创新团队情况分析如下：

（1）业绩效能情况分析。从该校对各团队的考核情况看，5 个团队基本上实现了学校起初下达的任务，但也存在着差异。团队 A 虽然成立相对较晚，但由于其成员均为年轻人，且多数具有国际学术交流背景，创新机会多；而文科创新团队的机会却相对较少，因此，科研项目和经费相对较少，创新能力也相对较弱。从团队执行力看，年轻团队比成立时间长的团队更强，对外交流多的团队对资源的获取能力较强，科技成果含量高。

（2）自我功效感情况分析。为适应现代组织发展的需要，各团队都在加强成员心理契约方面的建设，强调整体协调性和团队研究的预期解释，进一步强调团队成员归属感，通过团队文化、团队活动和非正式会晤等方式强化成员的组织认同感，提高其组织公民行为，倡导团队是全体成员研究创新的平台和“升降机”，从而满足成员加入团队的自我预期，提高团队目标和自我价值实现的程度。

（3）行为结果情况分析。从实践看，理工科团队成员间的协调性要高于文科团队，主要原因是依赖程度不同，由于理工科团队层面的项目大、研究任务重，仅靠个人无法完成。因此，需要其他成员紧密配合，相互耦合，相互有机衔接，频繁交流，坦诚沟通，相互共享，促使相互间信任度的提高。当然，对团队的任务完成和团队创新研发氛围都起到促进作用，从而实现业绩效能和团队周边效能的共同提高。

6.4 D高校科技创新团队协同增效提升策略

从实证分析可以看出，该校科技创新团队协同增效系统总体处于“良好”状态，许多做法、制度值得继续保持和发扬。但就具体指标来说，还存在许多问题和不尽如人意的地方，涉及国家政策、学校制度和团队规定以及个人主观等诸多方面；同时，科技创新团队运作也是一个动态协作的过程，需要从整体上有效地进行动态的系统管理，结合这些问题，笔者提出以下改进建议，旨在提高该校科技创新团队协同增效的水平，提升创新团队及其成员的效能，从而促进团队有效管理，更好地实现团队目标，提升学校科技开发核心竞争力。

（1）树立创新团队共同的有价值、有特色的战略性目标。共同的价值目标是创新团队生存的基础，也是团队战略愿景实现的驱动力，体现的是团队创新精神，使团队成员理解个人目标与团队工作目标相互依存性，自觉从团队的根本利益出发来处理目标间的冲突，从而把成员凝聚在一起，产生极强的向心力，进而迸发出巨大的正能量。这种精神体现在三个方面：

1）团队利益至上。团队成员坚信集体利益高于个人利益，两者是前提和相辅相成的关系，在两者不能兼得时，个人应敢于做出必要的牺牲来维护团队久远的利益。

2）个人与团队利益紧密衔接。团队的繁荣是个体协同的结果，决定着个体的幸福感和自我效能。

3）团队领导要致力于和谐氛围的营造。团队领导应率先将自己的利益与成员和团队的发展紧紧拴在一起，使成员真正体会到同甘共苦的艰苦创业，体会到团队领导的关心，同心同德做好工作。团队稳定的研究方向应该明确，有前瞻性，注重学校的特色和校内资源的整合以及校外虚拟团队的建设。

（2）建立内部管理协同机制，提高运行效率。创新团队协同机制包括人才培养、利益分配和投入运行子系统，根据该校创新团队建设现状，本书构建了提升高校科技创新团队的内部协同管理机制，其模型如图 6.2 所示。

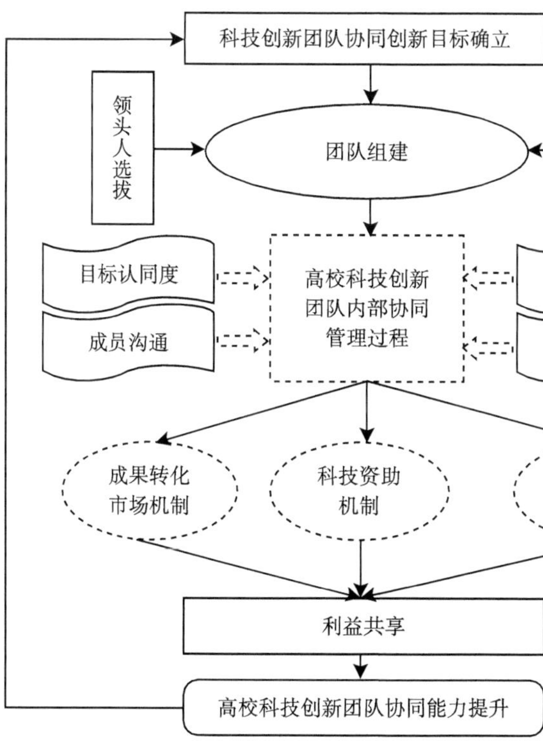

图 6.2　高校科技创新团队协同创新机制模型

1）要建立科学的人才选拔机制。可以采用哈佛大学戴维·麦克莱兰教授（1973）提出的胜任力测量体系，辅以因子分析和多层次灰色评价等方法，对拟选拔人才的胜任力影响因子进行科学评价，从而选拔出优秀的人才（见附录4）。

2）引入科技管理市场机制，加速科技成果转化步伐。D高校作为一所以理工为主的高校，其科技转化率已达56.7%，还有较大的拓展空间。努力实现从市场和社会需要找课题，团队内部实行市场链管理，以项目为牵引，以首创为龙头；实现项目负责人承包制，以对团队和项目的贡献作为人员考核、配置和去留的重要依据；实现尊重首创、遵循规律，创造公开、公正、竞争、合理的用人环境，提高学术道德和研究水平，激发研究创新热情。

3）健全科技投入预警机制，实现高校职能同步发展。营造一种尊重科技、鼓励创新的氛围，加强部门、行业、地方政府间的统筹协调，充分发挥党管人才和政府科学用人的效用。要为科技人才成长制订“量身裁衣”式的资助和预警动态机制（见附录5），确保创新能力强的团队和科技人才得到及时资助，最大限度地提高资助的边际效益。

4）优化知识共享利益分配机制，激发科技创新潜力。团队要不断加强对成员的道德教育并不定期地进行评估和审计，将之与绩效考核和资源分配紧密结合，力争将道德从前惯例层次提高到惯例层次甚至原则层次。

另外，还要建立完善的信任激励和保障制度，对隐性知识和首创信息进行保护，防止滋生“搭便车”现象。

（3）全面改善生活质量，提高心理默会度。卿涛等（2011）通过理论和实证研究得出，影响知识型员工工作生活质量的主要因素分为三大类：即工作任务、工作环境和社会环境。作为高校创新团队，可以从以下两方面进行努力：

1）全面改善生活质量。可以尝试从研究工作本身丰富化和扩大化，从管理风格、人性的看法、规章制度、内部相互监督以及工作场所的物理环境等方面改善团队工作环境，促进团队和谐劳动关系的形成。更重要的是，要关心成员特别是青年科技工作者的家庭困难，要从住房、家庭生活、子女入学以及照顾老人等方面彻底解决成员的后顾之忧，从而使其更安心地投入更多精力到科学研究中；另外，还要积极向有关部门推荐、宣传成员的优秀事迹，为其提供更多社会认可的机会。

2）加强动态心理契约管理。从招聘到磨合、融合的全过程，都要持坦诚态度，更多关注成员对团队的运作理念、精神和价值观等的接受与契合度，与他人合作度，从而为日后降低离职率、提高忠诚度奠定良好的基础。加强对团队成员心理危机的干预程度，避免破坏性冲突“鲶鱼效应”的发生，保证成员相互间心理契约的最佳耦合。

（4）加强协同创新文化建设，营造和谐研发氛围。创新团队是创新文化的主体，创新文化是高校在原有的基础上为适应社会发展的需要，引领科技发展的方向，对教学、科研起到方向性的作用；同时，也是更好地服务社会的需要，为团队持续发展提供良好的基础。创新团队的发展与创新文化犹如一对孪生兄妹，彼此间存在互动关系。高校科技创新团队协同文化塑造与建设主要可从三方面着手：

1）培育参与文化。成员参与团队管理既是对其人格的尊重，也是成员充分了解团队情况，实现信息对称的需要。“全员参与方案”意味着发挥所有成员的潜能，鼓励他们为实现团队的目标付出更多努力而设计的一种参与过程。在网络高度发达的今天，通过内部 OA 系统和论坛，使成员更充分、更自由、全开放表达自己的参与意图。

2）完善沟通文化。通过团队成员满意度调查，非正式餐会、集体活动均可实现有效的沟通管理。高层管理者开诚布公地沟通以及主动展现对下属的关心和肯定，与成员建立相互信任与支持的关系，可以提高相互间的社会交换水平。

3）激发学习文化。团队既能让成员感到安全，同时，也能使他们快速成长。获取知识、提升技能同样是一个团队的魅力所在，也是成员的期待目标之一。高校科技创新团队成员应该不存在温饱问题，他们加入团队更注重的是学习氛围，共享的机制，从而获得内在的激励，在研发工作中“乐在其中，自得其乐”，在和谐的研究氛围中实现自身价值。

6.5 本章小结

本章主要对国内 D 高校 5 个创新团队的协同效能进行了实证研究，运用前文研究成果，将团队的相关数据代入第 5 章构建的数理模型进行比较研究，以进一步检验前文理论研究的可行性。通过研究发现：D 高校团队仍存在协同不够、团队文化和相关机制不够完善等不足。笔者从树立成员战略性价值目标、协同机制保障、全面关心成员生活质量和努力营造协同创新文化四个方面提出了具体的建议和措施，以期提高该校创新团队的效能，实现协同与效能的良性发展，不断提高其在国内外的核心竞争力，从而更好地实现高校人才培养、科学研究、服务社会和传承文化的功能。

第 7 章　研究结论与展望

本章基于前文研究，对主要结论进行汇总并与已有相关研究结论进行对照与解释，结合我国高校科技创新团队的实际运作，解释研究结论在高校人力资源管理实践中的应用启示。最后，总结和分析本书的研究局限，指出后续研究的方向。

7.1　研究结论

本书在我国特殊的社会文化背景下，结合高校科技创新团队成员特殊特征（学历高、职称高、身怀特殊知识与技能等），以社会认知、知识溢出及系统管理原理为理论基础，围绕“协同感知、外部政策支持→成员个体协同驱动意愿→团队交互行为→团队效能提升”这一思路，以两个子研究展开了具体的分析和讨论：分别聚焦于团队交互过程中的协同层次（探讨了成员对团队、团队成员两个层面间的相互影响）和团队结果层次（即团队效能）的研究。通过对以往研究文献的梳理、回顾及访谈获得所需资料，采用了专家访谈、无领导小组讨论、Likert 7 级量表等方法，运用了 SPSS19.0，AMOS18.0 等测量工具进行数据验证，开发出了具有较好信度和效度的量表。在此基础上，对团队协同、效能两者的关系进行了假设（共 16 个假设）。研究表明，其中 12 个假设具有探索性研究的性质，以往研究并未发现有直接研究支撑依据。经过假设检验和研究结果及实证的分析讨论，笔者将全书研究结论归纳如下。

结论 1：高校科技创新团队协同由团队成员对团队目标认同度、成员间信息沟通、成员相互协作承诺和成员间交互行为 4 个维度构成。

本书根据现代高校科技创新团队成员交互过程中的动力、心态及行为，将团队协同视为团队成员对组织认同、期盼、成员间相互交往意愿及心理预期组成的多维构念。根据实证和相关文献梳理，开发出团队协同测度量表。通过样本调研获取了相关数据，检验和结构分析说明了该量表的内部一致性信度、构思效度和内容效度。研究结果表明：高校科技创新团队协同是由成员对团队目标的认同度、成员间信息沟通、成员相互协作承诺和成员间交互行为共同构成，属合并型多维构念。经筛选后的协同各测度项目 Cronbach's α 系数为 0.917，远远大于 0.7 的临界标准，KMO 为 0.883，完全满足科学研究的需要；4 个维度测度量表的构建信度（C.R.）均大于 1.96，说明了协同测度量表具有较好的构思效度，也说明将团队协同视为合并型多维构念具有一定的科学性和合理性。研究结果更注重团队成员间交互行为，符合现代科技需要多人协作完成的现实和趋势，更强调集体合作，进一步凸显了成员集体的重要性，彰显了团队研究的必要性。本书对协同维度的划分，进一步丰富和完善了协同的内涵，符合时代的特点，顺应了社会发展的需要，为全书对团队效能的研究奠定了坚实基础。

结论 2：高校科技创新团队效能由业绩效能、自我功效感和行为结果 3 个维度构成。

本书所界定的团队效能不仅包括团队任务和目标的完成，更侧重于团队成员潜能的挖掘、发挥以及团队成员与组织共同快速持续成长，最终实现“双赢”。关于效能量表有创业团队的效能量表可供借鉴，但在高校科技创新团队内，成员并非像创业团队那样年轻、有激情、风险意识强，与创业团队有一定的差异，需要对各维度具体指标进行适当微调，加入知识分子归属感和对科学孜孜不倦追求的因素。基于此，通过文献梳理、理论和实证研究，本书开发了有较好内部一致性和构思效度的量表，将实际调查的数据用 SPSS 等软件进行处理，从而将高校科技创新团队效能分为业绩效能、自我功效感和行为结果。研究结果是前人研究成果的结晶，具有较多相似性，只是将员工态度维度进行了具体化。马斯洛需求层次理论表明，知识分子更多关注归属和个人价值实现的需求，故经过实地调研，将员工态度维度界定为自我功效感，也就是个体在团队中的心理感受。经检验进一步验证了根据团队生存、维持和发展进行维度划分、高校科技创新团队效能在相关研究中的合理性和正确性。

本书研究结论除了强调高校科技创新团队的硬效能（即团队绩效），更多关注软效能（即团队周边绩效，也就是团队成员自我满足感和团队持续发展的竞争力)，为进一步研究团队效能提供了新的思路。

结论 3：高校科技创新团队自我功效感与业绩效能存在负相关，协同与效能其他维度存在正相关关系。

通过理论和实证研究发现：团队成员对团队目标认同度、成员间信息沟通、成员间交互行为对成员相互协作承诺影响系数分别为 0.652、0.301、0.636，成员间交互行为对成员间信息沟通、成员对团队目标认同度影响系数分别为 0.177、0.436。团队效能各维度中，业绩效能、自我功效感、行为结果对协同和效能各维度影响系数中除业绩效能对团队自我功效感影响系数为-0.166 外，其余均为正相关，即团队自我功效感对团队业绩效能存在负相关影响，进一步验证了假设中团队自我功效感与业绩效能影响负相关的假设。

从研究结果来看，团队成员相互协作承诺与团队效能存在正向影响，进一步验证了社会交换理论的正确性，即团队成员获得对方善待后会形成回报对方的义务。因此，得到来自学校、团队和其他成员有利对待的成员会表现出有利于团队和队友的行为，但要注意的是冲突维度不包含在内，只有建设性冲突才能促进团队效能的健康提高。根据社会认知和心理相容原理，高校科技创新团队协同与效能两者间抽象层次上存在实现相互匹配的可能性，其作用关系强度取决于团队成员在目标、行动、心理契约、团队氛围 4 个要素上匹配一致时，相互间合作水平就会提高。

结论 4：高校科技创新团队基本人口统计变量对团队效能影响存在差异性。

本书通过实证的方法，对数据和资料的分析研究表明：高校科技创新团队成员性别对团队行为结果有影响，但对业绩效能和自我功效感却没有显著影响。年龄、受教育程度、职称、角色、专业均对团队效能的影响不大，平台则通过自我功效感间接影响团队效能。研究结果得出了“男性对于任务分解、队友认知、问题判断和预期方面能更快达成一致，形成共识，取得团队效能也相对比较高”。另外，相关研究还表明人员的共享心智模式、学历、沟通对团队效能不存在差异。在领导中，团队年龄、工作经验、学历与团队效能成正相关，而性别差异对于团队整体效能水平影响却不大。

结论 5：高校科技创新团队协同与效能作用路径可用协同—效能转换系统定性模型来表示。

本书基于高校科技创新团队协同对效能的影响路径分析，以管理学中有关动机——需要理论为依据，按照协同效能行为发生路径，构建了“协作意愿—协同—共享行为—效能”模型，符合高校科技创新团队成员实际，也符合马斯洛需求层次理论的论述。为了实现协同与效能的持续转换，根据高校科技创新团队发展的现实需要，对各子系统进行了有机整合，建立了协同—效能闭合循环系统（见图 5.1），从而实现了协同前提下高校科技创新团队效率和效益的双提高。

结论 6：高校科技创新团队协同增效机理可以用概率分析的方法建立动态演化模型来表示。

进一步研究发现，高校科技创新团队的协同与效能呈动态演化规律，需要在第 4 章关于两者作用关系的基础上加入时间变量，从而更好地揭示两者的演化机理。本书依托各维度相互间的相关关系和相关系数构建了成员对团队目标认同度、成员间信息沟通、成员相互协作承诺、成员间交互行为、业绩效能、自我功效感和行为结果各自动态数理演化模型，从而进一步揭示了各维度随团队成立时间和所处阶段而发生的动态变化规律。在此基础上，构建了高校科技创新团队协同增效总模型，从而将难以量化的管理问题具体化，为提升团队效能提供了一种新的研究思路。

7.2 实践启示

本书围绕高校科技创新团队成员在交互过程中相互协同与团队效能之间的关系展开了研究，研究取得了相关研究结论。最终要回到笔者研究的初衷，也就是要落实到高校人力资源管理实践，将本书的实践启示归纳为以下四方面：

第一，应重视团队研究定位，基于本校特色制定战略性研究方向和目标。本书研究发现，高校教师要开展高科技研发必须在一个较好的环境中，而这些环境需要国家、学校对团队集体研发的支持，学校对团队的研究定位，未来研究领域及团队整合内外资源的能力和团队愿景对成员心理预期的影响。因此，高校要立足自身特色，关注全球研究领域动向，确立鼓舞人心、憧憬未来、敢于挑战的团队研究方向；在此前提下，学校要给予团队充足的物质保障，给予团队自主的权利，将团队从传统的教育体制中松绑出来，制订基于发展、战略的考核方式，让团队在现代扁平型组织结构下运行。

第二，团队领导要同成员一起制订团队协同规范和机制，以提高运行效率。本书经研究发现，首先，除了学校支持、成员对团队目标认同度等团队外部因素外，团队内部也要有适于高科技知识分子特点的内部管理规范，具体来说，要结合团队研究发展的需要，建立科学合理的成员选拔体系，把成员胜任力、协作力、创新力等主要因素放在首要考虑地位。其次，要建立团队成员交互过程中的学术规范和成果学术署名办法，按照“先想为主，多回报”的原则鼓励更多的创新性思维涌现，按照贡献率（分显性绩效贡献和隐性绩效贡献）进行成果分配，确保在公开、公平、公正的环境中分配，从而维护协作机制持续运行。再次，也要建立动态预警机制，以确保团队研发车轮滚滚向前。团队要加大对年轻且研发积累相对较少的创新人才的资助力度，以尽快促进其成长，已有成果的人才要促使其再上新台阶，承担大项目。

第三，在当今社会情境下，要全方位关注科技人才的生活质量。本书经研究发现，作为高层次科技创新人才，其需求并不局限于单纯的物质需求，更多的是安全、归属和自我价值实现的需要。对于不同年龄段、不同背景的团队成员应有不同的配套服务措施：对年轻的科技人才，要多从家庭、生活等方面给予他们大力支持与帮助，好让他们在无后顾之忧的心境下，全身心从事科技创新；对于略年长的科技人才，则多给他们配备助手和对外交流平台，让他们有更多的时间考虑团队长远的研究问题，着眼世界性、前瞻性的问题；同时，也要发挥他们“传、帮、带”的作用。另外，团队要举办形式多样的非正式活动，包括邀请家属、朋友参与，营造和谐、开放、自由、舒畅的研究氛围。

第四，加强创新团队和谐文化建设，促进成员和乐体验。本书经研究发现，高校科技创新团队成员除了看重高校团队研发的平台、环境，更注重的是和谐的科技创新环境，使他们能够产生和乐感受与体验，从而焕发出心理和谐，促进自身创造力的开发和运用。保持乐观向上的心态，学会欣赏自己，善待自己和别人及团队。团队领导多创造一种和谐的怡然性体验环境，多从“内化”环节上下功夫，即注重成员的心理效应（包括感知转换、心理转换、想象和情感转换），从精神层面塑造创新团队的独特文化，体现成员主体与团队客体和乐的效应。

7.3 研究局限与展望

7.3.1 研究局限

本书通过2个子研究和一个实证研究对高校科技创新团队协同对团队效能影响路径与机理展开研究。在研究过程中，有科学规范与可借鉴方法，笔者尽自己所能，按照科学规范和研究范式及可借鉴方法展开研究；没有科学规范和现有研究成果的，则按照探索科学的步骤与方法展开研究。选择自己所能选择适合、可靠的方法与技术展开研究，力求得出科学、可靠的结论，是笔者竭力研究奉行的原则。科学研究博大精深，学无止境，同一个科学问题，由于采取不同的研究方法、手段，处于不同的情境，往往带来新的科学问题，笔者的研究也不例外。尤其是笔者作为一名已过不惑之年的在职博士生，由于时间、精力和财力的限制，很多想深入的问题无法在本书中展开，因而也就形成了本书的局限和后续研究的展望。

第一，量表的可靠性和有效性还有待进一步检验。因目前对于高校科技创新团队协同和效能的研究还处于探索阶段，国内外还没有成熟的量表可以直接采用，本书只是借鉴前人最新开发的量表，结合高校科技创新团队特征进行了改进。同时，我国高校数量众多，地域差异较大。受样本选择的局限，本书只选择了江苏、江西、安徽、北京、河南、贵州等省部分高校，使得样本的代表性受到一定的影响，很可能会对研究结果造成偏差，甚至影响研究结果的科学性。倘若条件允许，可以扩大样本选择范围，增加不同地区高校的样本数据，从而对研究结论进行再次分析验证。

第二，有限的调研对象可能对研究结果造成一定的影响。本书基于人本的考虑，问卷调研的对象直接为高校科技创新团队的成员，而没有或较少采用管理者参与的方式，特别是国家有关部门更没有参与。这对于考查一些不能被第三者观察到的行为性和心理性指标更有效度，本书形成的问卷信度和效度可以反映这一点。但这种选择也可能存在一些测量偏差，如会把个人效能放大造成实际和理论不一致。由于本书研究过程中特别加以强调，要求被调查者尽量按指导语填答问卷，从研究结论来看，相关不足应该没有对研究质量产生较大的负面影响。在今后的研究中，可以加入学校科技管理部门、政府相关部门的管理者为调研对象，对研究结论进行进一步的比较和修缮。

第三，高校科技创新团队效能是一个复杂的系统，其影响因素也是多方面的，受篇幅、时间、精力等因素的影响，本书只选取以协同的因素，如外部宏观环境的影响还没有涉及，基于中国儒家文化土壤的人的需求和知识型组织管理理论还有待进一步深入研究。

7.3.2　研究展望

高校作为一个既传统又现代化的自组织，其运行和效能增加受多方面因素的影响，国内外对团队投入和产出研究较多，而对团队合作过程的研究还较少。本书基于前人研究的基础，对高校科技创新团队的效能增加情况进行了探讨，并取得了相应的成果。但由于笔者水平有限、知识面狭窄，再加上基于我国文化的高校科技创新团队研究还处于探索阶段，本书所做研究只是处在初步阶段，希望能起到抛砖引玉的作用。如何深入探讨、揭示高校科技创新团队协同增效的影响机理和提升路径，还有许多问题值得研究，如高校科技创新团队成员间协同过程中知识共享和知识转移存在何种关系、保障机制及影响团队效能的其他因素等都具有研究的价值。

（1）高校科技创新团队效能内涵及量表有待进一步细分。本书主要探讨了当前我国高校科技创新团队协同与效能之间的作用机理。有关高校科技创新团队内涵和结构的确定要立足于普适性、通用性考虑，量表开发与编制的出发点也立足于本书的研究机理问题，但在实际效能管理实践中，通用性团队效能评价方法有效性尚未取得一致。因此，未来研究有必要针对不同的学校类型、学科特点、地域和教师层次进行有针对性的研究和效能模型构建，以深化对效能内涵的研究，进一步完善和拓展高校科技创新团队效能结构模型体系，也必将对改进高校科技创新团队效能管理实践提供理论支撑。

（2）影响高校科技创新团队效能的视角有待进一步拓宽。从理论文献梳理可知，团队成员个体与团队效能之间存在影响关系，由于本书的研究基于人力资源管理视角开展研究，主要考察了高校内部因素对科技创新团队成员的协同作用，个体因素从以个体心理层面为代表因素加以研究，尽管协同因素的遴选立足于团队成员个体的心理认知取舍，但由于团队成员个体其他因素（如文化氛围、个性特征等）也会影响团队的效能，需要在以后的研究中加以拓展和深化。未来的研究中，将通过扩大研究因素范围，进一步探讨国家政策外因和内因之间的关系及其对团队个体和整体效能的影响，也可从非正式组织的视角进行进一步探索。

（3）高校科技创新团队协同与效能的数理模型有待进一步论证。本书中的研究运用概率分析的方法分析了高校科技创新团队的协同系统，提出了高校科技创新团队协同和效能各维度演化与团队增效的测度模型，方法本身也仅是一种初步探索，如何将高校科技创新团队协同系统的各个子系统因素进行量化，确定整个动力系统深化过程的控制参量，并明确其与效能之间的数量关系，最终形成系统集成模型，需要深入研究。

附录1　高校科技创新团队协同、增效初始调查问卷

尊敬的高校科技创新团队成员：

您好！非常感谢您对本次调查工作的支持！本问卷包括基本情况、高校科技创新团队协同、效能三部分。其中，高校科技创新团队效能界定为：成员为了实现团队目标，相互配合、坦诚沟通，共同完成任务而实现的实际结果。具体包括团队业绩效能、团队自我功效感和行为结果。业绩效能是指团队的目标和任务完成或实现程度，包括科技创新与开发的数量与质量。团队成员自我功效感是指个体对自己团队成功完成某些具体任务所拥有的能力的一种信念。团队行为结果是指在团队成员交互影响下，蕴藏在创新团队内部尚未产出业绩效能的交互记忆和行动体现。高校科技创新团队协同是指所有成员在认可团队目标和战略愿景的前提下，相互信任、彼此依赖与补充，相互认同，按照一定的学术规则，为了共同的目标，积极发挥每个人的潜力，共同努力、共同奋斗，最终取得个人和团队的共同成功。

本问卷旨在通过团队成员自己真实感知，探索新时期高校科技创新团队协同增效作用机理，以期改进现行团队协作方式，探索有利于提高团队效能的有效方法和途径。本次调查纯粹用于学术研究，不作他用，调查采取匿名方式进行，请在相应的选项打"√"，电子版请在相应的选项上涂红，您所提供的信息将绝对保密。您的真实回答对本次调研将产生直接影响，衷心感谢您的支持！

高校科技创新团队协同增效课题组

2011年12月

第一部分　基本信息

1. 您的性别：□男　　□女

2. 您的年龄：□30 岁及以下　□31~40 岁　□41~50 岁
□50 岁以上

3. 您的教育程度：□本科及以下　□硕士　□博士

4. 您的职称：□讲师及以下　□副教授或相当　□教授或相当

5. 您的身份：□一般研究人员　□研究骨干　□团队领导
□高校科技管理者

6. 您所在团队依托平台：□国家级　□省（部）级　□校级
□院级　□其他（选其他请补充：__________）

第二部分　高校科技创新团队协同测度调查

本部分为高校科技创新团队协同问卷，旨在了解团队集智、融智和资源融合能力。请您结合个人实情，选择在多大程度上认同，若有新的看法或有必要补充，请在本部分问卷末尾预留空白处填写。

编号	测度项目	认同程度						
		1	2	3	4	5	6	7
ct1	团队目标与我个人目标非常吻合							
ct2	理解并接受团队目标，清楚自己对团队目标实现的重要性							
ct5	团队领导年轻有为、创新意识强，能不断推动团队改革创新							
ct8	团队能根据研究方向需要及时调整人才培养方向							
ct10	团队研究方向市场发展的前景看好							
ct13	我们团队能比对手更快地发现创新项目并着手进行研究							
ct15	我们团队和成员目标较适中、可实现、易测量							
ct16	团队目标比较稳定，便于我们自主创新研究							
ct17	我们团队的规章制度健全、合理且具有较强的执行力							
ct18	我们团队能较好地整合内外部可用资源							
ct20	团队经常引进优秀人才，活力较强							
ct21	国家政策和学校对创新团队支持力度较大							
cc4	我们团队成员能主动交流自己的创新经验与成果							
cc6	团队接受新项目前能进行有针对性的培训							
cc8	团队人际关系和谐，同事间能坦诚交流，研究氛围较浓							
cc9	为实现知识更新与碰撞，团队经常提供学术交流的机会							
cp1	认同团队文化、价值观，愿意为团队尽力工作并感到荣耀							
cp2	团队成员能够自觉遵守学术道德和规范，合作风险小							
cp5	我十分珍惜团队给我提供的难得的研发机会和平台							

续表

编号	测度项目	认同程度						
		1	2	3	4	5	6	7
cp9	创新团队成员准入制度较严							
cm1	我们团队成员均能意识到合作与相互学习能促进“双赢”							
cm2	团队成员间共享彼此的专门知识和专业技能							
cm5	更多成员乐意将自己的专门技术和平时难以学到的知识提供给他人							
cm6	在一起工作过程中，每个成员都工作得合理高效							
cm7	我们团队成员各自任务之间配置协调得非常好							
cm10	我们把学术争论当作知识碰撞、耦合和学习的机会							
cm11	团队成员能相互包容、相互尊重							

您的补充意见：____

____

____

第三部分　高校科技创新团队效能测度调查

请您根据能够测度高校科技创新团队效能内容的重要性进行评价，并在“认同度”栏内记上相应的分数（请将认同的答案划上“√”）。每题只能选一个答案。如果您有补充，请在本部分问卷末尾预留空白处填写。

编号	测度项目	认同程度						
		1	2	3	4	5	6	7
ep1	我们团队能及时把握创新机遇							
ep2	我们团队经常产生创意或新点子							
ep3	我们团队执行任务的能力较强							
ep4	我们团队能按时完成计划要求							
ep5	我们团队能较好地实现预定目标							
ep6	我们团队科技创新成果效率和转化程度都很高							
ep7	我们团队科技成果的技术含量很高							
ep8	我们团队整合资源信息的成效很好							
ep9	我们团队适应环境变化的能力很强							
ep10	我们团队能完成学校对科技创新团队的业绩要求							
ee1	团队和成员都能信守各自诺言							
ee2	我们团队能够有效地处理好突发事件							
ee3	我们团队有家庭般的温暖							

续表

编号	测度项目	认同程度						
		1	2	3	4	5	6	7
ee4	我很珍惜在团队的机会，任何时候都为团队努力							
ee5	我们团队的研究方向前景广阔							
ee6	我们团队有能力应对创新过程中的风险							
ee7	我们团队都能很好地完成工作任务并实现相互承诺							
ee8	我们团队成员能够相互协作，攻克难题							
eb1	科研项目越来越需要集众多同伴的智慧							
eb2	我们团队总能相互协作开展研究							
eb3	同伴具有完成任务的相关知识							
eb4	我非常了解同伴的专长且信任他们							
eb5	我们团队很少对已提交的科研成果进行返工							
eb6	我们团队科技成果的产出效果很好							

您的补充意见：____

____

____

本问卷至此结束。祝您身体健康，工作愉快！

附录 2　高校科技创新团队协同、增效正式调查量表

第一部分　基本信息

1. 您的性别：□男　　□女
2. 您的年龄：□30 岁及以下　　□31~40 岁　　□41~50 岁　　□50 岁以上
3. 您的教育程度：□本科及以下　□硕士　　□博士
4. 您的职称：□讲师及以下　　□副教授或相当　　□教授或相当
5. 您的身份：□一般研究人员　　□研究骨干　　□团队领导　　□高校科技管理者
6. 您所在团队依托平台：□国家级　　□省（部）级　　□校级　　□院级　　□其他（选其他请补充：__________）

第二部分　测度高校科技创新团队协同测度正式量表

请您根据高校科技创新团队协同测度项目进行评价，并在“认同度”栏内记上相应的分数（请将认同的答案划上“√”）。每题只能选一个答案。如果您有补充，请在本部分问卷末尾预留空白处填写。

编号	测度项目	认同程度						
		1	2	3	4	5	6	7
ct1	团队目标与我个人目标非常吻合							
ct10	团队研究方向市场发展的前景看好							
ct15	我们团队和成员目标较适中、可实现、易测量							
ct16	团队目标比较稳定，便于我们自主创新研究							
ct17	我们团队的规章制度健全、合理且具有较强的执行力							

续表

编号	测度项目	认同程度						
		1	2	3	4	5	6	7
ct18	我们团队能较好地整合内外部可用资源							
ct21	国家政策和学校对创新团队支持力度较大							
cc4	我们团队成员能主动交流自己的创新经验与成果							
cc8	团队人际关系和谐，同事间能坦诚交流，研究氛围较浓							
cc9	为实现知识更新与碰撞，团队经常提供学术交流的机会							
cp1	认同团队文化、价值观，愿意为团队尽力工作并感到荣耀							
cp2	团队成员能够自觉遵守学术道德和规范，合作风险小							
cp5	我十分珍惜团队给我提供的难得的研发机会和平台							
cm1	我们团队成员均能意识到合作与相互学习能促进“双赢”							
cm2	团队成员间共享彼此的专门知识和专业技能							
cm5	更多成员乐意将自己的专门技术和平时难以学到的知识提供给他人							
cm10	我们把学术争论当作知识碰撞、耦合和学习的机会							

您的补充意见：____

____

____

第三部分　测度高校科技创新团队效能测度正式量表

请您根据影响高校科技创新团队效能因素的重要性进行评价，并在“认同度”栏内记上相应的分数（请将认同的答案划上“√”）。每题只能选一个答案。如果您有补充，请在本部分问卷末尾预留空白处填写。

编号	测度项目	认同程度						
		1	2	3	4	5	6	7
ep1	我们团队能及时把握创新机遇							
ep2	我们团队经常产生创意或新点子							
ep3	我们团队执行任务的能力较强							
ep4	我们团队能按时完成计划要求							
ep5	我们团队能较好地实现预定目标							
ep6	我们团队科技创新成果效率和转化程度都很高							
eP7	我们团队科技成果的技术含量很高							
ep8	我们团队整合资源信息的成效很好							
ep9	我们团队适应环境变化的能力很强							
ee2	我们团队能够有效地处理好突发事件							

续表

编号	测度项目	认同程度						
		1	2	3	4	5	6	7
ee3	我们团队有家庭般的温暖							
ee4	我很珍惜在团队的机会，任何时候都为团队努力							
ee5	我们团队的研究方向前景广阔							
ee6	我们团队有能力应对创新过程中的风险							
ee7	我们团队都能很好地完成工作任务并实现相互承诺							
eb1	科研项目越来越需要集众多同伴的智慧							
eb2	我们团队总能相互协作开展研究							
eb3	同伴具有完成任务的相关知识							
eb4	我非常了解同伴的专长且信任他们							
eb5	我们团队很少对已提交的科研成果进行返工							

您的补充意见：____

____

____

本问卷至此结束。祝您身体健康，工作愉快！

附录 3　高校科技创新团队协同与团队增效关系研究的调查问卷

尊敬的高校科技创新团队成员（管理人员）：

您好！十分感谢您参与本次调查工作。高校科技创新团队是具有不同知识、技能和学术背景的专家和学者为了提高研究水平和层次，充分借鉴对方的长处和优势，共同协作实现知识和技能的有机融合、碰撞与溢出。此次调查是为了对高校科技创新团队的协同与效能关系进行研究。本问卷纯粹用于学术研究，不作他用，调查采取匿名方式进行，请在相应的选项上打"√"，电子版请在相应的选项上涂红，您所提供的信息将绝对保密。您的真实回答对本次调研将产生直接影响，衷心感谢您的支持！

高校科技创新团队协作增效课题组

2013 年 6 月

第一部分　基本信息

1. 您的性别：□男　□女
2. 您的年龄：□30 岁及以下　□31~40 岁　□41~50 岁　□50 岁以上
3. 您的教育程度：□本科及以下　□硕士　□博士
4. 您的职称：□讲师及以下　□副教授或相当　□教授或相当
5. 您的身份：□一般研究人员　□研究骨干　□团队领导　□高校科技管理者
6. 您所在团队依托平台：□国家级　□省（部）级　□校级　□院级　□其他（选其他请补充：__________）

第二部分 高校科技创新团队协同与效能关系问卷填写

请您根据科技创新团队情况进行评价，并在“认同度”栏内记上相应的分数(请将认同的答案划上“√”)。每题只能选一个答案。如果您有补充，请在本部分问卷末尾预留空白处填写。

序号	影响因素描述	认同程度 低（1~7 分）高						
		1	2	3	4	5	6	7
1	团队目标与我个人目标非常吻合							
2	团队研究方向市场发展的前景看好							
3	我们团队和成员目标较适中、可实现、易测量							
4	团队目标比较稳定，便于我们自主创新研究							
5	我们团队的规章制度健全、合理且具有较强的执行力							
6	我们团队能较好地整合内外部可用资源							
7	国家政策和学校对创新团队支持力度较大							
8	我们团队成员能主动交流自己的创新经验与成果							
9	团队人际关系和谐，同事间能坦诚交流，研究氛围较浓							
10	为实现知识更新与碰撞，团队经常提供学术交流的机会							
11	认同团队文化、价值观，愿意为团队尽力工作并感到荣耀							
12	团队成员能够自觉遵守学术道德和规范，合作风险小							
13	我十分珍惜团队给我提供的难得的研发机会和平台							
14	我们团队成员均能意识到合作与相互学习能促进“双赢”							
15	团队成员间共享彼此的专门知识和专业技能							
16	更多成员乐意将自己的专门技术和平时难以学到的知识提供给他人							
17	我们把学术争论当作知识碰撞、耦合和学习的机会							
18	我们团队能及时把握创新机遇							
19	我们团队经常产生创意或新点子							
20	我们团队执行任务的能力较强							
21	我们团队能按时完成计划要求							
22	我们团队能较好地实现预定目标							
23	我们团队科技创新成果效率和转化程度都很高							
24	我们团队科技成果的技术含量很高							
25	我们团队整合资源信息的成效很好							
26	我们团队适应环境变化的能力很强							
27	我们团队能够有效地处理好突发事件							
28	我们团队有家庭般的温暖							
29	我很珍惜在团队的机会，任何时候都为团队努力							

续表

序号	影响因素描述	认同程度 低（1~7 分）高						
		1	2	3	4	5	6	7
30	我们团队的研究方向前景广阔							
31	我们团队有能力应对创新过程中的风险							
32	我们团队都能很好地完成工作任务并实现相互承诺							
33	科研项目越来越需要集众多同伴的智慧							
34	我们团队总能相互协作开展研究							
35	同伴具有完成任务的相关知识							
36	我非常了解同伴的专长且信任他们							
37	我们团队很少对已提交的科研成果进行返工							

您的补充意见：____

____

____

本问卷到此结束，再次感谢您的大力支持！

附录 4 高校科技创新团队人才胜任力体系

高校科技创新团队成员胜任力体系

一级指标及权重（%）	二级指标	一级指标及权重（%）	二级指标
高水平科研能力（10.5）	科研成果转化能力	超凡魅力（9.9）	感召力
	学术交流能力		人生阅历丰富
	接受新知识、新方法的能力		关心尊重团队成员
	信息获取分析能力		谦虚礼让
良好心态（10.3）	稳重		亲和力
	果断		乐于奉献
	性格开朗		凝聚力
	自信		专业影响力
	积极进取		品德高尚
	淡泊名利		学识广博
科学精神（10.1）	学习能力	组织协调能力（9.9）	压力承受能力
	实验能力		组织协调能力
	热爱科学		危机管理能力
团队负责精神（10）	从事实际科研工作能力		统筹规划能力
	开拓创新能力		外联能力
	成就欲	团队技术组合能力（9.8）	团队技术整合
	责任感		团队技术评估
	事业心		提高团队技术水平
	协作意识	分析式思考（9.8）	逻辑推理能力
	大局意识		洞察力
人梯境界（10）	团队成员激励		系统分析能力
	育人能力		科研敏锐力
	宽容	法律意识（9.5）	遵纪守法
	信任他人		自制力
超凡魅力	语言表达艺术		知识产权意识

附录 5　创新团队成员不同成长阶段资助预警特征

<table>
<tr><th colspan="2">阶段
特征</th><th>学习至成长阶段</th><th>成长至成熟阶段</th><th>成熟至衰退阶段</th></tr>
<tr><td rowspan="4">产出成果</td><td>业绩增长</td><td>缓慢，达最低要求，呈水平波动，无亮点</td><td>缓慢，达最低要求，呈水平波动，无亮点</td><td>表现平平或有所下降，在提高“高原期”很难达到一个新的高度</td></tr>
<tr><td>业务导向</td><td>完成领导分派任务，自主性不强</td><td>不强，开始与业务相关人员沟通，不关注关键问题并提出建设性建议和举措</td><td>更安于现状，不思进取，对工作无特别兴趣，只关注分内事，得过且过，无更高的追求</td></tr>
<tr><td>创造力</td><td>不强</td><td>弱或无，不注重专业和修养，只关注分内事</td><td>弱化，敷衍了事，提不出建设性的改进意见，不积极探寻新的改进办法</td></tr>
<tr><td>培养人才</td><td></td><td></td><td>对下属漠不关心，不主动沟通，不及时提供便利条件和成长平台</td></tr>
<tr><td rowspan="5">工作表现</td><td>责任</td><td>局部思考分内事，全局思维有待提高</td><td>对指派任务能站在结果角度思考，并采取行动计划，但方法欠缺，质量及效率不佳</td><td>职责履行程度下降，督促、执行能力减弱，对本岗位新业务、技术和知识不积极、主动学习，岗位责任心不如以前</td></tr>
<tr><td>主动性</td><td>自觉完成分内任务，熟悉后有所下降，无情绪化</td><td>自觉完成分内事，少关心分外事</td><td>不关心分外事，分内事也不按时完成。业态发展关注不够，不积极学习创新成果</td></tr>
<tr><td>学习积极性</td><td>及时总结，横向学习能力有待提高，对行业发展了解不多</td><td>及时总结，主动学习，不紧密结合行业，知识落后于同行同类人</td><td>专业停滞不前且不愿自觉更新知识，也不愿向别人学习，忽视同行业发展状况，知识落后于同行同类人员</td></tr>
<tr><td>团队合作</td><td></td><td>愿意与他人合作与交流，共享信息、知识，有情绪化</td><td></td></tr>
<tr><td>沟通能力</td><td></td><td></td><td>专注自己狭小空间，逃避和搪塞沟通，狡猾善变</td></tr>
</table>

续表

特征		学习至成长阶段	成长至成熟阶段	成熟至衰退阶段
心理状况	态度情绪	配合性降低，无抵触情绪	软抵触；表面配合，做法表现情绪化	态度上怠慢和不合作；工作上由于压力增加，表现出对抗、愤怒、焦急、失望等情绪
	坚韧性	抗压力有所下降，仍能自想解决办法	抗压力低，逃避困难，不主动争取别人理解与支持	经受挫折和压力的能力降低，表现不是积极创新，当别人不同意自己的主张时，放弃继续新的研究
	自我控制能力	减弱，时有抱怨，进取变弱	减弱，不理解别人进步，常产生抵触情绪，心态淡然，无进取	由于受外界其他干扰，不能很好地投入工作，自我控制意识不强，对创新、提高、工作精细化控制程度降低
	自我意识			奉献、团队和集体意识减弱，不自我反省、自我管理和自我超越，潜能难以发挥

参考文献

[1] Alavi M., Leidner D. E. Review: Knowledge Management and Knowledge Management Systems: Conceptual Foundations and Research Issues [J]. MIS Quarterly, 2001, 25 (1).

[2] Alderfer C. P., Group and Inter-group Relations. Improvine the Quality Life [M]. Palisades, CA: Goodyear, 1977.

[3] Amabile T. Model of Creativity and Innovation in Organizations [J]. Organizational Behavior, 1988 (10).

[4] Ammon J. Salter & Ben R. Martin. The Economic Benefits of Publicly Funded Basic Research: A Critical Review [J]. Research Policy, 2001, 30 (3).

[5] Ancona D. G. Outward Bound: Strategies for Team Survival in an Organization [J]. Academy of Management Journal, 1990, 33 (6).

[6] Anderson N. R. & West. The Team Climate Inventory [J]. Mannual and users' Guide, 1996, 5 (1).

[7] Anselin Varga. Local Geographic Spillovers between University Research and High Technology Innovations [J]. Journal of Urban Economics, 1997 (42).

[8] Audertsch D. B. & Feldman M. P. Knowledge Spillovers and the Geography of Innovation [M]. Handbook of Urban and Regional Economics, 2002 (4).

[9] B. L. Simoin. An Empirical Investigation of the Process of Knowledge Transfer in International Strategic Alliances [J]. Joumal of International Business Studies, 2004, 35 (5).

[10] B. MeEvily & A. Zaheer. Bridging Pies: A Source of Firm Heterogeneity in Competitive Capabilities [J]. Strategic Management Journal, 1999 (20).

[11] Bales R. F. Interaction Process Analysis [M]. Cambridge: Addison -

Wesley, 1950.

[12] Bandura A. Social Learning Theory [M]. Englewood Cliffs, N. J. Prentic-Hall, 1977.

[13] Bandura & A. Social Foundations of Thought and Action [M]. Englewood Cliffs, NJ: Prentic-Hall, 1986.

[14] Baron R. M., Kenny D.A. The Moderator-mediator Variable Distinction in Social Psychological Research: Conceptual, Strategic, and Statistical Considerations [J]. Journal of Personality and Social Psychology, 1986, 51 (6).

[15] Beer M. The Technology of Organizational Development Handbook of Industrial and Organizational Psychnology [M]. Chicago: Rand McNally, 1976.

[16] Boulding K. Conflit and Defense [M]. Harper and Row, NY, 1963.

[17] Brannick M. R., Roach. Member Ability and Personality to Work-team Process and Team Effect-tive [J]. Journal of Applied Psychology, 1998 (83).

[18] Bresman H., Birkinshaw J. & Nobel R. Knowledge Transfer in International Acquisitions [J]. Joumal of International Business Studies, 1999, 30 (3).

[19] C. Argyris. Understanding Organizational Behavior [M]. London: Tavistock Publications, 1960.

[20] Campbell J. P. Modeling the Performance Prediction Problem in Industrial and Organizational Psychology [M]. Consulting Psychologists Press, CA, 1990.

[21] Campion. Relations between Work Group Characteristics and Effectiveness: Implications for Designing Effective Work Groups [J]. Personnel Psychology, 1993, 46 (4).

[22] Cannon M. D. & Edmondson A. C. Confronting Failure: Antecedents and Consequences of Shared Beliefs about Failure in Organizational Work Groups [J]. Journal of Organizational Behavior, 2001, 22 (2).

[23] Cannon-Bowers J. A., Salas E. Reflections on Shared Cognition [J]. Journal of Organizational Behavior, 2001, 22 (2).

[24] Caves E. Multinational Firms, Competition, and Productivity in Host-Country Markets [J]. London School of Economics and Political Science, 1974, 41 (162).

[25] Chester Barnard. The Function of the Executive [M]. Cambridge, Mass, Harvard University Press, 1968.

[26] Coe D. E. & E. Helpman. International R&D Spillovers [J]. European Economic Review, 1995 (5).

[27] Cohen & Bailey. What Makes Teams Work: Group Effectiveness Research from the Shop Floor to the Executive Suite [J]. Journal of Management, 1997, 23 (3).

[28] Cohen W. B., Bailey D. E.. What Make Team Work: Group Effecticeness Research from the Shop Floor to the Executive Suite [J]. Journal of Management, 1997 (23).

[29] Cohen W. M & Levinphal D. A. Innovation and Learning: the Two Faces of R&D [J]. Economic Journal, 1989, 99 (397).

[30] Collins & Porras. Built to Last [M]. Ranelom House Business, 2005.

[31] Cooke R. A., Szumal J. L. The Impact of Group Interactional Styles on Problem-solving Effectiveness [J]. Journal of Applied Behavioral Science, 1994, 30 (4).

[32] Cosier R. & Rose G. Cognitive Conflict and Goal Conflict Effects on Task Performance [J]. Organi-zational Behavior and Human Performance, 1977 (19).

[33] Crossan M. & Hulland, J. Measuring Organizational Learning [J]. Presented at Academy of Manage-ment. Boston: MA, Ivey Working Paper, 1997.

[34] Cummings J. L., Teng B. S. Transferring R&D Knowledge: The Key Factors Affecting Knowledge Transfer Success [J]. Journal of Engineering and Technology Management, 2003, 20 (2).

[35] D. M. Rousseau & J. M. Parks. The Contracts of Individuals and Organizations [J]. Research in Organi-zational Behavior, 1993 (15).

[36] Davenport T. H. & L.Prusak. Working Knowledge: How Organizations Manage What They Know [M]. Boston: Harvard Business School Press, 1998.

[37] Denise M. Rosseau. Psychological Contract in Employment: Cross-National Perspective [M]. SAGE Publications, Inc., 2000.

[38] Deshon R. P., Kozlowski, S. W., Schmidt, A. M., Milner K. R.,

Wiechmann D. A Multiple Goal, Multilevel Model of Feedback Effects on the Regulation of Individual and Team Performance in Training [J]. Journal of Applied Psychology, 2004, 89 (6).

[39] Deutsch M.A Theory of Cooperation and Competition [J]. Human Relations, 1949 (2).

[40] Douglas K. Smiht. The Wisdom of Temas [M]. Mckinswy & Compnay, Inc, 1999.

[41] Duanmu J. L., Fai F. M. A Processual Analysis of Knowledge Transfer: from Foreign MNEs to Chinese Suppliers [J]. International Business Review, 2007, 16 (4).

[42] E. D. Darr, T. R. Kurtzberg. An Investigation of Partner Similarity Dimensions on Knowledge Transfers [J]. Organizational Behavior and Human Decision processes, 2000 (82).

[43] E. H. Schein. Organizational Psychology [M]. Pearson, 1980.

[44] E. W. Chance. Developing Administrative Vision [DB/OL]. http: //www. eric. ed.gov/ERICWebPorpal/conpentdelivery/servlep/ERICServlep?

[45] Edmondson Amy. Psychological Safe and Learning Behavior in Work Teams [J]. Administrative Science Quarterly, 1999, 44 (2).

[46] Eisenhardt K. M., Better Stories and Better Constructs: The Case for Rigor and Comparative Logic [J]. Academy of Management Review, 1991, 16 (3).

[47] Faulkner D. International Strategic Alliances: Cooperation to Compete [M]. London: McGraw Hill Book Company, 1995.

[48] Fink C. F. Some Conceptual Difficulties in the Theory Social Conflict [J]. The Journal of Conflict Resolution, 1968, 12 (4).

[49] Forsyph D. R. An Introduction to Group Dynmaies [M]. Brooks Cole, 1983.

[50] Geneen H. The Synergy Myth [M]. USA: St. Mar Press, 1997.

[51] Gibson C. B., Zellmer-Bruhn M. E., Schwab D. P. Team Effectiveness in Multinational Organizations: Evaluation across Contexts [J]. Group & Organization Management, 2003, 28 (4).

[52] Gilbert M. & Cordey -Hayes M. Understand the Process of Knowledge Transfer Achieve Successful Technological Innovation [J]. Technovation, 1996 (16).

[53] Gilson L. Mathieu J. E. Shalley C. E. & Ruddy T. M. Creativity and Standardization Complementary or Conflicting Drivers of Team Effectiveness [J]. Academy of Management Journal, 2005 (48).

[54] Gist M. E., Locke E. A. & Taylor M. S. Organizational Behavior: Group Structure, Process and Effect-tiveness [J]. Journal of Management, 1987 (13).

[55] Gladstein D. L.Groups in Context: A Model of Task Group Effectiveness [J]. Administrative Science Quarterly, 1984.

[56] Greenwald A.G., Banaji M. R. Implicit Social Cognition: Attitudes, Self-esteem and Stereotypes [J]. Psych -ological Review, 1995, 102 (1).

[57] Guetzkow H. & Gyr J. An Analysis of Conflict in Decision-making Group [J]. Human Relations, 1954 (7).

[58] Guzzo and Dickson. Teams in Organizations: Recent Research on Performance and Effectiveness [J]. Psychology, 1996.

[59] H. P., Munden K. J., Mandl H. J. & Solley C. M. Men, Managenment and Mental Health [M]. Cambridge: Harvard University Press, 1962.

[60] Hackman J. R. & Morris C. G. Group Tasks, Group Interaction Process and Group Performance Effectiveness: A Review and Proposed Integration [M]. New York: Academic Press, 1975.

[61] Hackman J. R., The Design of Work Teams [M]. Englewood Cliffs, NJ: Prentice, 1987.

[62] Hall R.H. Organizations-structtires, Process, and Outcomes [M]. Englewood Cliffs, Prentice-Hall, 1996.

[63] Hank Williams. The Essence of Managing Groups and Teams [M]. Prentice Hall Europe, 1996.

[64] Hardy C., Leiba-O'Sullivan S. The Power behind Empowerment; Implications for Research and Practice [J]. Human Relations, 1998, 51 (4).

[65] Hendriks P. Why Share Knowledge? The Influence of ICT on Motivation for Knowledge Sharing [J]. Knowledge and Process Management, 1999, 6 (2).

[66] Herriot P., Manning W. E. G., Kidd J. M. The Content of the Psychological Contract [J]. British Journal of Management, 1997 (8).

[67] Herriot P., Pemberton C. & New Deals. The Revolution in Managerial Careers [M]. Chiehester John Wiley Sons, 1995.

[68] Hinkin P. A Review of Scale Development Practices in the Study of Organizations [J]. Journal of Management, 1995, 21 (5).

[69] Hoegl M. & Gemuenden H. G. Teamwork Quality and the Success of Innovative Projects: a Theoretical Concept and Empirical Evidence [J]. Organization Science, 2001, 12 (4).

[70] Hofstede G., Neuijen B., Ohavy D. D., et al., Measuring Organizational Cultures: A Qualitative and Quantitative Study across Twenty Cases [J]. Administrative Science Quarterly, 1990, 35 (2).

[71] Hyatt D. E. Ruddy T. M. An Examination of the Relationship between Work Group Characteristics and Performance: Once More into the Breech [J]. Personnel Psychology, 1997, 50 (3).

[72] Igbaria M. & Iivari J. The Effects of Self-efficacy on Cumputer Usgae [J]. Omega, 1995, 23 (6).

[73] Ilan Kroo, Steve Altus & Robert Braun, et al. Multidisciplinary Optimization Methods for Aircraft Prelim Design [R]. AIAA-94-4325.

[74] Ilgen D. R., Hollenbeck J. R., Johnson M., et al. Teams in Organizations: From Input-process-output Models to IMOI Models [J]. Annual Review of Psychology, 2005, 56 (1).

[75] Jaffe A. B. & K. Palmer. Environmental Regulation and Innovation: A Panel Data Study [J]. The Review of Economics and Statistics, 1997 (4).

[76] Jaffe, Adam B. Real Effects of Academic Research [J]. American Economic Review, 1989, 79 (5).

[77] James D. Palmer & N. Ann Fidlds, Computer-supported Cooperative Work [J]. IEEE Computer, 1994, 27 (5).

[78] Jehn K. & Mannix E. A. The Dynamic Nature of Conflict: A longitudinal Study of Intra Group Conflict and Group Performance [J]. Administrative Science

Quarterly, 2001, 2 (44).

[79] Jehn K. A Multimethod Examination of the Benefits and Detriments of Intra Group Conflict, Admini-strative [J]. Science Quarterly, 1995 (2).

[80] Jon R. Katzenbach, Douglas K. Smith. The Wisdom of Temas [M]. Mckinswy & Compnay, Inc., 1999.

[81] Jonathan Grudin. Computer-supported Cooperative Work: History and Focus [J]. IEEE Computer, 1994, 27 (5).

[82] K. D. Joshi & S. Sarker. Knowledge Transfer within Information Systems Development Teams: Examining the Role of Knowledge Source Attributes [J]. Decision Support Systems, 2007, 43 (2).

[83] K. Lewin. Ideal-measurement Schemes as Origin of the EPR Paradox [J]. Nuovo Cimento B., 1994 (109).

[84] Katzenbach J. R., Smith D. K. The Wisdom of Teams [M]. McKinsey & Company, Inc., 1999.

[85] Keller M. Are International R&D Spillovers Traded-Related? Analyzing Spillovers Among Randomly Matched Trade Partners [J]. European Economics Review, 1998 (42).

[86] Kogut B. & Zander U. What Do Firms Do? Coordination, Identity, and Learning [J]. Organization Science, 1996, 7 (5).

[87] Kolodny H., Kiggundu M. Towards the Development of a Socio-technical Systems Model in Woodlands Mechanical Harvesting [J]. Human Relations, 1980 (33).

[88] L. W. Porter, R. T. Mowday & P. V. Bonlian. Organizational Commitment, Job Satisfaction and Turn-over among Psychiatric Technicians [J]. Journal of Applied Psychology, 1974 (59).

[89] Latham. Visioning: the Concept, Trilogy, and Process [J]. Quality Progress, 1995 (4).

[90] Lawrence Hollp. Managing Teams [M]. The McGraw-Hill Company, Inc., 1999.

[91] Lechler T. Social Internation: A Determinant of Entrepreneurial Team

Ventures Success [J]. Small Business Economics, 2001, 16 (4).

[92] Litwein Tagiuri. Motivation and Organizational Climate [M]. Harvard Business School Press, 1968.

[93] Makino, S. & Delios A. Local Knowledge Transfer and Performance: Implications for Alliance Formation in Asia [J]. Journal of International Business Studies, 1996, 27 (5).

[94] Malecki E. The Dynamics of Local Regio and National Competitiveness [M]. Technology and Economic Development, Longman: Harlow, 1997.

[95] Marcus D. K. Studying Group Dynamics with the Social Relations Model [J]. Group Dynamics, 1998 (2).

[96] Marks M. A., Mathieu J. E., Zaccaros. A Temporally Based Framework and Taxonomy of Team Processes [J]. Academy of Management Review, 2001 (26).

[97] Marks M. A., Sabella M. J., Burke C. S. & Zaccaro S. J. The Impact of Cross-training on Team Effec-tiveness [J]. Journal of Applied Psychology, 2002 (87).

[98] Mc Grath J. E. Social Psychology. A Brief Introduction [M]. New York: Holt Rinehart & Winston, 1964.

[99] Millward L. J. & Brewerton P. Contractors and Their Psychological Contract [J]. The British Journal of Management, 1999 (10).

[100] Nieva V. F., Fleishman E. A., Reick A. M. Team Dimension: Their Identity, Their Measurement, and Their Relationships [M]. Twchnical Report. Washington, D C: Arro, 1987.

[101] Ostroff C., Kozlowski S. J.Organizational Socialization as a Learning Process: The Role of Information Acquisition [J]. Personnel Psychology, 1992 (45).

[102] Peter F. Drucker. The Practice of Management [M]. London: Harper Collins, 2006.

[103] Pichy & Devanna. The Mission of the Leader [M]. Leader to Leader NY: Jossey-Bass, 1986.

[104] Pondy L. R. Organizational Conflict: Concepts and Models [J]. Administrative Science Quarterly, 1967 (12).

[105] Reagans R., Mcevily B. Network Structure and Knowledge Transfer: The Effects of Cohesion and Range Ray [J]. Administrative Science Quarterly, 2003, 48 (2).

[106] Robbins S. P. Organizational Behavior [M]. Prentice Hall International, Inc., 1996.

[107] Romer D. Advanced Macroecomics [M]. McGraw-Hill Companies, 1996.

[108] Rousseau D. U. Psychological and Implied Contracts in Organizations [J]. Employee Responsibilities and Rights Journal, 1989 (2).

[109] Salas E. Dickinson, T. L.Converse, S. A. & Tannenbuam S.L. Toward an Understanding of Team Perfor-mance and Training [J]. In Swezey R. W. & Salas E. (Eds.), Teams: Their Training and Performance, 1992 (3).

[110] Santoro M. D., Bierly P. E. Facilitators of Knowledge Transfer in University-Industry Collaborations: A Knowledge-Based Perspective [J]. IEEE Transactionson Engineering Management, 2006, 53 (4).

[111] Saul N. Weingart, Roger B. Patients Discharged against Medical Advice from a General Medicine Service [R]. NJ: Brief Report, 1998.

[112] Saxenian A. & Regional Advantage. Culture and Competition in Silicon Valley and Route 128 [M]. Harvard Besiness School Press, 1994.

[113] Schneider B. & Brief A. P.Creating a Climate and Culture for Sustainable Organizational Change [J]. Organizational Dynamics, 1996 (24).

[114] Scott S. G., Bruce R. A.Determinants of Innovative Behavior: A Path Model of Individual Innovation in the Workplace [J]. Academy of Management Journal, 1994, 37 (3).

[115] Senge P. Building Learning Organizations[J]. Sloan Management Review, 1990 (Fall).

[116] Shea G., Guzzo R. Group Effectiveness What Really Matters? [J]. Sloan Management Review, 1987, 28 (3).

[117] Simunic D. A. Auditing, Consulting, and Auditor Independence [J]. Journal of Accounting Research, 1984 (22).

[118] Spreitzer G. M. Psychological Empowerment in the Workplace: Dimen-

sions, Measurement and Vali-dation [J]. Academy of Management Journal, 1995, 38 (5).

[119] StePhen P. Robbins. Management (4th) [M]. Prentiee Hall, 1994.

[120] Sundstrom E. & M. McIntyre. Measuring Work-group Effectiveness: Practices, Issues, and Pros-pects.Working Paper. Knoxville, TN: University of Tennessee [J]. Department of Psychology, 1994.

[121] Sundstrom E., De Meuse K. P., Futrell D. Work Teams: Applications and Effectiveness, American Psychology, 1990, 45 (2).

[122] Susan A. Wheelan. An Initial Exploration of the Relevance of Complexity Theory to Group Research and Practice [J]. Systemic Practice and Action Research, 1996, 9 (1).

[123] Swezey R. W., Salas E., Teams: Their Training and Performance [M]. Ablex Publishing Corporation, 1992.

[124] Teece D. J., Pisano G., Shuen A., Dynamic Capabilities and Strategic Management [J]. Strategic Manage-ment Journal, 1997, 18 (7).

[125] Teece D. Technology Transfer by Multinational Firms: The Resource Cost of Transferring Technological Know-how [J]. The Economic Journal, 1977 (87): 242-261.

[126] Thomas K. W. Conflict and Conflict Management, In Dunnette M. D., Hough L. M. (Eds), Handbook of Industrial and Organizational Psychology [M]. Consulting Psychologists Press, 1976.

[127] Wageman R. Interdependence and Group Effectiveness [J]. Administrative Science Quarterly, 1995, 40 (1).

[128] Wall V. & Nolan L. Perceptions of In Equality, Satisfaction and Conflict in Oriented Group [J]. Human Relations, 1986 (39).

[129] West M. A. & Role Innovation in the World of Work [J]. British Journal of Social Psychology, 1989 (8).

[130] West M. A. The Social Psychology of Innovation in Groups [J]. Innovation and Creativity at Work, 1990.

[131] Williams K. J. & Alliger G. M. Role Stressors, Mood Spillover, and

Perceptions of Work –Family Conflict in Employed Parents [J]. Academy of Management Journal, 1994, 37 (4).

[132] Zvi Griliches.The Search for R&D Spillovers [J]. Scandinavian Journal of Economics, Wiley Blackwell, 1992 (94).

[133] 安德烈·A. 德瓦尔. 绩效管理魔力——世界知名企业如何创造可持续价值 [M]. 汪开虎译. 上海：上海交通大学出版社，2002.

[134] 安德鲁·坎贝尔等. 战略协同 [M]. 任通海等译. 北京：机械工业出版社，2000.

[135] 巴纳德. 组织与管理 [M]. 曾琳，赵菁译. 北京：中国人民大学出版社，2009.

[136] 白新文，刘武，林琳. 共享心智模型影响团队绩效的权变模型 [J]. 心理学报，2011 (5).

[137] 柏林. 高新技术企业科研团队效能与创造力研究 [D]. 天津理工大学硕士学位论文，2008.

[138] 彼得·豪维特. 度量以知识为基础的增长的一些问题 [M]. 珠海：珠海出版社，1998.

[139] 彼得·德鲁克. 组织的管理 [M]. 王伯言，沈国华译. 上海：上海财经大学出版社，2003.

[140] 蔡晓春.乡镇领导班子团队建设与团队效能的研究 [D]. 浙江大学硕士学位论文，2001.

[141] 曹蔚玮，张诠. 团队管理理论在科研管理“课题制”中的运用 [J]. 中国医院管理，2003，23 (3).

[142] 陈春花，杨映珊. 基于团队运作模式的科研管理研究 [J]. 科技进步管理，2002 (4).

[143] 陈浩，惠青山. 社会交换视角下的员工创新工作行为——心理所有权的作用 [J]. 当代财经，2012 (6).

[144] 陈继勇，盛杨怿. 外商直接投资的知识溢出与中国区域经济增长 [J]. 经济研究，2008 (12).

[145] 陈晓萍，徐淑英，樊景立. 组织与管理研究的实证方法 [M]. 北京：北京大学出版社，2008.

[146] 陈旭. 团队领导对团队效能的影响机理研究 [J]. 科研管理，2007 (3).

[147] 陈忠卫. 高管成员领导力与团队内部信任关系研究 [J]. 企业导报，2013 (5).

[148] 德鲁克. 管理未来 [M]. 李亚等译. 北京：机械工业出版社，2009.

[149] 丁鹏，汪靓. 社会交换理论视角下人际交往的新特点 [J]. 科教文汇(上旬刊)，2012 (3).

[150] 丁文涵. 研发团队异质性与团队绩效的关系研究 [D]. 北方工业大学硕士学位论文，2013.

[151] 丁岳枫，谢小云，王重鸣. 虚拟团队任务特征对团队绩效的影响模式研究 [J]. 人类工效学，2004，10 (4).

[152] 樊传浩，王济干. 创业团队异质性与团队效能的关系研究 [J]. 科研管理，2013 (8).

[153] 樊传浩. 创业团队异质性与团队效能的关系研究 [D]. 河海大学博士学位论文，2012.

[154] 方文东. 关于科研团队组建的一些认识 [J]. 科技管理研究，2002 (4).

[155] 福斯伯格，穆兹，科特曼. 可视化项目管理（第三版）[M]. 许江林，刘景海译. 北京：电子工业出版社，2006.

[156] 盖伊·拉姆斯登，唐纳德·拉姆斯登. 群体与团队沟通 [M]. 冯云霞译. 北京：机械工业出版社，2001.

[157] 高佳，黄祥瑞，沈祖培. 人的可靠性分析：历史、需求和进展 [J]. 中国安全科学学报，2003，13 (12).

[158] 葛朝阳，郑刚，陈劲. 基础研究的经济回报率测度：国外研究述评 [J]. 科学学研究，2002，20 (4).

[159] 巩艳芬，王艳秋，李丽萍. 高校“学科—专业”协同建设的保障体系研究 [J]. 北方经贸，2014 (1).

[160] 顾健健. 创业团队成员间信任对团队绩效的影响 [D]. 华东理工大学硕士学位论文，2013.

[161] 郭丽莎. 换一个角度看团队协作 [J]. 广西烟草，2007 (9).

[162] 郭胜忠. 组织支持感对团队效能的影响研究 [D]. 陕西师范大学硕士学位论文，2009.

[163] 过文俊. 创新精神与团队协同 [J]. 连锁与特许（管理工程师），2005 (11).

[164] 何丽，谢英亮. 行业产能发展的系统动力学分析 [J]. 北京市经济管理干部学院学报，2010 (12).

[165] 何铨等. 群体过程与互动分析系统 [J]. 心理科学进展，2009 (11).

[166] 何燕珍. 福建省人力资源管理学科发展研究报告 [J]. 海峡科学，2010 (1).

[167] 贺志荣. 组建科研团队应考虑的因素 [J]. 科技管理研究，2010 (11).

[168] 黄席樾，刘卫红. 基于 Agent 的人机协同机制与人的作用 [J]. 重庆大学学报，2002 (9).

[169] 黄晓伟. 基于自组织理论的供应链资源协同研究 [D]. 哈尔滨工业大学博士学位论文，2009.

[170] 黄玉清. 项目团队有效性模型的构建与分析 [J]. 广东商学院学报，2006 (5).

[171] 蒋满秀. 我国高校科研创新团队建设的研究 [D]. 中南大学硕士学位论文，2005 (5).

[172] 蒋天颖. 员工知识学习绩效模型研究 [J]. 科学学研究，2009 (10).

[173] 金泉. 创业团队构成异质性、互动质量与创业绩效的关系 [D]. 复旦大学博士学位论文，2010.

[174] 柯江林，孙健敏，石金涛，顾琴轩. 企业 R&D 团队之社会资本与团队效能关系的实证研究——以知识分享与知识整合为中介变量 [J]. 管理世界，2007 (3).

[175] 李彬钰. 高水平大学与高水平科研团队相关性研究 [D]. 浙江工业大学硕士学位论文，2012.

[176] 李海云. 团队人格特质组合对团队效能的影响 [D]. 武汉大学硕士学位论文，2005.

[177] 李玲. 浅谈企业的团队精神 [J]. 邯郸职业技术学院学报，2009，22 (1).

[178] 李鹏程. 马克思早期思想探源——《1844 年经济学哲学手稿》导论 [M]. 北京：人民出版社，2008.

[179] 李苒. 高校办公室工作人员周边绩效研究 [D]. 西南财经大学硕士论文，2008.

[180] 李曙华. 从系统论到混沌学 [M]. 桂林：广西师范大学出版社，2005.

[181] 刘惠琴，张德. 高校学科团队创新气氛结构研究 [J]. 清华大学学报(哲学社会科学版)，2007 (2).

[182] 刘惠琴. 高校团队创新绩效评估：模型与实证研究 [M]. 北京：清华大学出版社，2007.

[183] 刘军. 管理研究方法原理与应用 [M]. 北京：中国人民大学出版社，2008.

[184] 刘琴琴. 组织承诺、主管承诺与离职倾向的相关研究 [D]. 西南大学硕士学位论文，2009.

[185] 刘万达. 员工战略视线对团队绩效的影响研究 [D]. 浙江财经学院硕士学位论文，2013.

[186] 陆萍，卜琳华. 高校创新团队协同力评价指标体系的构建 [J]. 哈尔滨工业大学学报 (社会科学版)，2010 (2).

[187] 吕忠伟. R&D 空间溢出对区域知识生产的作用研究 [J]. 统计研究，2009 (4).

[188] 罗伯特·M.索洛等. 经济增长因素分析 [M]. 史清琪等选译. 北京：商务印书馆，2003.

[189] 马尔萨斯. 人口论 [M]. 郭大力译. 北京：北京大学出版社，2008.

[190] 马佳静. 社会交换视角下的领导行为与组织绩效关系 [J]. 甘肃理论学刊，2012 (5).

[191] 马歇尔. 经济学原理—— 一本任何人都读得懂的经济学巨著 [M]. 宇琦译. 长沙：湖南文艺出版社，2012.

[192] 马野青，林宝玉. 在华 FDI 的知识溢出效应——基于专利授权数量的实证分析 [J]. 世界经济研究，2007 (5).

[193] 孟太生. 科研团队领导行为及其影响团队效能的研究 [D]. 电子科技大学博士学位论文，2008.

[194] 孟晓莺. 团队领导风格与团队效能关系的实证研究 [D]. 电子科技大学硕士学位论文，2007.

［195］潘开灵，白列湖. 管理协同机制研究［J］. 系统科学学报，2006（5）.

［196］戚振江. 人力资源实践与组织绩效关系综述：基于过程和多层次分析范式［J］. 科学学与科学技术管理，2012（5）.

［197］阮汝祥. 创新制胜［M］. 北京：中国宇航出版社，2007.

［198］芮明杰. 人本管理［M］. 杭州：浙江人民出版社，1997.

［199］沈国祥. 团队成员人格特质组成、知识分享与团队效能［D］. 华中科技大学硕士学位论文，2008.

［200］沈建新. 高等院校科技创新团队建设研究［J］. 南京航空航天大学学报（社会科学版），2004，6（4）.

［201］史永亮，教师组织承诺与教师效能［J］. 黑龙江教育学院学报，2007（9）.

［202］宋高升. LMX 与团队效能关系研究：心理授权的中介作用［J］. 苏州大学硕士学位论文，2008.

［203］宋秋云，刘芳启. 基于职业认同的高职教师自我功效感优化对策［J］. 长沙民政职业技术学院学报，2012（3）.

［204］孙兆刚，王鹏，陈傲. 技术差距对知识溢出的影响分析［J］. 科技进步与对策，2006（7）.

［205］唐孝威. 统一框架下的心理学与认知论［M］. 上海：上海人民出版社，2007.

［206］托马斯·H. 达文波特，劳伦斯.普鲁萨克.营运知识：工商企业的知识管理［M］. 王者译. 南昌：江西教育出版社，1999.

［207］王登峰，崔红. 文化、语言、人格结构［J］. 北京大学学报（哲学社会科学版），2000，27（4）.

［208］王海霞. 团队互动过程对团队效能的影响研究［D］. 天津财经大学博士学位论文，2008.

［209］王鸿轩. 服务氛围与团队效能对顾客组织认同的交互作用研究［D］. 哈尔滨工业大学硕士学位论文，2011.

［210］王济十，樊传浩. 工作价值观异质性作用与高科技创业团队效能内部关系研究——基于社会认同视角［J］. 科学学与科学技术管理，2012（9）.

［211］王济干，高虹，樊传浩. 科技人才创新团队增效的测度模型［J］. 统计

与决策，2012 (5).

[212] 王君华，基于系统协同管理的概念模型 [J]. 经济师，2006 (9).

[213] 王立平. 我国高校 R&D 知识溢出的实证研究——以高技术产业为例 [J]. 中国软科学，2005 (12).

[214] 王其藩. 高级系统动力学 [M]. 北京：清华大学出版社，1995.

[215] 王世强，光翠娥. 组建科研团队提升地方高校科技实力 [J]. 科学学与科学技术管理，2004 (8).

[216] 王小丽. 研发团队构成、共享心智模型对团队效能的影响研究 [D]. 大连理工大学硕士学位论文，2009.

[217] 王晓蓬. 江浙沪高校科技创新团队的科研创新绩效评价 [J]. 教育评论，2012 (6).

[218] 王晓荣. 江浙沪高校科技创新团队的科研创新绩效评价 [J]. 教育评论，2012 (6).

[219] 王艳秋. 项目团队协同力考核与激励 [D]. 南京航空航天大学硕士学位论文，2006.

[220] 王怡然，张楠楠. 高校创新团队互动过程 [J]. 科技进步与对策，2010 (5).

[221] 王翌，王淑云，黄存权. 软件开发项目团队绩效影响因素分析闭 [J]. 技术经济与管理研究，2005 (6).

[222] 王莹. 论高校科研团队的建设 [J]. 黑龙江教育 (高教研究与评估) 2010 (10).

[223] 王重鸣，李凯. 企业组织变革特征、人力资源策略与变革应对行为的实验研究：组织学习的视角 [J]. 应用心理学，2011 (6).

[224] 韦纳著. 人类的动机：比喻、理论和研究 [M]. 孙煜明译. 杭州：浙江教育出版社，1999.

[225] 文映春. 人际关系对团队效能及个人效能的影响研究 [D]. 北京交通大学硕士学位论文，2009.

[226] 吴其伦，卢丽娟，钱刚毅. 项目团队协同的三阶段 [J]. 科技进步理论与管理，2004 (4).

[227] 吴彤. 自组织方法论纲 [J]. 系统辩证学学报，2001 (2).

[228] 吴杨等. 沟通管理在科研团队知识创新过程中的反馈机制研究 [J]. 科技进步与对策，2012 (1).

[229] 吴玉鸣. 官产学 R&D 合作、知识溢出与区域专利创新产出 [J]. 科学学研究，2009 (10).

[230] 吴志明，武欣. 知识工作团队中组织公民行为对团队有效性的影响作用研究 [J]. 科学学与科学技术管理，2005 (8).

[231] 席酉民，尚玉钒. 和谐管理理论 [M]. 北京：中国人民大学出版社，2002.

[232] 向阳. 社会交换理论视角下的讨价还价行为 [J]. 高等函授学报 (哲学社会科学版)，2011 (12).

[233] 肖久灵. 企业高层管理团队的组成特征对团队效能影响的实证研究 [J]. 财贸研究，2006 (2).

[234] 肖余春. 团队行为学 [M]. 杭州：浙江大学出版社，2006.

[235] 肖余春. 学习型团队三维特征结构与团队效能关系的现场实验研究 [J]. 心理科学，2004 (2).

[236] 谢心灵. 团队协同的知识工作效率影响因素及效率评价研究 [D]. 重庆大学博士学位论文，2010.

[237] 熊彼特. 经济发展理论 [M]. 邹建平译. 北京：中国画报出版社，2012.

[238] 徐国芳，徐永其，朱国军. 研发团队异质性对团队绩效的影响研究 [D]. 中国人力资源开发，2013 (2).

[239] 徐绍莉，田静. 大学加强学术团队建设的理性思考 [J]. 清华大学教育研究，2005 (S1).

[240] 许学国. 组织协同学习机理及实证研究 [J]. 系统管理学报，2010 (6).

[241] 薛晓斐. 论企业团队精神的培养 [J]. 理论学习与探索，2007 (2).

[242] 亚当·斯密. 国富论 [M]. 孙善春，李春长译. 北京：中国华侨出版社，2011.

[243] 严志庆，王振江，金敏. 团队建设评价研究 [J]. 上海大学学报 (自然科学版)，2000 (5).

[244] 杨明海. 基于流程成熟度体系的项目团队效能研究 [J]. 理论学刊，

2010 (8).

[245] 杨治良，刘素珍，钟毅平，高桦，唐永明. 内隐社会认知的初步实验研究 [J]. 心理学报，1997 (1).

[246] 约瑟夫·熊彼特. 经济发展理论 [M]. 杜贞旭，郑丽萍，刘昱岗译. 北京：中国商业出版社，2009.

[247] 曾卫明. 高校科技创新团队自组织演化研究 [M]. 哈尔滨：哈尔滨工程大学出版社，2010.

[248] 曾月征，方勤敏. 浅析知识型员工的团队管理 [J]. 开发研究，2009 (S1).

[249] 张东荪. 认识论 [M]. 北京：商务印书馆，2011.

[250] 张海燕. 高校科技创新团队成长性评价研究 [D]. 天津大学博士学位论文，2007.

[251] 张茂林，董泽芳. 高校科技创新团队数量与科技创新能力关系初评研究 [J]. 科技进步与对策，2011 (4).

[252] 张润书. 行政学 [M]. 台北：三民书局，1990.

[253] 张少杰，吴兰贞，石宝明. 组织制度创新视角的协同知识管理研究 [J]. 现代管理科学，2012 (7).

[254] 张卫枚. 团队有效性影响要素的 AHP 分析 [J]. 沿海企业与科技，2007 (2).

[255] 张晓丰，崔伟奇，吕营等. 创建中国高校科技创新体系的对策研究 [J]. 研究与发展管理，2005，17 (4).

[256] 张志生，张健，曹献飞. 基于科研质量管理体系的高校科研团队建设研究 [J]. 科学管理研究，2011 (6).

[257] 赵昌平，王方华，葛卫华. 战略联盟形成的协同机制研究 [J]. 上海交通大学学报，2004 (3).

[258] 赵枫. 基于商业生态系统的团队效能评价模型研究 [D]. 同济大学硕士学位论文，2007.

[259] 赵光华. 管理定量分析方法 [M]. 北京：北京大学出版社，2008.

[260] 赵红梅. 组织公民行为与员工绩效关系研究——基于个人特质与个人—组织契合度的调节作用 [M]. 北京：知识产权出版社，2009.

[261] 赵蕾. 研发团队成员角色匹配对团队绩效的影响研究 [D]. 山东财经大学硕士学位论文，2013.

[262] 赵勇，白永秀. 知识溢出测度方法研究综述 [J]. 统计与决策，2009 (8).

[263] 郑雁. 组织公民行为对团队效能影响的研究 [D]. 西南财经大学硕士学位论文，2007.

[264] 周霏. 团队支持感、科研自我功效感对高校科研团队创新绩效的作用研究 [D]. 浙江工业大学硕士学位论文，2009.

[265] 周瑞超，肖立新. 高校科技创新团队构建的一些问题与对策 [J]. 中国石油大学学报（社会科学版），2011，27 (6).

[266] 周志成，朱月龙. 团队领导行为对团队效能影响之研究 [D]. 苏州大学硕士学位论文，2005.

[267] 周志成. 团队领导行为对团队效能影响之研究 [D]. 苏州大学硕士学位论文，2005.

[268] 朱火弟. 基于 BSC 的高校科研团队绩效模糊综合评价研究 [J]. 科技管理研究，2013 (4).

[269] H.哈肯. 协同学引论 [M]. 北京：原子能出版社，1984.

[270] H.伊戈尔·安索夫. 新公司战略 [M]. 曹德骏，范映红，袁松阳译. 成都：西南财经大学出版社，2009.

[271] H. 威廉斯.团队管理 [M]. 北京：中信出版社，1996.

后 记

本书是笔者6年的研究积累而成，今天终于可以脱稿，其中承载着探索、研究的艰辛与汗水，获取知识的欣慰与快乐，也充分体现了人生价值和追求。

感谢我的博士研究生导师王济干教授。自在河海大学攻读博士学位开始，就得到了王济干老师及师母的悉心指导和无私帮助，甚至我的研究风格、工作方式、生活态度等都得益于他们的引导和启迪。

经济管理出版社为本书出版做出了努力，感谢编辑丁慧敏，她以高度负责的精神给我传递了许多正能量，也为本书出版做了大量细致的工作。

感谢东华理工大学花明教授、李德平教授为本书撰写提供了较好的氛围和实践检验机会。还要感谢河海大学商学院赵永乐教授、吴凤平教授、许长新教授、汪群教授、杨文健教授、沈菊琴教授和樊传浩博士为本书的研究和撰写提供许多指导和帮助。感谢东华理工大学许志军博士、张延飞副教授对本书数理部分进行的指导和帮助。

由于本人学识有限，全国高校科技创新团队数量多、差异大，数据、信息收集有限；同时，本书涉及学科范围宽，部分领域难以进行深入研究，难免存在一些疏漏和不当之处，敬请专家、教授指正！本书在写作过程中引用了大量同内外文献资料，绝大部分都做了标注，但肯定还有遗漏之处，敬请谅解并向相关作者表示感谢。

徐步朝
2015年7月